物联网平台技术
在能源互联网中的应用

国网冀北电力有限公司信息通信分公司　组编

中国电力出版社
CHINA ELECTRIC POWER PRESS

内 容 提 要

本书紧跟全球能源互联网发展趋势，简述电力物联网需求及体系架构，分析互联网界物联网平台的发展现状、应用价值。重点介绍面向电力能源行业，物联网平台的能力要求、技术架构和功能架构，以及物联网平台开发涉及的相关开源软件技术。并从开发部署角度，提出物联网平台的安全防护架构和云边协同框架，最后介绍了物联网平台在电力系统中的输电、变电、配电、用电各个环节的典型应用及能源其他行业中综合能源服务的典型应用等。

本书可作为电力能源行业工程技术人员和从事物联网平台技术研究及开发人员参考使用。

图书在版编目（CIP）数据

物联网平台技术在能源互联网中的应用 / 国网冀北电力有限公司信息通信分公司组编. —北京：中国电力出版社，2021.10（2022.4重印）
ISBN 978-7-5198-5678-6

I. ①物… II. ①国… III. ①物联网－应用－能源发展－研究－中国 IV. ①F426.2-39

中国版本图书馆 CIP 数据核字（2021）第 106876 号

出版发行：中国电力出版社
地　　址：北京市东城区北京站西街 19 号（邮政编码 100005）
网　　址：http://www.cepp.sgcc.com.cn
责任编辑：陈　丽（010-63412348）
责任校对：黄　蓓　朱丽芳
装帧设计：王红柳
责任印制：石　雷

印　　刷：北京天宇星印刷厂
版　　次：2021 年 10 月第一版
印　　次：2022 年 4 月北京第二次印刷
开　　本：710 毫米×1000 毫米　16 开本
印　　张：16.5
字　　数：225 千字
印　　数：1001-1300 册
定　　价：70.00 元

编委会

前言

物联网作为信息通信技术的典型代表，在全球范围内呈现加速发展的态势。不同行业和不同类型的物联网应用的普及和逐渐成熟，推动物联网的发展进入万物互联的新时代，可穿戴设备、智能家电、自动驾驶汽车、智能机器人等，数以百亿计的新设备将接入物联网络。万物互联在推动海量设备接入的同时，将在网络中形成海量数据，物联网数据价值的发掘将进一步推动物联网应用呈现爆发性增长，促进生产、生活和社会管理方式不断向智能化、精细化、网络化方向转变。

习近平主席在第七十五届联合国大会上提出了"努力争取 2060 年前实现碳中和"的战略目标，为中国下一阶段的能源转型和绿色发展指明了方向。构建"清洁低碳、安全高效"国家能源体系对能源转型发展提出了迫切需求。为促进能源转型和电网均衡发展，通过建设电力物联网，进而构建融合多能转换技术、智能控制技术和现代信息技术，广域连接、开放共享的能源互联网，是电网发展的必然趋势。

国家电网公司经过多年的信息化建设，各业务部门根据实际需求，利用终端、网络、业务系统已经搭建了部分典型应用，电力物联网已经初具规模。但是也存在各业务系统之间相互独立，数据共享和信息交互存在壁垒的问题。要想实现物联网的规模化应用，业界普遍认为物联网平台是物联网产业发展的关键环节，也是产业竞争焦点，在各家给出的解决方案中，技术路线存在一定差异。目前互联网厂商的物联网平台尚不能完全满足电网及其他能源网中的各类私有协议终端的连接、业务支撑、安全可控等核心需求，在消费领域数据"一跳上云"模式也与能源领域分级管理的应用模式存在一定的差异。

本书紧跟全球能源互联网发展趋势，从电力物联网规模化应用需求出发，结合业界成熟物联网平台的发展现状、应用价值，重点介绍面向电力能源行业的物联网平台需要具备的能力，以及实现这些能力，开发所涉及的相关开源软件技术，利用这些开源技术构建一个具备基础共性功能的物联网平台；并从开发部署角度，提出物联网平台的安全防护架构和云边协同框架，最后介绍了物联网平台在电力系统中的输电、变电、配电、用电各个环节的典型应用及能源其他行业中的综合能源服务的典型应用等，可以指导能源领域物联网平台的设计、开发及应用。

本书的编写人员均为电力系统一线工程师和科研人员，在物联网技术及其电力应用领域有着丰富的理论和实践经验，承担或主要参与了多项国家电网公司重大科技项目。本书除了介绍物联网平台技术外，还给出了物联网平台在能源互联网中的一些典型应用案例，方便电力行业从业人员能更好地从工程应用角度，去研究适合具体能源业务应用的物联网平台技术。由于物联网平台相关技术发展十分迅速，而成书时间仓促且编者水平有限，书中难免会有疏漏之处，敬请读者批评指正。

编　者

2021 年 8 月

目录

物联网概述

"物联网"被称为继计算机、互联网之后，世界信息产业的第三次浪潮。一些专家认为，物联网可以提高经济效益，大大节约成本，为经济的发展提供技术推动力；另外一些专家则认为物联网离我们仍有一定距离，不能盲目乐观。那么，究竟什么是物联网？物联网的价值何在？它的出现为现有信息相关理论带来什么变化，对其发展有什么新要求呢？这是物联网产业成长研究的基础。

1.1 物联网及其相关概念

1.1.1 物联网的概念

物联网的概念最早是于 1999 年由美国麻省理工学院自动识别中心的学者提出的，他们认为物联网是指将所有物品通过射频识别（Radio Frequency Identification，RFID）技术等传感设备与互联网连接起来，实现智能化识别和管理的网络。2005 年国际电信联盟（International Telecommunication Union，ITU）在年度报告中提出，"通过将短距离的移动收发器内嵌到各种配件和日常用品中，人与人、人与物、物与物之间形成了一种新的交流方式，即在任何时间、任何地点都可以实现实时交互"。"无所不在的物联网通信时代即将来临，世界上所有的物体，从轮胎到牙刷、从房屋到纸巾，都可以通过因特网主动进行交换"。2009 年，欧盟的《物联网研究战略路线图》提出，"物联网将是未来互联网的一个重要成员，物联网将通过采用标准化技术和通用通信协议，自由地、自主地配置网络环境"。

2009 年 IBM 首席执行官彭明盛在"智慧的地球"中提出，"物联网是指运用新一代的 IT 技术将传感器嵌入到全球的电网、铁路、公路、桥梁、建筑、供水系统等各种物体中，通过互连所形成的网络"。弗里德曼·马特恩（Friedemann Mattern）和克里斯蒂安·弗洛克梅（Christian Floerkemeier）在《从计算机网络到物联网》（*From the Internet of Computers to the Internet of Things*）一文中提出，"在将来的物联网中，如果每个物体将通过互联网来定位地址和控制，那么我们最好不要通过特殊的通信协议来通信，就像现在的 RFID 一样使用通用的一种协议。换句话说，未来的物联网应该有一个 IP 地址，所有的物品将使用这种通用协议进行物体之间的通信（由于海量地址的原因，他们应该使用 IPv6 新地址）。另外，物联网这个网不是我们通常讲的互联网（Internet），它可能是一个行业专用网、区域应用网或现有的通信网等，互联网只是其终极或理想状态"。Elgar Feisch 在《经济视角：什么是物联网？》（*What is the internt of things? An economic perspective*）中提出，"物联网是指世界上每个物体都可能像互联网中的计算机那样互连互通。尽管这个物体并不能真正变成计算机，但是他们可能充满智慧，就像一个微型的计算机一样，我们一般称之为智慧物体"。

物联网的概念将随着人类物联网技术发展和应用创新的突破而发展变化。具体来讲，物联网是指在现实世界的物品中嵌入特定的传感设备及软件，通过感应识别技术和专用网络和信息系统进行自动信息读取、传输和智能处理，从而实现人和物、物和物自由信息交换、智慧行动的网络系统。

从以上的研究可以得出物联网的如下基本特征：

（1）物联网是信息网络从虚拟世界向物理世界的延伸，实现的是从思想到行动的飞跃。物联网是解决虚拟世界和物理世界之间信息断层的具体手段，目的是填平虚拟世界和物理世界之间的数字鸿沟，建立起虚拟数字世界与物理数字世界之间的桥梁，使信息化得以有效地融合虚拟与物理世界，使人们不再满足于将意愿停留在想法或网络虚拟现实技术之中，而是将想法转化为"物"的自主行动的产物。

（2）物联网将使物品具有智慧。物联网将实现对物品的全面感知，大大拓展人类对这个世界的感知范围，随着物联网技术和应用的发展，我们将看得懂动物、植物以及非生命自然物品的思想和反应。例如桌子上的一盘水果，当我们看它一眼的时候，它会自动地给我们一个反馈，是关心它的来源、特征、功能还是其他的？在我们做出答复后，它会将我们关心的内容再次反馈给我们，我们得到了想要的信息。这个过程将是充满智慧的。

（3）物联网将改变人类的沟通范围、模式、渠道和效率。物联网的出现将使得物品对物品、人对物品的沟通成为可能，这将不仅改变人类的沟通范围，使人类能在更广泛的对象范围、空间范围内开展沟通活动，而且使人类的沟通模式、沟通渠道、沟通效率发生深刻变革，使传统的面对面模式将不再成为必需，基于特定网络、特定工具的沟通渠道也仅是一种选择，同时物联网下的沟通效率也将大大提高，使人类的沟通理念、方法大为改观。

（4）物联网首先是一种物物相连的网络。从互联的角度看，物联网连接的对象既有人，也有物；既有人和物的相连，也有物和物的相连。但是，在物联网发展初期，有些时候物联网是将"人"也理解为物品的，如现在的物联网门禁系统本质上就是将"人"作为一个物品来识别并进行自动处理的，而并没有将"人"作为一个区别于其他非生命体的对象进行处理，在实现原理上依然停留在"人"转换为"物"再处理的逻辑上。目前，物联网的连接重点是物物的相连，人与物的相连将是下一步的重点方向。

（5）物联网的价值在于智慧的应用。其实，物联网对人类的改变将是全方位的，它不仅将改变人类的生活方式，提高生活质量，而且将改变生产过程，提高生产力。表现在，物联网通过在家庭个人、产业经济、公共服务等市场的应用，使得这些领域主体"智商"提升、效率提高，带来人类社会生产力的二次飞跃。

1.1.2　物联网与相关概念

物联网是一个复杂新事物，在界定其内涵外延之前，需要深入分析物联网与互联网、传感网、泛在网等相关概念的内在联系，以利于物联网本质的揭示。

1.1.2.1　物联网与互联网

从形成进程看，物联网与互联网两者有很深的历史渊源，也有错综复杂的关系。事实上，学术界对物联网与互联网的关系也有很大的争论，不同的专家学者对物联网与互联网的关系也有不同理解，差别较大，归纳下来有如下五种理解。

（1）第一种观点认为物联网是传感网，不接入互联网。一些专家学者认为，物联网就是传感网，只是给人们生活的环境中的物体安装传感器，这些传感器可以更好地帮助我们认识环境，这个传感器网不接入互联网络。例如飞机场的传感器网，其本身并不接入互联网，却可称为物联网。物联网与互联网的关系是相对独立的两个网络。

（2）第二种观点认为物联网是互联网的一部分。物联网并不是要新建一个的全新的网络，实际上早就存在了，它是互联网发展的自然延伸和扩张，是互联网的一部分。互联网是可包容一切的网络，将会有更多的物品加入这个网络中。也就是说，物联网是包含于互联网之内的。

（3）第三种观点认为物联网与互联网是相对平行的两个网络。持这类观点的学者认为互联网是指人与人之间通过计算机结成的全球性的网络，服务于人与人之间的信息交换。这些学者认为物联网的主体是各种各样的物品，通过物品间传递信息可以达到最终服务于人的目的，物联网只是对物品进行联网。物联网与互联网是相对平行的两个网络，两个网络的主体是不同的。

（4）第四种观点认为物联网包含互联网。持这类观点的学者认为，从宏观的概念上讲，未来的物联网将使人置身于无所不在的网络之中，在不知不觉中，人可以随时随地与周围的人或物进行信息的交换，这时物联网也就等同于泛在网，物联网自然就包含了互联网。物联网、泛在网络，他们的名字虽然不同，但表达的都是同一个愿景，那就是人类可以随时、随地、使用任何网络、联系任何人或物，达到信息交换的自由。

（5）第五种观点认为物联网与互联网是一种局部交叉关系。即物联网与互联网大部分内容是不同的，只是局部存在着交叉、相交关系。持这类观点的学者认为，物联网与互联网关注的重点和服务模式不一样，物联网是建立在嵌入式系统基础上的一个专用信息系统网络，它可能联入互联网，也可能不联入互联网，是否联入完全依赖这个物联网的应用需要。物联网的本质关键在于这个专用信息系统网络的智能性，不在于大小和是否联入互联网。物联网与互联网若相连就构成交叉关系，否则就各不相关。

事实上，从物联网的英文表述"Internet of Things"看，物联网是指物品的互联网，互联网应该包括物联网，两者应该是一种包含关系。但是，物联网的这个概念表述实际上想作一个概念的类比，是指这种网将要像连接互联网一样连接物品。字面上的表述并不能代表概念本身复杂的内涵外延。物联网相对于以人为服务对象的互联网概念，将服务对象定位为更广的"物"；互联网沟通的是信息空间，物联网则被认为沟通的是物理空间。物联网将触角扩展到了物的层面，实现了物与物的交互，因此，两者的主体客体属性不一样。物联网一般能够通过各种传感器获取各种实时信息，而互联网中的信息往往是过去式的，或者是应用虚拟现实技术形成的模拟现场即时信息。另外，互联网面对的是虚拟世界，而物联网可以对物理世界进行控制，但这种控制是以决策自动化为主的远程控制行为，具有"智慧"的特征，而目前互联网常用的以人工干预方式进行的远程控制则不具备决策自动化的能力，与物联网的工作原理有本质区别。

物联网与互联网两者不一定是一种包含与被包含的关系，只要是物品之间通过传感等网络连接而成的网络，不论是否接入互联网，都应算作物联网的范畴。物联网不仅局限于物与物之间的信息传递，还将和现有的电信网、无线网、专用网等网络实现无缝对接，形成人与物的信息交换，能够实现人在任何时间、地点，使用任何网络与任何人与物的信息交换。

从连接方式来看，物联网中的物品或者人，将拥有唯一性的网络通信协议地址，这个地址就像现在互联网的 IP 地址。物联网中的物品可以通过传感设备获取环境信息，接收甚至执行来自网络的信息和指令，与网络中的其他物或人进行信息交流。

1.1.2.2　物联网与传感网、泛在网

传感网、泛在网与物联网紧密相关，但其内涵与外延却有差异。

传感网是利用各种中低速近距离无线通信技术将多个具有通信和计算能力的微小传感器节点，如声、光、电、热、湿、压等传感器，构成独立的网络系统，一般能实现小范围的物物信息交换。其中传感技术是传感网的核心，也是

物联网末端采用的关键技术之一。传感网最早在军事领域研究应用，并逐步向经济社会领域渗透。

泛在网是指基于个人和社会的需要，实现人与人、人与物、物与物之间的信息获取、传递、存储、认知、决策、使用等服务的网络。泛在网具有超强的环境感知、内容感知及其智能性，能为个人和社会提供泛在的、无所不在的信息服务和应用，是物联网应用的高级阶段，也可以说是物联网追求的最高境界。泛在网代表着未来网络的发展趋势，是一种较理想的状态。

传感网是物联网的一个部分，可以看作是物联网的早期发展阶段。传感网的传感器主要实现声、光、电、热、湿、压等基础感知，而物联网除了这些基础感知之外，还包括 RFID、激光、二维码等意义广泛的感应识别；传感网的网络一般是中低速近距离无线通信网，而物联网则包括通信网、专用网、互联网等广泛意义的网络，不仅可以实现近距离通信，也可以实现中远距离通信。

三者涵盖的客体范畴不一样。泛在网络在兼顾物与物相联的基础上，涵盖了物与物、物与人、人与人的通信，是全方位沟通物理世界与信息世界的桥梁；而物联网主要涵盖物与物、物与人的通信；传感网则只涵盖物与物的通信。传感网并不涉及客体"人"的关联，但物联网在人类社会还未全面进入技术世界背景下就已经突破"物"与"人"的主客体界限，"物"将像人类一样可以自动"感觉""识别""传播""存储""智能处理"信息，将一般意义上哲学客体"物"作为与主体"人"同类地位对待；同时，物联网网络使人成为网络中的某个节点，按照现在的物联网技术发展逻辑，人的生命、精神、意志、思想越来越成为物联网技术的对象，因此"人"将成为物联网技术的客体。这种主客体关系的变异呈现了物联网技术发展所带来的现实问题。人是物的主宰者和创造者，因此人不能反过来被物主导。在物联网构建的物的海洋中，人类很可能逐渐迷失自我，这将是我们面对的新课题。

从三者内涵看，泛在网关注的是人与周边的和谐交互，各种感知设备与无线网络只是手段。最终的泛在网络形态上，既有互联网的部分，也有物联网的部分，同时还有一部分属于智能系统范畴。传感网是物联网感知层的重要组成部分，主要面向物与物的通信；物联网是泛在网络发展的初级阶段，主要面向人与物、物与物的通信；泛在网络是通信网、互联网、物联网的高度协同和融合，将实现跨网络、跨行业、跨应用、异构多技术的融合和协同，可以面向人与物、物与物、人与人的通信。而传感网与物联网则作为泛在网络应用的具体体现，它们实质是泛在网络要融合协同的一种网络工作模式。

图 1-1 所示为物联网与传感网、泛在网的关系。

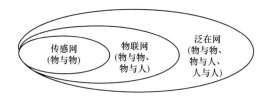

图1-1　物联网与传感网、泛在网的关系

1.1.3　物联网概念的三层结构

从物联网与相关概念的内在关系可以看出，物联网是微电子学科、计算机学科、通信学科、电子技术学科交叉融合的一个大概念。这里的每个学科都可以找到物联网发展的源头。物联网本质上是智慧的物品依托专用的网络进行自动信息采集、传输和处理的过程，其概念包括感知层、网络层和应用层三个层次。

1.1.3.1　感知层

感知层位于物联网的底层，是构建整个物联网应用的基础，包含了各种类型的传感设备与传感器网络。从功能角度上看，感知层主要完成两大功能：① 实现对物理设备的智能感知识别；② 借助 RFID、传感器和二维码等技术对各类数据进行采集。所谓感知层，是指物联网所承载的物理载体是什么，即物联网的"物"。很明显，这里的"物"就是与意识相对的一切可感知的客观实在东西，一切主体活动的客观对象。显然，人也是可以感知的客观实在，属于客观对象"物"的范畴。同时，这里的物与物质显然不同，物联网的物一定是人生存过程中与人发生联系的现有之物。通常，物联网的物要满足以下条件：要有相应信息的接收器；要有数据传输通路；要有一定的存储功能；要有智慧的大脑（如 CPU 等）；要有操作系统；要有专门的应用程序；要有数据发送器；遵循物联网的通信协议；要有在网络世界中可被识别的唯一编号。物联网的"物"既可包括天然自然物，如山川、河流、动物、植物等，也可包括人工自然物品，即汽车、地板、桥梁等人类创造的诸多物质成果。

1.1.3.2 网络层

网络层位于感知层的上层，以互联网、移动通信网络和无线传感器网络为基础，负责获取感知层所生成的数据，实现数据的传输和控制。网络层包含了各种通信技术和通信协议，通信技术负责将设备入网，实现设备与设备的连接和通信，通信协议定义了通信的标准和规范。所谓的网络层，是指承载物联网信息传输的专用网络。网络层的基本功能是传递信息，主要运用局域网、广域网、广播网、电视网、通信网、互联网等各种有线或无线的网络传输信息，既传输感觉层捕获的信息，也传输物所需的资料和给它的指令。物联网超越了传统的计算机网络的现实的虚拟或虚拟的现实状态，使人类的网络生存去掉了"虚拟"二字，变成为一种技术的现实，物联网实现了人真正的数字化和智能化生存。网络层的典型案例是嵌入式系统的局域物联网，它是以嵌入式系统为核心，能与现实生活场景中的物理对象相连，在局部地区应用环境下，满足 TCP/IP 传输协议要求，具有网络拓扑结构，动态路由的数据传输系统。1982 年前后，英特尔（Intel）公司为 UPI-44 系列单片机配置了位总线，后来又出现了 RS 422/485 总线、现场总线、控制器局域网络（Controller Area Network，CAN）总线等。通过这些总线将一个个嵌入式应用系统连接成嵌入式系统的局域分布式物联系统。如 CAN 总线的汽车电子、机器人、工业控制、智能家居等局域物联系统。在无线数据传输网络（如 ZigBee）推出后，嵌入式系统才有了真正的局域物联网，它既满足了局域网的协议要求以及网络拓扑结构、动态路由的数据传输要求，又有全面的物联界面。网络层的另外一个典型案例是局域物联网与广域网互连，形成广域物联网。嵌入式系统的局域物联系统或局域物联网受地域环境限制，与无限时空、无限通达的网络连接后，便形成了无限通达、无限时空应用的广域物联网。例如，由 CAN 总线构成的汽车电子系统是局限在一辆汽车系统中的局域物联系统，当延伸到广域或专用网后，便可将单辆汽车纳入城市交管的物联网系统中。物联网交管系统可随时随地实时地了解车辆状况、行驶状态、违章事件等。又如，当一个智能家居延伸到广域网后，成为无限时空、无限通达的物联网家居后，家居主人可以在任何时间、任何地点与家居中的物联对象实时交互。

1.1.3.3 应用层

应用层位于整个体系结构的最上层，包含了各种应用服务平台和中间件，需要与具体的行业应用相结合，以下层提供的服务为支撑，实现物联网的智能应用。应用层可以利用各种智能处理技术对感知层采集得到的数据进行计算和处理，同时可以提供各种应用程序接口（Application Programming Interface，API）实现与用户或其他应用的交互，用户可以根据业务需要实现丰富的物联网应用。所谓的应用层，是指承载物联网智慧的中心、"大脑"，即物联网的嵌入式系统。物联网嵌入式系统是嵌入到物理对象中，实现物理对象的感知、控制、交互的一个智能化系统。

1.2 物联网行业现状

物联网作为信息通信技术的典型代表，在全球范围内呈现加速发展的态势。不同行业和不同类型的物联网应用的普及和逐渐成熟推动物联网的发展进入万物互联的新时代，可穿戴设备、智能家电、自动驾驶汽车、智能机器人等，数以百亿计的新设备将接入网络，根据全球移动通信系统协会 (Global

System for Mobile Communications Association,GSMA) 发布的 2020 年移动经济报告显示，2019 年全球物联网总连接数达到 120 亿，预计到 2025 年，全球物联网总连接数规模将达到 246 亿，年复合增长率高达 13%。2019 年全球物联网的收入为 3430 亿美元（约人民币 2.4 万亿元），预计到 2025 年将增长到 1.1 万亿美元（约人民币 7.7 万亿元），年复合增长率高达 21.4%。我国物联网连接数全球占比高达 30%，2019 年我国的物联网连接数 36.3 亿，其中移动物联网连接数占比较大，已从 2018 年的 6.71 亿增长到 2019 年底的 10.3 亿。到 2025 年，预计我国物联网连接数将达到 80.1 亿，年复合增长率 14.1%。截至 2020 年，我国物联网产业规模突破 1.7 万亿元，"十三五"期间物联网总体产业规模保持 20% 的年均增长率。万物互联在推动海量设备接入的同时，将在网络中形成海量数据，物联网数据价值的发掘将进一步推动物联网应用呈现爆发性增长，促进生产生活和社会管理方式不断向智能化、精细化、网络化方向转变。

（1）在技术架构发展趋势方面如图 1-2 所示，物联网正在经历从垂直一体化封闭模式向以水平环节为核心的开放模式转变。具体来说，最早物联网架构中的各个系统都是从应用到系统再到终端的垂直一体化结构，被称为"烟囱型"物联网应用架构，从应用层面到端系统层面都是一一对应、独立工作。第二阶段为以物联网平台、端系统等为核心的第一次水平化，在 IoT 端系统层面通过网关等关键设备完成各类终端一定程度的融合接入，此外通过 IoT 平台提供数据的统一汇集，同时向不同物联网业务提供统一的平台数据服务。第三阶段则是以先进信通新技术为核心的二次水平化，也是全业务泛在电力物联网未来发展的趋势，一方面是边缘计算、大数据处理、人工智能等技术的引入，不断提升面向工业的物联网体系的智能化水平；另一方面则是不断拓展物联网架构的开放能力，在物联网终端、网络和平台层面都提供开放 API，让业务终端研发、网络定制开发和业务系统开发人员能够充分利用物联网架构中已有的标准化的能力与资源。

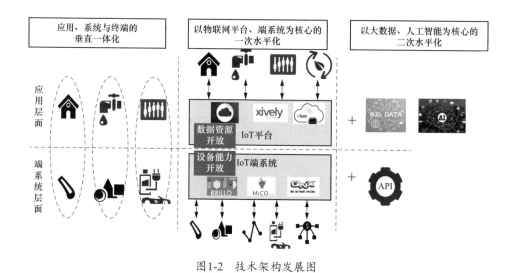

图1-2 技术架构发展图

（2）在关键技术层面，主要有几个趋势：

1）平台化服务。利用物联网平台打破垂直行业的"应用孤岛"，促进大规模开环应用的发展，形成新的业态，实现服务的增值化。同时利用平台对数据的汇聚，在平台上挖掘物联网数据价值，衍生新的应用类型和应用模式。

2）泛在化低功耗连接。广域网和短距离通信技术的不断应用推动更多的传感器设备接入网络，为物联网提供大范围、大规模的连接能力，实现物联网数据实时传输与动态处理。在梅特卡夫定律的作用下，泛在化连接将不断增大物联网的产业价值。

3）智能化终端。物联网端系统的智能化主要体现在两个方面：① 传感器等底层设备自身向着智能化的方向发展；② 通过引入物联网操作系统等软件，降低底层面向异构硬件开发的难度，支持不同设备之间的本地化协同，并实现面向多应用场景的灵活配置。

（3）在国家政策层面，国家高度重视物联网产业发展，中央和地方政府通过发布物联网发展规划、政府报告、指导意见和行动计划等相关政策，基本建立了中央整体规划、部委专项扶持和地方全面落实的物联网政策体系。

物联网的持续快速增长和占比变化受内部支撑能力和外部环境的双重影响。

从外部环境来说，一是全球新冠疫情加速物联网应用。新冠疫情期间远程诊疗、智慧零售、公共场所热成像体温检测、智慧社区和家庭检测、疫情期间的交通管制、物流供应链、应急灾备、信息溯源等场景大量运用物联网技术，在疫情防控常态化条件下加快恢复生产生活秩序，统筹推进疫情防控和经济社会发展工作，有效应对外部环境变化，更需要物联网技术和应用深入地在民生、经济方面发挥作用。二是2020年国家发展和改革委员会官方明确新基建范围，物联网成为新基建的重要组成部分，物联网从战略新兴产业定位下沉为新型基础设施，成为数字经济发展的基础，重要性进一步提高。国家各部委高度重视物联网新基建发展，工业和信息化部发布《关于深入推进移动物联网全面发展的通知》，各地方政府制定顶层设计，将新基建纳入新阶段发展重点，物联网投资持续加大。三是我国外部环境复杂，急需形成强大的内需动力，物联网成为加快经济结构调整步伐，提高经济发展的质量和效益，促进新业态新模式发展，增加高端供给、提振民生消费，促进内需释放的重要手段。

从内部支撑能力来说，一是5G R16标准冻结，从技术层面支持物联网全场景网络覆盖。同时物联网网络基础设施建设加速，5G、LTE Cat1等蜂窝物联网网络部署重点推进，成为物联网应用规模化的加速剂，网络新基建稳步推进传统基础设施的"数字+""智能+"升级。二是行业需求倒逼物联网支撑技术加快商用化进程。随着物联网的行业渗透加速，工业、医疗、交通等行业应用对物联网支撑能力提出新的要求，边缘智能、算力网络、意图网络、人工智能等与物联网的结合需求急迫。

1.3　物联网在电网的发展现状

1.3.1　电力物联网业务现状

国家电网有限公司经过SG186和SG-ERP建设，电力物联网建设和应用已具有一定规模，覆盖生产运营各个环节，已基本实现电网资产运行状态在线实时监测预警，有大约 5 亿的物联网终端连接入网（其中智能电能表接入量达 4.6 亿支），并部署各类物联网采集监测系统，相关业务日数据总增量达 PB 级，有力支撑了各专业、各单位的管理需求和各类高级应用，初步实现了电网运行和企业管理的全过程感知、互联互通和信息整合。图 1-3 为国家电网有限公司物联网业务现状。

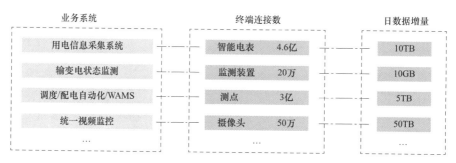

图1-3 国家电网有限公司物联网业务现状

电力物联网以终端为基础，利用国家电网有限公司自有、租赁网络和信息化系统全面覆盖"发输变配用"各个生产环节。电力物联网主要包括：终端信息采集、监测、控制，网络全覆盖，信息系统统一业务流程。支撑了电网的"国调、省调、地调"三级调度、输变电状态监测、配电自动化、用电信息采集、电力营销等多项生产业务，为公司建设坚强智能电网提供了底层保障。

从传统业务的角度来看，国家电网有限公司已经在输电、变电、配电、用电和经营管理五个方面几十类业务推进物联网应用。

（1）输电业务。在输电业务中，应用物联网技术的典型业务主要包括架空输电线路监测、输电电缆在线监测、输电线路无人机巡检、雷电定位、电缆及通道防外破等。

（2）变电业务。在变电业务中，应用物联网技术的典型业务主要包括变电站视频监控、变电站智能巡检机器人、变电站安全防护、输变电在线监测、现场作业管理、智能工具管理、变电检修作业安全管控等。

（3）配电业务。在配电业务中，应用物联网技术的典型业务主要包括配电自动化、线路故障定位及报警、配网抢修平台、配电网隐患监控、电能质量检测、大用户负荷控制、柱上变压器监测、配电线路巡检等。

（4）用电业务。在用电业务中，应用物联网技术的典型业务主要包括用电信息采集、电动汽车智能充换电服务、重点用电设施安全防护、用户自助购电等。

（5）经营管理业务。在经营管理业务中，应用物联网技术的典型业务主要包括实物资产统一身份编码、人员车辆统一管理、电力设施建设过程可视化、数字仓储、数字物流全链路监控、设备实物资产自动盘点等。

随着"云大物移智"、无线接入、互联网等技术的不断演进，为了提升电力客户的获得感、一线员工的工作效率和公司的管理水平，互联网＋、人工智能等应用场景将随着电力物联网的普及不断完善，构建新一代能源系统。新一代能源系统，是以电力为中心、以电网为主干的各种一次、二次能源的生产、传输、使用、存储和转换装置，以及它们的信息、通信、控制和保护装置直接或间接联接的网络化物理系统，实现以智能电网为主干，涵盖智能能源网络，与信息技术、互联网进行进一步广泛融合。新一代能源系统应以电力为中心，以互联网思维改造传统电力系统，这是构建新一代能源系统的关键步骤。

"互联网＋智能运检"以提升电网设备和人身的本质安全为目标，优化"设备智能、管理穿透、运检高效、决策精准"的智能运检体系，推动电网运检管理向安全、集约、智能发展。在主网智能运检、供电抢修服务平台、电力故障应急专用机器人、特高压换流站金具接头运检管控平台等方向开展研究和应用。

"互联网＋电力营销"通过运用营销用电数据标签，建立电力客户画像，提高各类工作的精确性和有效性，客户标签可随着应用场景的不断挖掘进一步拓展。在客户画像全景识图、客户信用模型构建、风险防控平台、基于电力大数据的出租房客户识别与应用等方面开展工作，为差异化客户服务、居民套餐定制等营销策略提供参考。

通过"互联网＋电力物资"，围绕"提升主动服务、深化业务协同、强化数据融合、推进物联应用"四个方面打造精益高效的物资智慧供应链体系。并在人力资源应用实践、财务管理应用实践、运营监测应用实践、重要活动保电、智慧后勤平台等方面开展研究应用。

配电自动化方面，为支撑现代化配电网建设，精益化管理向低压配电网延伸，需提升低压配网拓扑分析、故障处理、设备管理、主动运维等方面的电网本质服务能力。

支撑能源互联网建设，满足大量分布式电源、电动汽车等带来的供给侧与需求侧不确定性发展需求，提升用户体验。分布式电源系统未来面临着谐波、无功和电压、孤岛等问题，可利用二次设备实现实时监控和调度，实现分布式电源的稳定接入。电动汽车充电系统未来面临着不同客户和多样化的服务模式需求，传统相对集中的、专用局域网、模式单一、封闭独立的充电系统将逐步被离散式和分布式充电桩群为主的、基于（移动）互联网、模式多样、互联互通的充电系统所替代。

1.3.2 电力物联网技术现状

国家电网有限公司信息化建设不断发展，各业务部门根据实际需求利用终端、网络、业务系统已经搭建了部分典型应用，电力物联网已经初具规模。但是各业务系统相互独立，数据共享和信息交互存在壁垒。

下文从物联网技术内容的角度，介绍当前电力物联网发展现状，包括终端、网络、平台、安全、国网云和数据中心六个方面。

1.3.2.1 终端

终端层作为物联网的"触角"，主要由具有各种感知能力的业务终端组成，是物联网识别物体、采集信息的来源。

终端共包括上百家厂商品牌、近千种型号。终端的主要部件为芯片（处理器、可编程逻辑器件、连接芯片）、操作系统、通信模式、传感器。

（1）芯片。终端处理器主要包括微控制单元（Micro Controller Unit，MCU）、应用处理器、数字信号处理（Digital Signal Processing，DSP）三种类型；主流采用现场可编程门阵列（Field Programmable Gate Array，FPGA）和复杂可编程逻辑器件（Programmable Logic Device，PLD）两种可编程逻辑器件；短距离通信领域，终端采用多合一无线通信芯片，同时支持多种通信方式；中长距离无线通信领域，终端采用3G、4G/LTE、5G等移动蜂窝通信技术芯片；长距离低功耗无线通信领域，终端主要采用NB-IoT芯片；卫星通信领域，终端主要采用北斗通信芯片。

（2）操作系统。面向高性能的图形化分时操作系统主要为Android、IOS和Windows；实时操作系统领域，主要为VxWorks、LynxOS、FreeRTOS；运算能力较低的嵌入式平台，终端主要的操作系统包括ARM mBed、Google Android Things、嵌入式Linux等。国内主要为华为的LiteOS、阿里AliOS。华为LiteOS是一款轻量级物联网操作系统，具备轻量低功耗、快速启动以及支持多种通信方式的能力。AliOS包括AliOS和AliOS Things。AliOS Things是面向IoT领域的轻量级物联网嵌入式操作系统，致力于搭建云端一体化IoT基础设备，具备极致性能，极简开发、云端一体、丰富组件、安全防护等关键能力。

（3）通信模式。短距离通信领域主要通信模式为Zigbee、蓝牙、Wave协议；移动通信领域主要通信模式为2G/3G/4G/5G技术；长距低速无线通信领域主要通信模式为NB-IoT、eMTC、EC-GSM。

（4）传感器技术呈现智能化、可移动化、微型化、集成化和多样化的特征。

1.3.2.2 网络

国家电网有限公司通信网实现业务系统之间的通信主要包括骨干网和通信接入网。

骨干网已经实现省际、省级和地市三个层级的全覆盖。骨干通信网现状如下：①通信站点超过 65000 个；②通信光缆类型主要包括光纤复合架空地线（Optical Fibre Composite Overhead Ground Wire，OPGW）、全介质自承式光缆（All Dielectric Self Supporting，ADSS）和其他类型光缆，总长度超过 100 万 km；③公司传输网以光纤通信为主，微波、载波为辅，多种传输技术并存，分为省际、省级和地市三个层级。省际传输网光缆以 OPGW 光缆为主，主要随 500kV 及以上电网线路架设，现已形成了"六纵六横"的整体光缆网架结构。省级骨干传输网光缆网架以 220kV 及以上电网为基础，以环型结构为主，部分省公司逐步发展为网状网。省级同步数字体系（Synchronous Digital Hierarchy，SDH）网络核心层带宽基本达到 10G，为电网生产实时业务提供了可靠的通信保障。地市骨干传输网光缆网架以 220、110（66）kV 及 35kV 电网为基础，以环型结构为主；④业务网主要包括数据通信网、调度交换网、行政交换网、电视电话会议系统；⑤支撑网包括同步网、网管系统、应急通信等，共同实现骨干网络的管理和应急通信。

10kV 通信接入网主要覆盖 10kV 配电网开关站、配电室、环网单元、柱上开关、配电变压器、分布式能源站点、电动汽车充换电站、10kV 配电线路等。10kV 通信接入网主要由光纤专网、电力线载波以及无线专网 / 公网构成，主要满足配电自动化、用电信息采集、分布式电源接入、电动汽车充电站（桩）等通信业务的接入和上联需求，形成与骨干传输网垂直贯通、面向用户、安全可控的一体化接入网络。

1.3.2.3 平台

物联网已经从概念阶段发展到规模化落地应用阶段，物联网平台是产业发展的关键环节。针对物联网规模化应用面临的挑战，根据前期规划，电力物联网管理平台主要包括物联管理中心、能力开放中心，对应于设备管理、连接管理、用户管理、应用使能、业务服务、运行监控六类功能。

当前国家电网有限公司尚未部署统一的电力物联网平台，但功能框架初步形成。基于现有的一体化"国网云"平台和数据中心，实现电力物联网平台的云上运行和业务数据的统一管理。

一体化"国网云"平台是对国家电网有限公司 SG-ERP2.0 一体化平台的进一步继承和发展，由云基础设施、云平台组件、云服务中心和云安全套件四部分组成。通过云服务中心，实现云基础设施和云平台组件的一体化服务。通过云安全套件，提供云平台自身和支撑业务应用的安全保障。

国家电网有限公司大数据中心是一套面向全业务范围、全数据类型、全时间维度数据提供统一的存储、管理与服务的系统，实现业务高度融合、数据充分共享的基本功能。

1.3.2.4　安全

目前电网安全已成为国家安全的重要环节。电力物联网作为未来最为广泛应用的基础技术，将成为电网控制的"神经"，渗入电网控制的各个方面，也使得电力物联网安全对大电网安全稳定运行具有举足轻重的作用。从电网发、输、变、配、用的各环节现状来看，物联网安全解决方案需要涉及终端层、网络层、平台层、应用层。

以信通网安〔2017〕28 号《国家电网公司 2017 年网络与信息安全检查与内控机制建设方案》为指导，强化网络安全基础，梳理网络安全风险，固化完善重大活动网络安全工作机制，建设具备实战能力的网络安全队伍，提升网络安全技防措施的实用化水平。

信息安全管理方面，监测网络安全风险，明确保护对象、确定保护等级、落实保护措施；组建专业化的信息安全技术团队；整合现场和远程资源，提升网络安全事件处置效率；集中优势资源，落实重大活动网络安全保障要求，加强网络安全指挥、值守和监控。

信息安全技术方面，根据国家电网有限公司管理信息大区网络总体安全防护架构设计，公司信息网络边界主要分为横向边界和纵向边界两大类，其中横向边界主要通过信息网络隔离装置进行隔离防护，纵向边界无线接入内外网，主要通过信息内网安全接入平台和信息外网安全交互平台进行安全接入、身份认证、通道加密。

国家电网有限公司的物联网已经初具规模，覆盖了大部分业务，但还存在如下几个问题。

（1）终端标准不统一，存在安全隐患。主要表现在：终端缺乏自主研发的操作系统、终端芯片基本被国外厂商垄断，存在不确定的安全隐患。

（2）网络承载能力有限，网络类型多，缺乏统一规划。主要体现在：随着物理终端数量的不断增加，通信部分链路带宽不足；多种网络接入模式，包含租用电信运营商的无线专网，运维复杂。

（3）缺乏终端统一的管理运维平台，各个信息系统相对独立，不能对终端进行统一管理，终端出现故障，定位排错时间长。

（4）缺乏整套的安全防护策略。

1.3.2.5　一体化"国网云"

经过信息化 SG186 和 SG-ERP 建设，国家电网有限公司建成三地集中式灾备（数据）中心、一体化信息集成平台和软硬件资源池，有效支撑"横向集成、纵向贯通、二级部署、三级应用"的一体化企业级信息系统建设和应用，为公司各类 IT 资源进一步云化奠定了良好基础。随着公司信息化建设与应用的不断深入，IT 基础设施和一体化平台暴露出五个方面的不足：①IT 基础资源按需供应能力不足；②IT 基础资源的动态扩展和回收能力不足；③跨域分布式计算能力不足，导致数据纵向搬动频繁；④在线开发、测试和发布能力不足；⑤IT 基础设施标准化程度较低和系统的一体化实现不足。同时，近年来公司业务发展迅速，在提升运营效益、电网安全、客户服务及拓展新业务等方面，对平台能力提出了更高要求。

1.3.2.6　数据中心

经过信息化 SG186 和 SG-ERP 工程建设和应用，国家电网有限公司已经建成总部、省（市）公司两级数据中心，积累数据总量超过 5PB，设计并作为企标发布公共信息模型（SG-CIM），建设主数据管理平台，实现物料、供应商、会计科目等主数据的统一管理，为大规模开展大数据应用奠定了基础。随着公司各业务条线信息系统建设和应用的不断深入，暴露出跨专业业务协同与信息共享不足，数据多头输入，数据准确性、实时性不强，数据反复抽取、冗余存储、质量不高等问题。同时，加快构建全球能源互联网和实现"具有中国特色国际领先的能源互联网企业"的战略目标，对全业务协同、全流程贯通提出了更高要求，深入挖掘数据价值、用数据管理企业、用信息驱动业务的需求更为迫切。数据是信息化的核心，建设数据中心是源端全业务融合、后端大数据分析的必然选择，对建设信息化企业具有重要意义。同时，大数据、云计算等新技术日趋成熟，为数据中心的建设提供了技术保障。

1.3.3 发展趋势

（1）物联网总体架构从垂直一体化封闭模式向以水平环节为核心的开放模式转变。第一次水平化是以物联网平台、端系统为核心，正在经历的第二次水平化是以人工智能、大数据处理和边缘计算等通信新技术为核心。

（2）物联网的技术发展趋势主要体现在：开放的物联网平台、标准化的通信接入、泛在低功耗的接入方式、充分的数据共享和完善的安全体系构建。

（3）国家高度重视物联网产业发展，中央和地方政府通过发布物联网发展规划、政府报告、指导意见和行动计划等相关政策，基本建立了中央整体规划、部委专项扶持和地方全面落实的物联网政策体系。涵盖了基础设施、技术研发、应用推广、标准制定、产业发展、资金扶持等方面。

（4）物联网产业快速增长，正处于大爆发前的战略机遇期。物联网涉及的传感、通信、信息、智能化和安全等技术领域发展逐渐成熟，物联网正逐步向工业互联网、智慧能源、智能电网等具体行业应用延伸，全球物联终端连接数将达到数百亿。

1.4 电力物联网需求分析

全业务泛在电力物联网以"全时空通信覆盖、全环节物物互联、全数据统一管理、全业务云上运行、全方位数据应用、全过程可信互动"为建设愿景，对应到电力物联网发展的需求，主要包含终端需求、连接需求、网络需求、交互需求、数据处理需求和安全需求，其中安全需求贯穿整个物联网功能环节的全链条。

1.4.1 终端需求

1.4.1.1 现状

据不完全统计，系统内服务于电网生产业务的物联网终端数量多达十几亿，这其中只有 5 亿左右的终端（含 4.6 亿电能表，集中器 1700 万）连接入网并通过业务系统进行管理。大部分的物联网终端处于脱网运行的状态。表 1-1 是某省现存终端信息统计表，表中对三大类终端所包含的各小类终端的总体数量、所使用的 CPU、操作系统、数据传输通道、通信协议、安全防护情况作汇总。

从表 1-1 中可以看出，每种类型终端在通信接口、通信资源需求、计算能力、安全防护能力等方面存在很大的差别。后期为了支撑能源互联网业务和新型互联网业务，还会有更多类型、数量的终端纳入全业务泛在物联网进行管理。

1.4.1.2 存在问题

现存电力物联网终端面临如下问题：

（1）终端覆盖范围有限，终端接入率低（不足 30%）。

（2）大多数终端尚不具备边缘数据交互与处理能力，智能化水平不高、功能受限。

（3）终端设备应用场景范围广，所涉及的通信技术多样、协议复杂。

表 1-1

某省终端信息统计表

类别	名称	数量	操作系统	数据传输通道	通信协议	数据上行接入系统	CPU	安全防护
作业类	生产移动作业终端、物资现场作业终端、营销现场作业终端、收费pos机、ATM自助缴费机、电动汽车充电桩、输电状态监测终端	11756	无；安卓/win10/windows mobile/XF/10/Linux/Linux安全操作系统/win2000	APN、GPRS、数据线、光纤、无线、USB、短信	TCP/IP、Modbus、USB、串口	PMS、电脑终端、安全接入平台、电力营销业务应用系统、一体化缴费平台、车联网平台	Arm、X86等	无、加密卡、定期漏洞扫描、杀毒软件等
采集类	变电状态监测终端、电压监测仪、用电信息采集终端、计量周转柜、视频终端、GIS采集终端、物联网安全出入控制终端	395989	无/嵌入式linux操作系统/Linux/WinXP/WinCE等	APN专网、4G、TCP/IP、卫星、光纤等	APN专网、4G、TCP/IP、DL/T645、376.1、TCP/IP、SOAP H.264、H.263、H.323、Modbus	输电线路状态监测代理装置、调度监控平台、变电设备状态接入平台、安全接入平台、用电信息采集系统等	Arm、X86等	无、前置机口令、非对称加密、数字签名、加密卡等
办公类	PC终端、云桌面终端、打印机、IP电话、考勤机、高拍仪、扫描仪、传真机、门禁、食堂刷卡机终端	48616	无/WinXP/7/8/10/Lnux	USB、光纤等	TCP/IP、RAP、CitnxICA、MicrosoftRDP、VMwarePCoIP、串口等	调度交换系统、行政交换系统、政交换系统、职工考勤主机、职工考勤主机	Arm、X86等	无、杀毒、某管软件、数据保护、保密检查、强口令、指纹认证等

（4）终端功能设计缺乏跨专业统筹，不同专业终端存在重复建设投资。

（5）终端设备数据模型、接口协议不统一，数据跨专业协同共享存在壁垒。

（6）终端设备芯片和操作系统自主化率低，主要依靠国外进口，存在安全隐患及知识产权纠纷。

（7）终端本地处理能力差，终端之间业务协同能力弱。

（8）终端标识不统一，功能简单，不具备确认对象状态、匹配工作程序和记录操作过程的功能，不能达到减少误操作风险和安全隐患的最终目的。

（9）终端设备部署方式不统一，不利于协同管理。

同时，无人机、电话终端、基建场地临时通信系统、多媒体调度及移动巡检、新型电动汽车充换电、资产全寿命周期管理等物联网新业务的出现对终端接口、性能、安全性等方面的进一步要求，各类电力终端统一信通技术标准、接入模式和终端标识方法、深化智能电网芯片技术的研发应用以及终端性能的优化改造工作迫在眉睫。

1.4.1.3 需求分析

为了解决电力物联网终端面临的种种问题，需要：

（1）统一各类电力终端的信通技术标准和接入模式，规范数据标准化接入；提升终端通信能力，扩大终端接入网覆盖，推动实时在线泛在接入。

（2）需加强工控、传感、通信、安全、标识、人工智能（Artifical Intelligence，AI）等芯片的自主研发和应用，进行终端操作系统的加固和自主研发。

（3）终端操作系统功耗、实时性、安全性、数据处理与交互能力需与之适配。

（4）统一各类电力终端标识方法，实现终端间泛在互联、信息解析、路由和定位。

（5）结合轻量级、基本型、增强型等终端需求，结合新技术、新材料、新工艺，研究高集成、低功耗、微型化、多功能的可跨专业复用的智能业务终端。

1.4.2 连接需求

1.4.2.1 现状

目前电力物联网的主要连接方式还是以 WiFi、蓝牙及 ZigBee 等技术为主，应用于室内和本地通信网络等短距离数据传输场景。据统计，目前短距离连接的极限是 WiFi 和蓝牙的 200m，这意味着大范围的室内场景和远距离数据传输场景对物联网技术的应用将因此而受限。随着物联网连接环境和传感器种类的不断扩大，对物联网的应用在通信技术的连接范围提出了更高的要求。然而，由于当下作为远距离通信主要手段的 2G/3G/4G 技术能耗高，同时更适用于庞大数据量传输，在低频次应用场景中并不具备高效性，因而进一步推动了市场对低功耗、远距离传输技术的需求。

近年来，低功耗广域网（LPWAN）技术快速兴起，以功耗低、距离远等特点迅速吸引了市场的注意。低功耗广域网技术可分为非 3GPP 组织主导的基于非授权频段的 LoRa 和 Sigfox 等技术，3GPP 组织主导的基于授权频段的 eMTC、NB-IT 和 EC-GSM 等技术。此前，美国升特（Semtch）半导体公司的 LoRa 技术和 Sigfox 公司的 Sigfox 技术已经率先开始商业化，但因为存在信号干扰等问题，始终没能得到广泛应用。2016 年，3GPP 组织正式推出 eMTC 和 NB-IoT 标准技术，基于授权频段的突出优势迅速吸引大量厂商跟进。以最具代表性的 NB-IoT 为例，低功率广域网技术相比传统物联网通信技术具备以下几类优势。

（1）覆盖范围更广：其基站发射功率比 LTE[1]和 GPRS[2]基站更强，覆盖能力可达 164dBm，覆盖范围可达 15km，因此地下车库、地下室和地下管道等信号阻碍很大的地方也能进行覆盖。

（2）数据容量更大：NB-IoT 的上行容量比 4G 提升了 50～100 倍，允许

---

[1] LTE：长期演进，Long Term Evolution 的缩写。

[2] GPRS：通用分组无线业务，General Packet Radio Service 的缩写。

接入的设备数量也因此增加了 50～100 倍。

（3）电池寿命更长：NB-IoT 数据传输速率是 65kbit/s，加上 eDRX 省电技术和 PSM 省电模式通过延长设备空闲时的休眠时间优化了用电效率，NB-IoT 终端设备在 AA 电池下供电可以工作 10 年。

（4）部署更灵活：厂商可根据不同的应用需求选择独立部署、保护带部署或带内部署。其中独立部署需要独立频段，不会形成信号干扰；保护带部署是利用 LTE 频带边缘的保护频段但信号较弱；带内部署是直接使用 LTE 内的空闲波段。

（5）芯片成本更低：由于对速率、功耗和带宽的要求都很低，NB-IoT 芯片的 DSP 配置较低，PA❶较小，均衡算法也较简单，整体降低了芯片成本。

因为技术的演变，使得物联网的应用场景更为广泛。低功率广域网技术已在智能计表、地质勘测等领域首先展开应用，并逐渐与垃圾站、消防用品等低频次城市资产相结合，在智慧城市这一领域将物联网的连接范围进一步扩大。随着配套设施的完善，低功率技术将有望进入更多实体经济领域。通过发挥广域数据传输和低功率节能特性，远距离资产跟踪（如共享单车等）和小型设备通信（如可穿戴设备等）将成为 LPWAN 对物联网整个产业的新的开拓方向。同时更多的长尾物品将因为这类技术的成熟陆续加入物联网的连接范畴，使数据源的量级得到进一步提升。

1.4.2.2　存在问题

现存电力物联网终端在连接上存在以下问题：

（1）电力物联网本地通信网络底层连接协议差异大，制约了互联互通实现。

（2）电力物联网存在海量、关联数据的存储、处理需求，网络边缘计算能力亟待加强。

（3）泛在物联对终端接入安全防护提出更高要求。

---

❶　PA：功率放大器，Power Amplifier 的缩写。

1.4.2.3 需求分析

针对以上问题，电力物联网在终端层面临的需求如下：

（1）面向泛在电力物联网连接需求，引入"物联小站"，屏蔽底层网络差异性，实现全连接。

（2）"物联小站"具备模型适配、数据存储、边缘计算、安全防护功能，基于雾计算，打破传统物联网纵向封闭模式，实现网络边缘智能。

（3）统一各类终端连接安全防护措施，支持终端接入认证、鉴权，实现安全、可信接入。

1.4.3 网络需求

1.4.3.1 现状

国家电网有限公司通过对骨干通信网的进一步优化，目前已实现110kV及以上变电站电力光纤100%覆盖，66、35kV变电站电力光纤覆盖率分别为98.67%、93.53%，供电所电力光纤覆盖率为93.39%；持续推进省公司大容量光传送网（Optical Transport Network，OTN）建设，累计已实现106个地市电力公司万兆宽带上联，976个县电力公司千兆上联；于2017年年底，全面建成了IP多媒体子系统（IP Multimedia Subsystem，IMS）行政交换核心网，实现了总部和所有省公司互联互通，累计接入12.9万用户；公司一体化电视电话会议系统二期项目竣工验收，全年召开视频会议3万场。

在终端通信接入网统筹建设方面，先后完成电力无线专网总体方案制定及深化试点工作，规划实现公司B/C类、光纤建设困难的A+/A类供电区域覆盖；国家级230MHz电力无线专网试点建设项目通过工信部验收，安全防护方案通过国家信息安全测评中心测评，控制业务挂网试运行取得阶段成果；牵头成立电力无线专网产业联盟，推动建立电力无线专网标准制度体系；完成光纤、中压载波及北斗短报文技术应用验证。

1.4.3.2 存在问题

面向新时代，国家电网有限公司提出建设具有卓越国际竞争力的世界一流能源互联网企业，必然要求信息流、业务流与能源流进一步深度融合、智能互动。SG-eIoT 是综合应用"大云物移智"等信通新技术，与新一代电力系统相互渗透和深度融合，实时在线连接能源电力生产与消费各环节的人、机、物，全面承载并贯通电网生产运行、企业经营管理和对外客户服务等业务的新一代信息通信系统，是支撑我国能源互联网高效、经济、安全运行的基础设施。具体到 SG-eIoT 网络层面，目前存在的问题主要包括：

（1）网络接入与传输能力尚需提升。主要表现在三个"有限"：① 传统 IPv4 网络空间地址容量有限；② 网络覆盖和传输带宽有限；③ 网络泛在安全接入能力有限，急需提升能源互联网环境下海量智能终端随时随地、高速稳定安全接入网络的能力。

（2）网络端到端可定制化能力不足。传统网络复杂而刚性，形成了软硬件垂直一体化的封闭架构，导致网络在处理以大数据、智能分析、网络虚拟化等为代表能源互联网新业务、新应用时能力不足，网络主动适配、服务于业务需求的能力弱，业务承载效率亟待提升。

（3）网络资源的灵活调配能力薄弱。从管理层面上来看，通信网络资源在国家电网有限公司跨专业、跨部门间的协同共享存在壁垒，形成若干依托于特定业务的网络烟囱群，导致无法根据业务特点进行网络资源的统一调度和配置，简单通过扩容方式亦导致大量宝贵网络资源浪费。

（4）网络的应急保障体系亟待构建。随着国家电网有限公司通信网建设规模的不断扩大，信息通信设备老化、性能下降及故障率升高等问题凸显，特高压大电网安全稳定运行对通信可靠性要求大幅提高，亟待构建灵活可靠的网络应急保障体系，抵御突发故障及多点连锁故障。

1.4.3.3 需求分析

未来，大电网系统保护等强实时、高可靠业务与能源互联网客户侧广覆盖、泛在接入业务并存。伴随着物联网、能源互联网等新型业务的开展以及大数据、人工智能时代的到来，传统电力通信网已越来越难满足用户日益高涨的应用需求。希望通过一些新架构、新技术提供现有网络技术难以支撑的服务、能力和设施，解决现有网络存在的问题，满足业务对网络系统的整体需求，切实推动网络发展。

为此，SG-eIoT需要构建基于"有线＋无线、骨干＋接入、地面＋卫星"的"空天地"协同一体化电力泛在通信网，加快推进电力无线专网建设，实现5G泛在物联应用，建设超长站距光通信网络，完善北斗服务运营体系，实现IPv6全面部署，显著提升电力通信网资源可定制化能力。最终目标是实现"广覆盖大连接、低时延高可靠、网络异构融合、网络可定制"，全面提升现有电力通信网的接入与传输能力、端到端可定制化能力、资源灵活调配能力、网络应急保障能力，形成"网络即服务（Network as a Service，NaaS）"的电力通信网，满足SG-eIoT满全时空通信覆盖目标，为能源互联网建设提供泛在互联支撑。

1.4.4 交互需求

1.4.4.1 现状

目前国家电网有限公司已经建立多种信息化平台，承载了多种电网生产与管理类业务，支持多种信息流从基层到网省、总部的纵向交互，并且基于集中部署的信息化平台，也促进了不同业务间的横向交互；随着移动互联网技术和人工智能技术的发展，基于移动互联的泛在信息交互、新型人机交互技术也逐步应用得越来越广泛，使得信息交互的需求进一步扩大。

1.4.4.2 存在问题

（1）多类物联网业务承载于电力数据通信网和现场网络上，多种通信网络技术体制并存，而物联网应用面向全业务，实现全环节物物互联。例如仪表、移动终端、传感器等基于边缘计算实现交互，在通信时延、带宽和QoS上的差异性较大，现有网络灵活性不足以应对大量物联网业务交互。

（2）由于数据模型不统一，物联网应用依然存在大量"碎片化"问题，各应用子系统是由不同的软件供应商提供的，为不同的业务部门服务，在不同的运行环境下，它们的信息模型都是各应用系统专用的，应用子系统间进行信息交互非常困难，难以实现数据在平台层共享，限制了联合数据分析以实现数据价值转化。

（3）人机交互发展迅速，人机交互技术在电网中的应用潜力已经开始展现，比如移动作业终端配备的地理空间跟踪技术，用于运检的可穿戴智能头盔、眼镜等，基于动作识别、轨迹趋势识别、人脸识别等技术，应用于虚拟现实、遥控机器人等的触觉交互技术，应用于呼叫路由、家庭自动化及语音拨号等场合的语音识别技术等，但是新技术在电力行业规范化应用仍处于探索阶段，离真正实用化还有一定的距离。

1.4.4.3　需求分析

网络数据交互方面，智能电网信息"采集"需求爆发性增长，"控制"向末端延伸，为满足分级交互、实时交互等需求，需要提供灵活的一次水平化物联网平台，具备终端硬件能力抽象、业务编排等能力。

平台数据交互方面，实现全业务支撑，需要开放的平台接口和协议，形成能源／电力物联网二次水平化平台，通过系统／平台之间的互操作，响应来自其他业务和平台的请求

人机交互方面，引入 VR/AR 等新型人机交互技术，需要提供面向系列化场景的物联代理，实现运行故障的精确定位和自动化处置，提高运维和检修的工作效率。

1.4.5　数据处理需求

1.4.5.1　现状

国家电网有限公司已经建成了总部、省（市）两级数据中心，发布公共信息模型（SG-CIM），构建了主数据的管理体系，实现了主数据统一管理，推进专业间数据交互、数据集成方式向业务集成方式发展，支撑了核心业务系统的

集成融合，为大规模开展大数据应用奠定了基础。

目前国家电网有限公司推进的数据中心建设主要包括数据管理域、数据分析域和数据处理域三部分。数据管理域的核心是统一数据模型构建、企业级主数据建设与应用，通过对数据定义、存储、使用的统一规划和管控，为跨专业、跨系统数据集成与应用提供支撑；数据分析域是全业务、全类型、全时间维度数据的汇集中心，与处理域的数据保持实时一致，为公司各类分析决策类应用提供完备的数据资源、高效的分析计算能力及统一的运行环境；数据处理域是公司生产经营管理过程中各类业务数据存储、处理、融合的中心，是原业务系统各个分散数据库的归并、发展与提升，为公司各业务应用提供逻辑统一的数据库，主要包括业务处理数据库与统一数据访问服务两部分。

数据中心可为公司各类应用管理和分析决策提供完备的数据资源服务，下一步将加强对物联网数据的实时处理和应用。通过国网云的企业管理云和公共服务云建设，实现云平台对现存多种资源的统一纳管，下一步将全面建成国网云，实现云平台对基础资源全覆盖。

1.4.5.2 存在问题

（1）不同业务系统间的数据模型不统一，同一类数据在不同业务系统中的格式存在差异，业务系统间实现数据共享存在困难，需要统一的标准指导，实现统一的数据格式。

（2）目前很多信息化系统采用省级部署模式，底层数据需要集中至省级主站进行处理后，再下发至底层终端，造成数据延时增大，并给通信通道带来较大的压力，对一些需要本地化处理的数据，缺乏边缘技术的能力，数据集中与分散协同处理能力不足，影响业务效率和成本。

（3）能源互联网需要完成精准、高效的数据分析，以应对大量分布式能源的接入、多种业务并发和联合数据分析需求，数据分析与共享能力有待提升。

1.4.5.3 需求分析

数据管理方面，需要在现有基础上，构建覆盖能源电力全链条业务的数据和服务标准体系，扩展数据模型，支撑全数据统一管理。

数据处理方面，需要实现平台级的低成本数据处理，通过边缘计算等技术，数据处理下沉；并灵活采用内存、闪存等新型存储技术，在代价和性能之间实现更好的平衡。

数据分析方面，需要基于"国网云"实现物联数据开放共享，深化大数据、机器学习等技术，多数据源综合分析，支撑全业务云上运行。

数据共享方面，需要全面加强大数据应用创新，提升数据质量，驱动物联网大数据变现，支撑全方位数据应用。

1.4.6 安全需求

1.4.6.1 现状

"十三五"期间，国家电网有限公司制定了"可管可控、精准防护、可视可信、智能防御"的安全策略，国家"十四五"规划纲要首次设立"安全发展"专篇，明确强调要坚持"管理与技术并重，预防与保护并举"的原则。近年来，随着信息技术发展，电网成为物联网的重要应用领域，架空输电线路监测、变电站视频监控、配电自动化、用电信息采集、国网实物资产设备身份码等系统，都是不同形态的典型物联网应用，随着"大云物移"技术不断发展，物联网技术在电网的应用领域及规模不断扩大。

物联网业务发展的同时，各国信息安全政策也在不断演变，信息安全形势日益严峻，使得电力物联网在发、输、变、配、用、调各环节均面临着新的安全风险。

1.4.6.2 存在问题

海量异构终端接入带来更多安全隐患，现有防护措施不适用于新型终端和部分处理能力不足的终端，缺少适用于物联网终端的接入认证和数据传输机制。

开放与共享的网络末梢延伸导致物联边界更加模糊，公司传统安全防护边界范围不断扩大，更加难以界定。

电力物联网新环境下的安全管理和运维体系尚未构建，海量设备、应用系统的增加给全网安全监测和安全管理提出更高要求。

1.4.6.3　需求分析

体系安全方面，电力网络向开放转变，安全边界更模糊，需将安防体系延伸至终端层，推进设备与系统可视可信。

终端安全方面，终端种类／数量增多、安全风险加大，需面向不同终端实现精准、模块化嵌入式安全防护措施。

网络安全方面，对外网络接口增加，需通过物联代理，减少由于各业务终端分别接入带来的防护点数量。

管理保障方面，需要明确全业务泛在电力物联网安全管理职责分工，遵循国家相关法律法规、标准、行业规定以及机构整体安全策略，制定相应人员、应用、设备、数据安全管理制度，明确信息保密性、可用性和完整性要求，制定事故应急处置和保障办法。

2

物联网体系架构
及关键技术

作为新一代信息技术高度集成和综合运用的物联网技术，近些年来备受各界关注，同时也被业内认为是继计算机和互联网之后的第三次信息技术革命。多位前沿科技研究学者认为，物联网的发展应用将在未来 20 年中为解决现代社会生活问题做出极大贡献。21 世纪以来，一些发达国家纷纷出台了物联网发展计划，进行相关技术和产业的前瞻布局，我国也将物联网作为战略性的新兴产业予以重点关注和推进。当前，物联网已经应用在仓储物流、城市管理、交通管理、能源电力、军事、医疗等领域，涉及国民经济和社会生活的方方面面。本章将从物联网技术的总体架构和关键技术两方面展开，进行深入透彻的讲解和研究。

2.1 物联体系架构

随着物联网技术的发展，四层物联网体系架构被提出来并得到了广泛应用，如图2-1所示。由于三层架构中应用层内部功能过于复杂，服务的方向不尽相同，导致应用层的开发效率和发展过于缓慢，在四层架构中，将应用层中面向底层的公共组件抽取出来形成平台层，实现应用层与底层网络、硬件的解耦，使得应用层可以更好地与具体应用业务相结合。平台层作为下层基础设施与应用层通信的桥梁，构建了设备和业务的端到端通道，屏蔽了底层设备的接入过程，同时为应用层提供了应用开发支撑，为提升产业整体价值奠定了基础。平台层的存在使得企业可以专心于构建自己的应用或者组建自己的产品网络，而不必费心于设备的连网和通信问题。

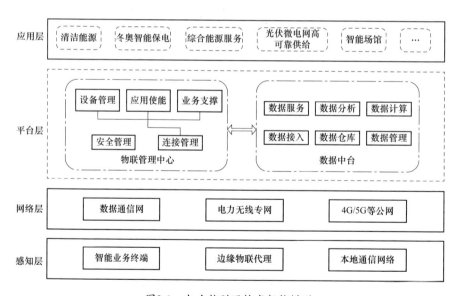

图2-1 电力物联网技术架构模型

物联网平台是基于平台层形成的一套物联网应用解决方案，实现应用层与底层网络、硬件的解耦，基于物联网平台实现的各种应用脱离了底层各种异构设备和传输协议的束缚。物联网平台是所有物联网部署的核心，它将硬件、连接、软件和应用程序层集合在一起，为设备管理和配置、数据收集和分析、应用程序启用以及与云服务器的连接提供了一个有效的解决方案。物联网平台通常被称为物联网中间件，是应用层和硬件之间的中介。一般来说，物联网平台的主要目的是克服存在于各个技术层之间的障碍（包括缺乏互操作性、标准化、安全性等），并将它们结合起来，以确保它们的高效和无缝合作。

2.1.1 感知层

感知层是物联网系统四层架构的最底层，也是上层结构的基础。其主要的功能为负责信息采集和信号处理。通过感知识别技术，让物与物通过网络连接，这是物联网区别于其他网络的最独特的部分。

感知层需要满足以下需求：

（1）"实现终端标准化统一接入"，即操作系统的标准化。物联网操作系统需要具备轻量级、低功耗、快速启动等特性，支持多传感协同与多架构处理器。并且其有统一的应用开发平台，支持长短距连接，实现全连接覆盖。

（2）"通信、计算等资源共享"，物联网终端数据的种类包括结构化数据和半结构化数据，又以半结构化的数据为主，如 JSON 格式、XML 格式等。由于需要保证传输安全和区分不同设备的原因，这些呈现为文件形式的数据向上传输至平台层后，平台层需要有一个解码过程来读取数据内容，而平台层将控制信息下发到终端时，需要将数据文件编码成机器语言。因此编码和解码的规范将会成为通信、计算等资源能否共享的关键。

（3）"在源端实现数据融通和边缘智能"，由于电力物联网的终端设备数量极其庞大，数据既呈现强时序的特性也有时空的属性，因此如果计算都在平台层进行处理，会对服务器集群产生极大的压力，利用边缘计算在网关处理一些区域化的计算任务是减轻平台层服务器集群计算压力的很好手段，在感知层就完成了部分数据和信息的整合处理。

感知层自底向上应当分为现场采集部件、智能业务终端、本地通信网络和边缘物联代理。如图2-2所示，现场采集部件将采集数据上报至智能业务终端，部署在现场的各类智能业务终端可以因地制宜，选择合适的（有线/无线）本地通信方式连接到边缘物联代理，最终接入平台层的物联管理中心。边缘物联代理是位于本地通信和远程通信网络之间的"枢纽"，边缘物联代理不可以取代智能业务终端。

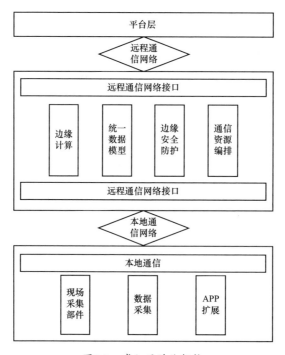

图2-2 感知层总体架构

感知层可完成以下功能：

（1）统筹规范终端功能与接入标准。

（2）强化不同专业设备级数据信息模型统一研究与应用。

（3）设计研发平台化、智能化、APP化的新型智能终端和多形态边缘物联代理装置。

（4）提升终端标准化统一接入、数据融通、边缘计算和在线决策能力。

2.1.2 网络层

网络层的作用为通过现有的互联网、移动通信网、卫星通信网等基础网络设施，对来自感知层的信息进行接入和传输。在物联网系统中网络层接驳感知层和平台层，具有强大的纽带作用。

电力物联网网络以"广覆盖大连接、低时延高可靠、网络异构融合、网络可定制"为目标，重点开展骨干网、数据网优化升级，扩大电力无线专网试点及业务应用，规范本地通信网络，建立时空智能北斗电力应用体系，开展网络基础设施运营，构建"有线＋无线、骨干＋接入、地面＋卫星"的"空天地"协同一体化电力通信网，如图 2-3 所示。网络层从架构上可分为骨干网、接入网和本地通信网络三层。主要涉及数据通信网的扩容，电力无线专网建设，及公网资源深化应用等。

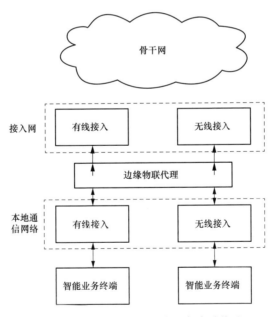

图2-3 "空天地"协同一体化电力通信网

2.1.2.1 数据通信网

数据通信网是国家电网有限公司管理信息大区业务承载网络的统称，基于

IP 构建，可承载在 SDH/OTN 网络之上，目前已提出数据通信网向骨干网和接入网两层扁平构架演进。

在 TCP/IP 协议基础上，构建以 SDN/NFV 为核心的下一代电力数据通信网，可实现控转分离，提高网络效率。可提出软件定义网络（Software Defined Network，SDN）核心控制域、省级控制域两级扁平化结构，与数据通信网逻辑结构保持一致。位于 SDN 核心控制域的 SDN 总控制器南向可以通过标准接口与路由器连接，北向可以通过控制接口、网管接口与平台层物联管理中心连接。提出面向电力通信网地址与设备标识结合的 IPv6 演进策略，可实现"通信寻址、设备标识、位置服务"功能。数据网层面，可支持 IPv4/IPv6 双栈，局部可形成网状网结构。

2.1.2.2 终端通信接入网络

接入网是电力系统骨干通信网络的延伸。通过接入网，可以实现边缘物联代理与电力骨干通信网络的连接，并具有业务承载和信息传送功能。海量电力数据的传递需要一体化的通信网络。电力系统地域分布广泛，往往涉及高山、森林、冰原等复杂环境，致使通信网络难以覆盖全部，现场数据难以传输。现在物联网有两类主流技术：① 工业以太网和电力载波为主的有线网络技术，包括 xPON、工业以太网、电力线载波通信等，向着自适应、宽带化方向演进；② 以 5G 和低功耗广域网为主的无线网络技术，包括电力 LTE 无线专网、电力专用低功耗广域网络、2G/3G/4G 无线公网、NB-IoT/eMTC 蜂窝物联网、5G 技术等。电力物联网中数据分布广，分散性强，部分不易供电，连接难，采集频次低，传统的有线网络通信技术难以适用，因此以无线网络为主的现代通信技术是实现电力物联网网络通信的主要手段。其中面向 5G、基于软件定义的云雾一体化无线接入技术应是未来的演进方向，下一步可将面向 5G 业务承载应用，推进电力无线专网建设。

5G 网络具有超低时延、超低能耗、超低成本、超高传输速率、超大容量带宽、海量连接数、高效频谱利用率等网络能力，均能够满足电力系统进入智能电网发展的刚需。5G 被视为物联网发展的基础。5G 可以满足物联网发展的两个重要条件的前提：完整的网络体系和通信协议；高度的安全性。尝试将 5G 融入电力物联网体系中，让电力物联网迎来井喷式发展，使得电力系统各环节、各部分、各设备更加紧密地联系在一起，可实现对电力系统的全景全息感知、信息互联互通及智能控制，从而保障了电力系统的高度安全。

2.1.3 平台层

电力物联网的总体架构中，在平台层重点需实现超大规模终端统一物联管理，提升数据高效处理和云雾协同能力，在物联管理中心需实现连接管理、设备管理、应用使能、业务集成等功能，明确内外网部署模式，与国网云、数据中台等功能协同，形成电力物联网的基础平台；同时加强高性能计算技术应用，解决大规模设备数据的处理效率问题。目标是形成一体化、分层开放的系统架构。一体化是指平台及核心能力集中运营管理，按实时需求弹性分配系统资源，数据融合共享，统一存储、处理并提供服务。分层开放是指架构水平分层解耦、能力开放，提供统一标准的访问接口，关键技术自主可控。

2.1.3.1 物联管理平台

物联管理平台应需支持对海量直连的智能业务终端、边缘物联代理的统一接入、配置和管理，支持各专业智能应用的快速迭代和远程升级，汇集海量采集数据并标准化处理，构建开放共享的应用生态，支持存量业务系统的数据接入等。基于物联管理平台提供统一物联管理能力，能力要求：

（1）支持 IPv4、IPv6 连接，实现海量并发连接管理，单台服务器的并发连接数大于 1 万。

（2）支持集群部署，服务千万级用户，推进 IPv6 实施以及地址关联分析等基础服务，在省级管控的终端数至少可达千万量级。

（3）支持 MQTT、XMPP、CoAP、HTTP 等物联网协议。

（4）实现各设备模型统一定义，采集汇集及标准化处理，并转发至企业中台（或全业务数据中心）。

（5）支持开放共享的 APP 开发和应用环境，为企业中台、其他业务应用提供标准化接口服务。

（6）提供具备自适应与持续演化能力的微服务架构与应用使能技术，提供微服务数量 100 个以上，对部署在边缘物联代理上的业务应用 APP 进行上架、部署、启停、下架等全生命周期的管理。

2.1.3.2　企业中台

企业中台要全面加强公司信息系统"企业级"统筹建设，跳出单业务条线并站在企业全局开展系统规划与建设，沉淀共性业务和数据能力的形成企业级服务共享平台，着力解决业务协同不畅、数据不一致、开放共享差、应用快速构建难、用户体验不佳等问题，对内促进质效提升，对外支撑融通发展，构建适应电力物联网建设要求的系统建设新模式。

业务中台方面，开展客户服务业务中台和电网资源业务中台试点建设，实现对公司各业务条线客户和电网资源整合及共享业务服务构建。数据中台方面，完善提升全业务统一数据中心相关组件能力，以需求为导向，有针对性地开展数据接入和整合实施并提升数据频度，实现人员、组织、客户、供应商等企业级主数据共建共享，构建数据服务能力，促进数据横向跨专业共享、纵向跨层级按需获取。有效支撑营配贯通、电力物联网营销服务、多维精益管理、数字化审计、智慧供应链、网上电网、基建全过程综合数字化管理、供电服务指挥等重点建设任务。

公司企业中台包括业务中台和数据中台。通过企业中台建设推进公司信息系统架构向"微应用"（快速、灵活）＋"大中台"（整合、重用）＋"强后台"（强力、稳定）演进。业务中台定位于为核心业务处理提供共享服务，将公司各核心业务中共性的内容整合为共享服务，通过应用服务形式供各类前端应用调用，实现业务应用的快速、灵活构建。数据中台定位于为各专业、各单位提供数据共享和分析应用服务，以公司全业务统一数据中心为基础，根据数据共享和分析应用的需求，沉淀共性数据服务能力，通过数据服务满足横向跨专业间、纵向不同层级间数据共享、分析挖掘和融通需求。企业中台总体架构如图 2-4 所示。

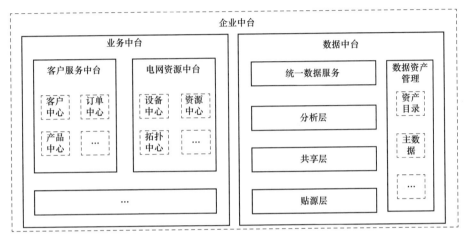

图2-4　企业中台总体架构

业务中台是通过解耦传统架构下前端与后台的紧密耦合关系，沉淀、汇聚公司多年来形成的各类应用服务能力，将服务能力转化为可重用、可共享、可演进的资产。前端通过调用中台提供的统一、高效、共享的服务能力，面向服务场景快速构建应用功能，最大程度降低前台构建成本，实现业务可共享、前端更灵活、资源更协同。业务中台的核心价值是将传统 IT 把业务能力 IT 化的模式转变为将业务能力资产化的模式。

数据中台是通过数据建模实现跨域数据整合和数据能力沉淀；通过统一数据服务实现对于数据的封装和开放，快速、灵活满足上层应用的要求；通过数据开发工具满足个性化数据和应用的需要，实现数据应用服务化，推动数据运营。

数据中台的核心价值是数据赋能，通过企业数据能力的汇集和 IT 新技术的支撑，有效增强企业运营、延伸和创造业务的能力。

以快速支撑业务价值实现为导向，采用成熟引进、组件优化的策略构建数据中台，包括数据共享服务、数据开发、标准管理等组件，在同一平台内实现数据接入、整合、计算、分析、挖掘等全过程向导式敏捷开发及管理，支撑业务流程和应用场景的快速构建。

2.1.4 应用层

应用层对象划分为面向内部对象的业务和外部对象的业务，特别对于外部对象的业务，又细分为很多产品，不同的产品实现不同的功能，其实对于应用层的要求已经非常明确，就是"依托企业中台，共享平台服务能力，支撑各类应用快速构建"。只有做到一个大中台，才能达到所有业务所需的下游数据信息来自同一个平台，才能支撑快速构建应用的需要。

对内业务，主要是电网的生产运营和经营管理，其管理的目标为：① 提升智能化水平，保障电网的坚强；② 在利润受到挤压，以及未来严格的成本监管下，实现电网客户满意度提升和运营精益化管理。对外业务，主要是以电网基础设施和电网大数据等，面向"内容服务"的综合能源服务管理，带动上下游企业，构建一个"枢纽开放共享"的配用电（用能）的产业生态平台，并且形成自身新的商业模式。

在对内业务方面，主要是提供实现电网运行各专业系统和数据的共享技术支撑。无论是是营配贯通、智能配电网，无线专网，还是数据中台系统的建设，其本质都没有脱离自动化、信息化系统支撑电力一次系统运行和生产运营的范畴。

在对外业务方面，电力物联网不仅是提供技术支撑，更重要的是以互联网化的思维，通过电力物联网的建设，构建大数据平台，形成综合能源的产业生态，未来真正实现向智能商业模式的"网络协作 + 数据智能"驱动。在综合能源服务、车联网及三站合一等场景下，发挥电网枢纽作用，提供对外综合服务。

2.2 感知层技术

2.2.1 传感器技术

在自动检测和自动控制中，传感器的应用是第一环节，是获取自然生产生活中各类数据信息的一种途径和手段。我们知道，人体为了从外界获取信息，必须借助于感觉器官，但是单靠人们自身的感觉器官，在研究自然现象和规律，以及生产活动中它们的功能是远远不够的。为了适应这种情况，人类发展了各种传感器。因此可以说，传感器是人类五官的延长，又称之为"电五关"。当今世界已进入信息时代，在利用信息的过程中，首先要解决的就是获取准确可靠的信息，而传感器正是获取自然和生产领域中信息的主要途径与手段。在现代工业生产中，尤其是自动化生产过程中，要用各种传感器来监视和控制生产过程中的各个参数，使设备工作在正常状态或最佳状态，并使产品达到最好的质量。可以说，没有众多优良的传感器，现代化生产也就失去了基础。

传感器是一种主要用于检测的装置，通过应用后，可以将检测到的信息按照一定的规律变化成为电信号或者电磁波等所需形式进行输出，从而满足各种领域（如现代机械制造工业、深海海洋探测、环境资源调查、智能建筑搭建、制药生物工程、城市交通运输、产品商检质检等）对于信息数据的传输、处理、存储、显示、记录和控制等需求。

随着现代科技的不断发展，各种领域类型的传感器（如温度、红外、湿度、电磁、生物等）创新不断。这些传感器集软件技术、计算机技术、生物科技技术、电磁技术和先进的制造技术于一体，具有广泛的应用领域和市场前景。针对不同的应用方面，可以按适用领域和工作原理对传感器进行分类。

根据适用领域的不同，可以将传感器分为十类。

（1）振动传感器。又称为换能器、拾振器等。这种传感器通过收集设备的机械量，并将其转换为对应比例的电量信号进行记录和数据传输。

（2）温度传感器。这类传感器则是利用某些物体的物理特性随温度变化的敏感材料制成的传感器元件。常用的热敏传感器有易于熔合的热敏绝缘材料、双金属片、热电偶、热敏电阻、半导体材料等。

（3）生物传感器。生物传感器是对生物材质敏感且将其浓度变化转换为电信号进行存储传输的传感器。它由一些固定的生物敏感材料（如抗体、酶、抗原、微生物体、组织、细胞等生物体）结合匹配的转化器（如光敏电极管、压电晶体、场效应管等设备）制成。这种传感器一般应用在许多信号放大的平台上。由于近些年来，环境污染问题受到了越来越多人的关注，人们迫切地希望可以拥有一种能对污染物进行快速、持续、实时监测的仪器，生物传感器的出现满足了人们的需求。

（4）核辐射传感器。核辐射传感器是利用放射性同位素来进行监测的传感器，一般应用于各大核能发电厂。

（5）磁力传感器。这种传感器利用磁场信号作为测量媒介对多种物理量（如位移、转速、加速度、电流、震动、水流量等）进行测量、监控。它不仅可以实现非接触式的测量，还可以做到不影响电流、电磁波的稳定性。在某些特定情况下，甚至可以通过使用永久磁铁在不借助外力的情况下，产生磁场。在现代生活中，这种类型的传感器得到了十分广泛的应用。

（6）光纤传感器。光纤传感器是将来自光源的光线通过光纤电缆传入调制器，使得待测参数可以与进入调制区的光进行相互作用，成为被调制的光信号，再经过光纤送入光探测器，经调解后，获得被测参数。此类传感器适用于对声音、电磁、压力、加速度、温度、转速、光声、位移、液体等物理量的监测。

（7）位移传感器。这种传感器又可以被细分为直线位移传感器和角位移传感器两种。直角位移传感器具有工作原理简单、测量精度高、可靠性强等优点，而角位移传感器具有可靠性高、成本低的优点。

（8）湿敏传感器。通常有电阻式和电容式两大类。电阻式湿敏传感器使用感湿材料，通过监测电阻率和电阻值随空气中湿度的变化来测量空气中的湿度值，其测量的通常为相对湿度。电容式湿敏传感器则一般由使用高分子薄膜电容制成的湿敏电容组成的，当空气湿度发生变化时，湿敏电容的介电常数也发生变化，从而导致其电容量发生变化，而这一变化与相对湿度成正比。

（9）加速度传感器。这是一种可以测量加速度的电子设备。由牛顿第二定律可知 $a = F/m$。只要能测量到作用力 F 就可以得到已知质量的物体的加速度 a。利用电磁力去平衡这个力，就可以得到作用力与电流的对应关系。加速度传感器就是利用这一简单原理工作的，其本质是通过作用力造成传感器内部敏感元件发生变形，通过测量其形变并用相关电路转化成电信号输出，得到相应的加速度信号。常用的加速度传感器有压电式、压阻式、电容式、谐振式等。大量的加速度传感器主要用于军事和航空航天等领域。

（10）压力传感器。压力传感器通常是由力敏元件和转换元件组成的。是一种能感受作用力并按照一定规律将其转换成可用输出信号的器件或装置。多数情况下，该类传感器的输出采用电量的形式，如电流、电压、电阻、电脉冲等形式。常见的压力传感器有应用于电子衡器的压力传感器。

根据工作原理的差异，传感器也可以被分为物理传感器和化学传感器两大类。

（1）物理传感器。这类传感器主要是应用物理反应来进行监测。其敏感性非常高，可以对细小的变化感知到，并且将其转化为电信号进行传输。常见的物理传感器有陶瓷传感器、热申传感器、光敏传感器、电磁传感器、位移伸缩传感器、力敏传感器等。

（2）化学传感器。这类传感器主要指的是通过对一些化学反应进行监测的传感器。其对各类化学物质的存在形式、结合反应等十分敏感，可以针对不同化学物质的物质形态、分子结构进行对比和电流转换，同时有些传感器还可以接收到化学反应所释放的能量，从而将能量转化为电信号进行传输。

在熟知了传感器的相关分类和大体结构后，也就不难分析出传感器的性能了。传感器的性能主要取决于静态特性和动态特性两个方面。其中，静态特性指的是当测量参数处于稳定状态时，传感器的输入输出值的数学关系、图形表示；而动态特性则是指传感器的输入输出值随其他外部参数（如时间、温度等）的变化率。虽然这两个指标十分重要，但是只考虑这里两个指标肯定是不够的，我们还需要关注其中内含的动态性测量指标的变化情况。综合上述所有条件才可以有更好的监测数据和更准确的检测结果。

在当下的技术发展情况中，我们对于传感器的改进操作主要针对两个方向：① 提高传感器的技术支持；② 寻找更好的、更环保的制作材料。对于技术改进，主要有差动技术、平均技术、补偿与修正技术和稳定处理技术几种途径。而材料方面，近年来的发展趋势主要有半导体敏感材料、陶瓷材料、磁感材料和智能材料四大类的研究。其中，针对半导体敏感材料的研究有着巨大的发展，而且在未来相当长的时间会占据主要地位。当下半导体材料主要在光敏传感器、湿敏传感器、磁敏传感器、热敏传感器等领域进行应用。借助于半导体材料和智能集成技术的结合，传感器的信号预处理接口、微处理器元件等关键部件可以以最小的体积占比存在于一块芯片之上，大大提升了设备的可用性和便携性。这类集技术和美感于一体的传感器具多功能、高性能、体积小、适宜大批量生产等优点，是传感器制造的重要发展方向之一。

2.2.2　射频识别技术

射频识别技术（RFID）是在计算机技术和通信技术发展之上的产物，它是一种综合性的技术，其主要应用无线电射频通过非接触式的通信方式进行信息数据的传输。因此此类技术又称为电子标签技术，是原始自动识别技术的一种跨越式的创新。该技术可以快速识别高速运动的实体，同时还可以做到同一时间并行工作，操作方式十分简便、灵活。其实在我们的日常生活中，可以看到很多它的影子，如物流管理运输、牛羊动物的饲养跟踪、火车站身份识别、公交出行刷卡、高速公路 ETC❶通行等。

　　射频识别技术主要包括三个部分：RFID 标签、RFID 读写器和中央信息处理器。RFID 标签主要用于数据信息存储，其中包括待识别物品的标志信息和具体参数，这个元件通常被安装在待识别物品的表面；RFID 读写器顾名思义就是一个读写装置，可以读取或改写 RFID 标签中的数据信息，同时可以将此类信息通过互联网或者移动通信网络上传给中央信息处理器进行监测和分析；中央信息处理器是一个计算机平台，可以对上传数据进行深度挖掘和管理。用户可以通过客户端机器对相关 RFID 标签进行查询和检阅。

　　对于 RFID 的工作原理可以这样理解：标签进入监测磁场后，则可以接收到 RFID 读写器发出的读写射频信号，RFID 标签凭借获得感应电流能量将存储在芯片中的产品信息发出，经过读写器的解码操作后，再送至中央信息处理器进行最终的识别和整合，最后输出结果。

　　在近些年的发展中，RFID 标签和 RFID 读写器设备的研发技术有了很大的提升。RFID 标签是一种具有唯一电子编码的芯片设备，分为被动标签和主动标签两种。自身携带电池装置的是主动标签，当传输距离较大时，通常使用此类标签。但由于其成本高，外部干扰多，所以使用并不是特别广泛；相反被动标签因为采用的是将读写器发出射频的能量进行二次利用供电的工作原理，所以一般可以做到长时间免维护，不仅成本低而且还有很长的使用寿命。相比主动标签，被动标签在阅读距离和适应物体运动速度方面略有限制，但总体较好。

　　目前，RFID 技术已经成为计算机领域的研究热点。此技术易于操作、简单实用而且十分适合用于自动化控制的灵活性应用技术，其识别过程中无需人工参与，而且模式上既支持只读模式也支持读写模式，在各种恶劣环境中（如油渍区域、粉尘聚集地等）均可以进行正常的工作作业。另外其还包括许多特

---

❶　ETC：电子不停车收费，Electronic Toll Collection 的缩写。

殊芯片，如长距离射频芯片，这种芯片多用于高速交通，识别距离可达几十米（如自动收费、车辆识别等）。RFID 技术所具备的优越性十分独特，是其他识别技术无法企及的。总结来说，RFID 技术有以下优点：

（1）读取速度快，便捷。在读取数据时，无需借助外力（如光源、声纳等）即可正常读取。而且有效的识别距离也远高于其他技术。

（2）使用寿命长。由于使用的是无线通信方式，所以可以采用封闭式包装结构，大大减少了外界污染的侵蚀。

（3）数据存储容量巨大。此技术使用的是芯片存储方式，可以根据用户需求将内存扩大至数万字节，存储灵活高效。

（4）实时通信保持。因为采用的是射频识别方式，故只要在有效磁场范围内，标签则可以以 70～120 次 /s 的频率与读取器进行连接并通信。

（5）应用范围广。由于无线通信技术的深入应用，该设备无需人工参与则可以在多种环境中使用，为许多高危环境监控提供了解决方案。

虽然 RFID 技术起步不久，但它的发展潜力十分巨大，前景非常诱人。所以，RFID 技术的研究、应用和产业发展，在提升人类社会信息化整体水平、经济和谐发展、生活质量高质提升和公共安全增强等方面有重大意义。

2.2.3　二维码技术

二维码也称为二维条码、二维条形码，是一种按照一定规律进行黑白相间排列的二维图形，用于记录大量的数据符号信息。在计算机编码中，则使用计算机内部类逻辑的 "0" 和 "1" 比特流进行表示。

二维码分为行排式二维码和矩阵式二维码两类。行排式二维码由众多短节的一维码叠加而成；而矩阵式二维码则是以矩阵形式构成的，在矩阵的相应位置上用 "0" "1" 比特流进行表示，"0" 表示空，"1" 表示点，用空和点排列组合成代码。

二维码的主要特点如下：

（1）信息容量巨大，编码密度高：在一个二维码中，可以容纳1108个字节，比普通一维条码高出几十倍。

（2）应用领域广：使用二维码时，可以对图片、音频、视频、文字、日志等多种不同类型的结构化或非结构化语言进行编码存储。

（3）安全性能高：在其中可以加入密码措施，保密性能优良。

（4）成本低而且耐用。

（5）形状灵活：符号、大小比例均可以改变。

2.2.4 蓝牙技术

蓝牙技术是一种可以进行短距离无线通信的技术，它通过使用无线连接装置代替广泛使用的有线技术实现连接。

蓝牙技术的工作实质是将固定设备或者移动设备之间的通信环境通过使用短距离无线接口建立起来，进而将通信技术与计算机技术进一步整合进行通信，是各种设备在无电线或电缆互相连接的情况下，进行相互通信或操作的一种技术。

蓝牙除了具有低能耗、低成本、抗干扰能力强的特点外，还具有以下几方面的特性：

（1）声音和文本数据可同时传输：通过应用电路交换和分组交换的技术，蓝牙设备支持异步数据信道、三路话音同步传输信道等。

（2）可以建立实时通信信道。

（3）具有大流量开放性接口标准，即 Bluetooth SIG 标准。

（4）蓝牙技术的不断创新发展，有效地简化了移动通信终端设备之间的通信，同时也成功地简化了设备和因特网之间的通信，使得数据的传输变得更加迅速高效，为无线传输领域拓宽了发展道路。

2.2.5 ZigBee

这个技术是 IEEE 802.15.4 协议的另一名称，是一种介于无线标记技术和蓝牙技术中间的短距离、低功耗的无线通信技术。它也是使用 2.4 GHz 的公用无线频段，采用分组交换和跳频技术进行数据信息传输。主要适合于自动控制和远程控制领域，可以嵌入到各类应用设备中，主要包括以下特点：

（1）网络容量大：采用星形、簇形网状网络结构，最多可支持高达 255 个设备，即可与 254 个设备相连。

（2）低能耗，低成本：ZigBee 的设备只有激活和睡眠两种状态，所以一节 5 号电池则可以工作三个月之上。

（3）短时延性：这种技术对时延灵敏性做了优化，从休眠到工作只需要 15ms 的时间。

（4）安全性高：采用了三级安全模式，同时提供了数据完整性监测和鉴定功能，可以灵活地确定设备和数据的安全属性。

（5）ZigBee 的主要目标领域现阶段有：鼠标、键盘等外设设备，电视机、显示屏、DVD 等上的遥控装置，照明、煤气计量控制及报警，电子宠物，医疗监视器、传感器和工业控制设备等情景。

2.3　网络层技术

2.3.1　LoRa 技术

LoRa 是由 Semtech 公司提供的超长距离、低功耗的物联网解决方案。Semtech 公司和多家业界领先的企业，如 Cisco、IBM 及 Microchip 发起建立了 LoRa❶ 联盟，致力于推广其联盟标准 LoRaWAN 技术，以满足各种需要广域覆盖和低功耗的 M2M 设备应用要求。目前 LoRaWAN 已有成员 150 多家，我国中兴等多家公司也参与其中，并且在欧洲数个国家进行了商业部署，国内也在抄表、石油生产监测等领域获得了应用。

---

❶　LoRa：远距离无线电，Long Range Radio 缩写。

LoRa 的物理层和 MAC 层设计充分体现了对 IoT 业务需求的考虑。LoRa 物理层利用扩频技术以提高接收机灵敏度，同时终端可以工作于不同的工作模式，以满足不同应用的省电需求 LoRa 的网络架构和协议栈如图 2-5 所示。LoRa 网络架构中包括应用终端、网关、网络服务器和业务服务器等。其中，应用终端节点完成物理层、MAC 层和应用层的实现；网关完成空口物理层的处理；网络服务器负责进行 MAC 层处理，包括自适应速率选择、网关管理和选择、MAC 层模式加载等；应用服务器从网络服务器获取应用数据，进行应用状态展示、即时告警等。MAC 层可遵循联盟标准的协议，也可以遵循各厂商制定的 MAC 协议。

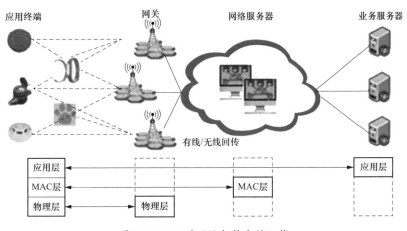

图2-5　LoRa的网络架构和协议栈

2.3.2　因特网技术

因特网技术是一种全球信息资源数据的总称，我们常见的因特网又称为互联网，是一个以信息数据交流交互为目的的，基于大量安全协议、控制协议的，并通过许多路由器和专有网络构成的共享集合体。换句话说，因特网也是一个逻辑网络，有不同的机构型域名和地理性域名。

因特网目前采用的模式多为客户机 / 服务器工作模式，采用的协议为 TCP/IP 协议，物联网技术也可以说是因特网技术的一种延伸。

因特网提供的服务主要集中于以下几个方面：

（1）高级浏览服务：用户可以通过客户端机器对不同域下的信息进行浏览、搜索、查找和发布，实现娱乐、交流等功能。

（2）电子邮件服务：可以通过此服务和世界上任何地方的朋友进行电子邮件的交互和通信。

（3）远程访问服务：用户通过登录因特网同远距离的计算机进行连接的建立，从而成为合法用户，执行相关操作指令。

（4）文件传输服务：FTP 技术则是现在应用最广的一种，用户可以登录到任意远程机器上，将自己的文件传输回自己的电脑。

因特网技术作为现行物联网系统的主要传输网络之一，起着基础性的作用，而 IPv6 的诞生更是为这一系统注入了无限活力。引用此技术，不仅可以为人类服务，还可以为众多硬件设备、软件设备服务，加速了物联网的普及。

2.3.2.1 IPv6 地址技术

IPv6 拥有巨大的地址空间，同时 128 位的 IPv6 的地址被划分成两部分，即地址前缀和接口地址。与 IPv4 地址划分不同的是，IPv6 地址的划分严格按照地址的位数来进行，而不采用 IPv4 中的子网掩码来区分网络号和主机号。IPv6 地址的前 64 位被定义为地址前缀，地址前缀用来表示该地址所属的子网络，即地址前缀用来在整个 IPv6 网中进行路由。而地址的后 64 位被定义为接口地址，接口地址用来在子网络中标识节点。在物联网应用中可以使用 IPv6 地址中的接口地址来标识节点，在同一子网络下，可以标识 264 个节点，完全可以满足节点标识的需要。

IPv6 采用了无状态地址分配的方案来解决高效率海量地址分配的问题，其基本思想是网络侧不管理 IPv6 地址的状态，包括节点应该使用什么样的地址，地址的有效期有多长，且基本不参与地址的分配过程。节点设备连接到网络后，将自动选择接口地址（通过算法生成 IPv6 地址的后 64 位），并加上 FE80 的前缀地址，作为节点的本地链路地址，本地链路地址只在节点与邻居节点之间的通信中有效，路由器设备将不路由以该地址为源地址的数据包。在生成本地链路地址后，节点将进行地址冲突检测（Duplicate Address Detection，DAD），检测该接口地址是否有邻居节点已经使用，如果节点发现地址冲突，则无状态地址分配过程将终止，节点将等待手工配置 IPv6 地址；如果在检测定时器超时后仍未发现地址冲突，则节点认为该接口地址可以使用，此时终端将发送路由器前缀通告请求，寻找网络中的路由设备，当网络中配置的路由设备接收到该请求，则将发送地址前缀通告响应，将节点应该配置的 IPv6 地址前 64 位的地址前缀通告给网络节点，网络节点将地址前缀与接口地址组合，构成节点自身的全球 IPv6 地址。

采用无状态地址分配之后，网络侧不再需要保存节点的地址状态，也不需要维护地址的更新周期，这将大大简化地址分配的过程，网络可以以很低的资源消耗来达到海量地址分配的目的。

2.3.2.2　IPv6 的移动性技术

IPv6 协议设计之初就充分考虑了对移动性的支持，针对移动 IPv4 网络中的三角路由问题，移动 IPv6 给出了相应的解决方案。首先，IPv6 从终端角度提出了 IP 地址绑定缓冲的概念，即 IPv6 协议栈在转发数据包之前需要查询 IPv6 数据包目的地址的绑定地址，如果查询到绑定缓冲中的 IPv6 地址存在绑定的转交地址，则直接使用这个转交地址作为数据包的目的地址，这样发送的数据流量就不会再经过移动节点的本地代理，而直接转发到移动节点本身。其次，移动 IPv6（MIPv6）引入了探测节点移动的特殊方法，即某一区域的接入路由器以一定时间进行路由器接口的前缀地址通告，当移动节点发现路由器前缀通告发生变化时，则表明节点已经移动到新的接入区域。与此同时，根据移动节点获得的通告，节点又可以生成新的转交地址，并将其注册到本地代理上。

MIPv6 的数据流量可以直接发送到移动节点，而 MIPv4 流量必须经过本地代理的转发。在物联网应用中，传感器有可能密集地部署在一个移动物体上。例如，为了监控地铁的运行情况等，需要在地铁车厢内部署许多传感器，从整体上来看，地铁的移动就等同于群传感器的移动，在移动过程中必然发生传感器的群体切换，在 MIPv4 的情况下，每个传感器都需要建立到本地代理的隧道连接，这样对网络资源的消耗非常大，很容易导致网络资源耗尽而瘫痪。在 MIPv6 的网络中，传感器进行群切换时，只需要向本地代理注册，之后的通信完全在传感器和数据采集的设备之间直接进行，这样就可以使网络资源消耗的压力大大下降。因此，在大规模部署物联网应用，特别是移动物联网应用时，MIPv6 是一项关键性的技术。

2.3.2.3 IPv6 的服务质量技术

在网络服务质量保障方面，IPv6 在其数据包结构中定义了流量类别字段和流标签字段。流量类别字段有 8 位，和 IPv4 的服务类型（ToSs）字段功能相同，用于对报文的业务类别进行标识；流标签字段有 20 位，用于标识属于同一业务流的包。流标签和源地址、目的地址一起，唯一标识了一个业务流。同一个流中的所有包具有相同的流标签，以便对有同样 QoS 要求的流进行快速、相同的处理。目前，IPv6 的流标签定义还未完善，但从其定义的规范框架来看，IPv6 流标签提出的支持服务质量保证的最低要求是标识流，即给流打标签。流标签应该由流的发起者——信源节点赋予一个流，同时要求在通信路径上的节点都能够识别该流的标签，并根据流标签来调度流的转发优先级算法。这样的定义可以使物联网节点上的特定应用有更大的调整自身数据流的自由度节点，可以只在必要时选择符合应用需要的服务质量等级，并为该数据流打上一致的标识。在重要数据转发完成后，即使通信没有结束，节点也可以释放该流标识，这样的机制再结合动态服务质量申请和认证、计费的机制，就可以使网络按应用的需要来分配服务质量。同时，为了防止节点在释放流标签后又误用该流标签，造成计费上的问题，信源节点必须保证在 120s 内不再使用释放了的流标签。在物联网应用中，普遍存在节点数量多、通信流量突发性强的特点。与 IPv4 相比，由于 IPv6 的流标签有 20bit，足够标识大量节点的数据流。与 IPv4 中通过五元组（源目的 IP 地址、源目的端口、协议号）的方式不同，IPv6 可以在一个通信过程中（五元组没有变化），只在必要时数据包才携带流标签（如在节点发送重要数据时），这可以动态提高应用的服务质量等级，做到对服务质量的精细化控制。

当然，IPv6 的 QoS 特性并不完善，由于使用的流标签位于 IPv6 包头，容易被伪造，造成服务被盗用的安全问题，因此，在 IPv6 中流标签的应用需要开发相应的认证加密机制，同时为了避免流标签使用过程中发生冲突，还要增加源节点的流标签使用控制的机制，保证在流标签使用过程中不会被误用。

2.4　平台层技术

2.4.1　微服务架构

早期的物联网平台的实现主要采用单体架构，平台内部各组件相互连接和相互依赖，所有的功能模块集中在一起，能够减少大量的跨领域问题，使得开发与部署更为容易，有助于软件自成体系。但是随着时间的推移，其带来的问题日渐明显，单体架构使得平台内部组件之间耦合度过高，平台内部功能模块需要进行集中式管理，当需求变化频繁时，无法根据业务需要进行快速迭代，为平台的后续更新与扩展带来了极大的挑战。

为了解决单体架构所带来的问题，面向服务的架构（Service-Oriented Architecture，SOA）被提出并得到了应用，基于 SOA 架构的物联网平台把应用中相近的功能聚合到一起，将原来的单体架构按照功能特点划分为不同的子系统，以服务的形式提供出去，然后再由各个子系统依赖服务中间件来调用所需服务。由于每个软件服务都是一个独立的单元，因此很容易对其进行更新和维护。但是 SOA 架构更注重业务功能的重用，需要使用复杂的企业服务总线进行通信，对于很多应用领域并不适用。

微服务软件架构是一种将单个应用程序作为一组小型服务来开发的方法，

通过组合小型和独立的服务来促进应用程序的开发，这些服务是围绕业务功能构建的，每个服务都是针对特定功能而设计的，并专注于解决特定的问题，拥有独立的实现过程和运行环境，可以使用不同的编程语言编写并使用不同的数据存储技术，通过完全自动化的部署机制独立部署，服务粒度的大小可以根据业务需求进行制定，服务间的通信通过轻量级的接口实现。微服务是在良好的实践中产生的，适用于高度可伸缩、快速变化的分布式应用程序。SOA 与微服务对比结果如表 2-1 所示。

表 2-1   SOA 与微服务对比结果

类型	SOA	微服务
服务粒度	较大粒度业务逻辑	单独任务或小粒度业务逻辑
管理方式	集中式管理	分散式管理
设计原则	专注于业务功能重用	专注于解耦
存储方式	服务单元共享数据存储	每个微服务有独立的数据存储
目标	确保应用的交互操作	快速迭代开发

2.4.2 平台开发技术

2.4.2.1 Spring Boot 框架

Spring Boot 是当前主流的用于创建微服务应用的开源框架，包含了用于开发微服务的全面基础架构支持。在此之前，Spring 被认为是轻量级的企业开发框架并得到广泛应用，Spring 提供了强大的支撑功能，但是基于 Spring 的应用程序依赖于过多的配置文件，这些配置文件构成了 Spring 开发的基础，同时也使应用程序开发变得密集且导致了大量配置代码的产生，Spring 不仅要解决配置问题，还要保证项目的正确依赖性，为实际的开发过程带来了诸多不便。Spring Boot 在这种情况下被设计出来，它使用约定大于配置的策略，提供了自动配置的功能，凡是项目所需要的依赖资源都会被自动导入，不需要选择特定应用程序开发所需的确切配置和依赖项，如果默认导入的依赖项不能满足需要，可以修改默认配置，这种灵活便携的处理方式使得开发人员专注于应用程序逻辑，而不必为复杂的配置所困扰，通过最少的配置即可搭建和开发用于生产环境的 Spring 应用程序。

Spring Boot 提供了一种简洁的依赖关系处理机制，通过启动器依赖项来配置所需要的依赖资源，例如，如果项目需要提供 Web 服务，在配置文件中加入 spring-boot-starter-web 启动项，即可自动包含开发 Web 服务所需要的所有依赖库。Spring Boot 使用注解的形式来减少配置文件的使用，应用程序的入口点是一个被 @SpringBootApplication 批注的类，被声明的类具有运行 Spring Boot 应用程序的 main 方法，该注解将为项目提供自动配置和扫描组件的功能，尝试根据添加到项目类路径的从属库自动配置应用程序。结合一些简单的配置过程和注解的使用，即可轻松搭建一个可运行的应用，使得 Spring Boot 成为微服务架构下广泛使用的微服务框架。

2.4.2.2　Spring Cloud 框架

Spring Cloud 是一个基于 Spring Boot 实现的服务治理工具包，一个基于微服务架构的应用通常由大量的微服务集合组成，而且拥有不同的运行环境，Spring Cloud 的出现正是为了用来管理和协调这些服务，它包含了诸多微服务治理组件，例如服务注册与发现、网关、分布式配置中心和熔断器等，开发人员使用这些组件可以快速开发实现具有良好可用性的服务和应用程序，并且可以在任何分布式环境中很好地工作。Spring Cloud 对微服务周边环境起到良好的支撑作用，与 Spring Boot 的结合可以加速企业级的微服务应用的开发和实现。

一个典型的基于 Spring Cloud 的微服务系统结构如图 2-6 所示，客户端发起的请求首先要经过网关进行拦截，网关可以集成 Ribbon 等负载均衡组件，网关通过服务注册中心获取所需访问的微服务地址，然后将请求发送给对应的服务器进行处理。大部分的微服务和组件都可以被视为 Eureka Client，需要在服务注册中心进行注册，微服务之间使用 Feign 组件实现相互之间的调用。Spring　Cloud 提供了熔断器、分布式配置中心等微服务治理组件，开发人员可以根据实际软件开发过程灵活选择。

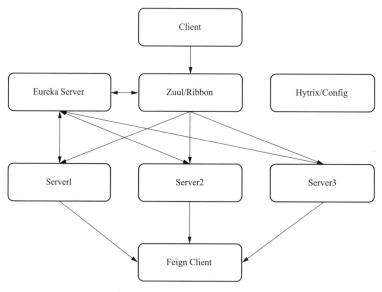

图2-6　Spring Cloud组件框架图

2.4.2.3　Maven 项目管理工具

Maven 作为当前主流的项目管理和构建工具，为开发人员提供完整的项目构建生命周期框架。Maven 采用约定大于配置的原则，使用标准的目录布局和默认的构建生命周期，使得项目的构建基础架构自动化，开发人员不需要自己创建构建过程。为了构建项目，Maven 为开发人员提供了提及生命周期目标和项目依赖项的选项，许多项目管理和构建相关的任务由 Maven 插件维护，开发人员可以构建任何给定的 Maven 项目，而无需了解各个插件的工作方式。

基于 Maven 的项目构建过程如图 2-7 所示，创建 Maven 项目时，Maven 将创建默认的项目结构。Maven 允许项目使用其项目对象模型（POM）进行构建，并且使用 Maven 的所有项目共享一组插件，从而提供统一的构建系统。整个项目的结构和内容在 pom.xml 文件中声明，该文件提供了丰富的标签供项目使用，通过配置所需元素，可以定义资源依赖关系和项目打包方式，通过配置项目需要使用的远程仓库，实现项目管理的自动化。

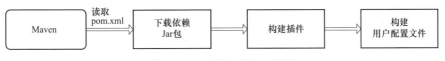

图2-7 项目构建过程示意图

2.4.2.4 Docker 容器技术

容器化技术与微服务都来源于软件开发实践过程中，二者的目的都是为了构建高效的、可扩展且易于管理的应用程序，将应用程序划分为小粒度的微服务后，容器可以对这些微服务集合进行轻量级封装，形成单个可执行的软件包，该软件包将应用程序代码与所有相关的配置文件和运行时所需的依赖资源捆绑在一起，借助容器，微服务可以被快速部署和快速迭代，随着系统微服务数量的增加，使用容器编排工具，可以对容器和微服务进行高效管理。容器化使开发人员能够更快、更轻松地创建和部署应用程序。

Docker 是目前主流的开源容器化技术，被广泛应用于构建和容器化基于微服务的应用程序，将应用程序与底层基础设施进行隔离，Docker 提供一套标准方法来运行代码，用于虚拟化服务器的操作系统。Docker 容器可以包括一个或多个微服务及其依赖资源，容器之间共享操作系统内核资源，并在主机操作系统上的用户空间中作为隔离的进程运行。Docker 中存在三个重要的概念，分别是镜像、仓库和容器。镜像是一个只读文件，被用作创建容器的模板，用户使用 Docker 可以很方便地创建和更新镜像。容器被用来运行应用，镜像与容器之间存在着一对多的映射关系，容器是从镜像创建出来的一个运行实例，使用一个镜像可以创建多个容器副本，容器之间相互隔离。仓库负责存放各种镜像资源，用户可以在仓库中下载所需的镜像，同时也可以将创建的镜像推送到仓库供后续使用。

2.5 应用层技术

应用层技术主要有云计算技术、软件组件技术、中间件技术、Machine-to-

Machine 技术等。

2.5.1 云计算

云计算模式起源于互联网公司对特定的大规模数据处理问题解决方案，具有高效的、动态的、可以大规模扩展的计算资源处理能力，这一特征决定了云计算能够成为物联网最高效的工具，使物联网中数以兆计的物理实体的实时动态管理和智能分析更容易实现，物联网也将成为云计算最大的应用需求，但是必须要强调的是物联网应用不一定完全依赖云计算实现。

云计算具有弹性收缩、快速部署、资源抽象和按用量收费的特性，按照云计算的服务类型可以将云分为三层：基础架构即服务，平台即服务和软件即服务。基础架构即服务位于最底层，该层提供的是最基本的计算和存储能力，以计算能力提供为例，其提供的基本单元就是服务器，包括 CPU、内存、存储、操作系统及一些软件。其中自动化和虚拟化是核心技术，自动化技术使得用户对资源使用的请求可以以自行服务的方式完成，无需服务提供者的介入，在此基础上实现资源的动态调度；虚拟化技术极大提高了资源使用效率，降低使用成本，虚拟化技术的动态迁移功能能够带来服务可用性的大幅度提高。平台即服务位于三层服务的中间，服务提供商提供经过封装的 IT 能力，包括开发组件和软件平台两种类型的能力，这个层面涉及两个关键技术：① 基于云的软件开发、测试及运行技术；② 大规模分布式应用运行环境，这种运行环境使得应用可以充分利用云计算中心的海量计算和存储资源，进行充分扩展，突破单一物理硬件的资源瓶颈，满足大量用户访问量的需求。软件即服务位于最顶层，在这一层所涉及的关键技术主要包括 Web 2.0 中的 Mashup、应用多租户技术、应用虚拟化等技术。从上述对云计算的三层类型分析可以看出，基于云计算模式第一层物联网海量数据的存储和处理得以实现，基于第二层可以进行快速的软件开发和应用，而基于第三层可以使得更多的第三方可以参与到服务提供中来。

从目前的发展现状来看，云计算与物联网的结合处于初期发展阶段，目前主要基于云计算技术进行通用计算服务平台的研发，而物联网领域对事件高度并发、海量数据分析挖掘、自主智能协同的需求特性仍有一定的差距，实现两者的深度融合仍有一段很长的路要走。

2.5.2　软件组件技术

面向服务的体系架构（Service-Oriented Architecture，SOA）是一种松耦合的软件组件技术，它将应用程序的不同功能模块化，并通过标准化的接口和调用方式联系起来，实现快速可重用的系统开发和部署。SOA 可提高物联网架构的扩展性，提升应用开发效率，充分整合和复用信息资源。目前，SOA 在国际上尚没有统一的概念和实施模式，SOA 相关标准规范正在多个国际组织（如 W3C、OASIS、WS-I、TOG、OMG 等）中研究制定，在已发布的 84 项SOA 相关标准规范中，仍以 Web Services 标准为主，缺乏能支撑 SOA 工程和应用的标准，这些规范及标准仅在各个标准组织或企业内形成初步体系，不同组织标准间存在重复甚至冲突。目前，中间件呈现出多样化的发展态势，国际上最主要的中间件产品是 IBM Websphere 和 Oralce（BEA）Weblogic 应用服务器套件。

2.5.3　信息和隐私安全技术

信息安全和隐私保护是物联网发展中重要的一个环节。物联网发展及技术应用在显著提高经济和社会运行效率的同时，也势必对国家和企业、公民的信息安全和隐私保护问题提出严峻的挑战。安全和隐私技术包括安全体系架构、网络安全技术、"智能物体"的广泛部署对社会生活带来的安全威胁、隐私保护技术、安全管理机制和保证措施等。

与传统网络相比较，由于物联网注重数据的采集和数据分析挖掘，因此物联网所带来的信息安全、数据安全、网络安全、个人隐私等问题更加突出，同时基于云计算模式的数据私密性、完整性和安全性如何保障都是重要的安全问题。比如：RFID 标签预先被嵌入与人息息相关的物品之中，这也就意味着这些物品甚至包括用户自身都处于被监控的状态，这直接导致嵌入标签势必会使个人的隐私权问题受到潜在的威胁；又比如，如果基于物联网采集的海量数据处理权限和分析结果不能得到有效保护，可能对商业秘密、公共安全等造成重大的影响，而且伴随采集数据量的增加，其重要程度不断提升。

目前，物联网相关安全技术和隐私保护手段的研究都处于较初级阶段，相关安全技术研究与应用思路都以单一场景为依托，已有的安全方案和保护策略无法在多个层面上适应变化的应用环境、无法满足日益迫切的业务应用安全需求。

整体而言，提升物联网的安全保障能力需要加强在核心领域的安全保障技术研究和部署，同时不断完善和制定相应的法律法规等措施，通过技术和制度双轮驱动、并行发展的机制来实现安全保障能力。

2.5.4 中间件技术

2.5.4.1 产品电子码中间件

产品电子码（Electronic Product Code，EPC）中间件扮演电子产品标签和应用程序之间的中介角色。应用程序使用 EPC 中间件所提供的一组通用应用程序接口，即可连到 RFID 读写器，读取 RFID 标签数据。基于此标准接口，即使存储 RFID 标签数据的数据库软件或后端应用程序增加或改由其他软件取代，或者读写 RFID 读写器种类增加等情况发生时，应用端不需修改也能处理，省去多对多连接的维护复杂性等问题。

在 EPC 电子标签标准化方面，美国在世界领先成立了电子产品代码环球协会（EPC Global）。参加的有全球最大的零售商沃尔玛联锁集团、英国特易购（Tesco）等 100 多家美国和欧洲的流通企业，并由美国 IBM 公司、微软、麻省理工学院自动化识别系统中心等信息技术企业和大学进行技术研究支持。

EPC Global 主要针对 RFID 编码及应用开发规范方面进行研究，其主要职责是在全球范围内对各个行业建立和维护 EPC 网络，保证供应链各环节信息的自动、实时识别采用全球统一标准。EPC 技术规范包括标签编码规范、射频标签逻辑通信接口规范、识读器参考实现、Savant 中间件规范、对象名解析服务（Object Name Service，ONS）规范、可编程宏语言（Programmable Macro Language，PML）等内容。

（1）EPC 标签编码规范通过统一的、规范化的编码来建立全球通用的物品信息交换语言。

（2）EPC 射频标签逻辑通信接口规范制定了 EPC（Class 0- Read Only，Class 1- Write Once，Read Many，Class 2/3/4）标签的空中接口与交互协议。

（3）EPC 标签识读器提供一个多频带低成本 RFID 标签识读器参考平台。

（4）Savant 中间件规范，支持灵活的物体标记语言查询，负责管理和传送产品电子标签相关数据，可对来自不同识读器发出的海量标签流或传感器数据流进行分层、模块化处理。

（5）ONS 本地物体名称解析服务规范能够帮助本地服务器吸收用标签识读器侦测到的 EPC 标签的全球信息。

（6）物体标记语言（Physical Markup Language，PML）规范，类似于 XML，可广泛应用在存货跟踪、事务自动处理、供应链管理、机器操纵和物对物通信等方面。

在国际上，目前比较知名的 EPC 中间件有 IBM、Oracle、Microsoft、SAP、Sun（Oracle）、Sybase、BEA（Oracle）等厂商的相关产品，这些产品部分或全部遵照 EPC Global 规范实现，在稳定性、先进性、海量数据的处理能力方面都比较完善，已经得到了企业的认同，并可与其他 EPC 系统进行无缝对接和集成。

2.5.4.2 OPC 中间件

用于过程控制的 OLE（OLE for Process Control，OPC）是一个面向开放工控系统的工业标准。管理这个标准的国际组织是 OPC 基金会，它由一些世界上占领先地位的自动化系统、仪器仪表及过程控制系统公司与微软紧密合作而建立，面向工业信息化融合方面的研究，目标是促使自动化／控制应用、现场系统／设备和商业／办公室应用之间具有更强大的互操作能力。OPC基于微软的OLE（Active X）、构件对象模型（COM）和分布式构件对象模型（DCOM）技术，包括一整套接口、属性和方法的标准集，用于过程控制和制造业自动化系统，现已成为工业界系统互联的缺省方案。

OPC诞生以前，硬件的驱动器和与其连接的应用程序之间的接口并没有统一的标准。例如，在工厂自动化领域，连接可编程逻辑控制器（Programmable Logic Controller，PLC）等控制设备和SCADA/HMI软件，需要不同的网络系统构成。根据某调查结果，在控制系统软件开发的所需费用中，各种各样机器的应用程序设计占费用的7成，而开发机器设备间的连接接口则占了3成。此外，过程自动化领域，当希望把分布式控制系统（Distributed Control System，DCS）中所有的过程数据传送到生产管理系统时，必须按照各个供应厂商的各个机种开发特定的接口，必须花费大量时间去开发分别对应不同设备互联互通的设备接口。

OPC的诞生为不同供应厂商的设备和应用程序之间的软件接口提供了标准化，是为实现其间的数据交换更加简单化的目的而提出的。作为结果，可以向用户提供不依靠于特定开发语言和开发环境的可以自由组合使用的过程控制软件组件产品。

OPC是连接数据源（OPC服务器）和数据使用者（OPC应用程序）的软件接口标准。数据源可以是PLC、DCS、条形码读取器等控制设备。随控制系统构成的不同，作为数据源的OPC服务器既可以是和OPC应用程序在同一台计算机上运行的本地OPC服务器，也可以是在另外的计算机上运行的远程OPC服务器。

OPC接口既适用于通过网络把最下层的控制设备的原始数据提供给作为数据的使用者（OPC应用程序）的HMI（硬件监控接口）/SCADA，批处理等自动化程序，以至更上层的历史数据库等应用程序，也适用于应用程序和物理设备的直接连接。

OPC 统一架构（OPC Unified Architecture）是 OPC 基金会最新发布的数据通信统一方法，它克服了 OPC 之前不够灵活、平台局限等的问题，涵盖了 OPC 实时数据访问规范（OPC DA）、OPC 历史数据访问规范（OPC HDA）、OPC 报警事件访问规范（OPC A&E）和 OPC 安全协议（OPC Security）的不同方面，以使数据采集、信息模型化以及工厂底层与企业层面之间的通信更加安全、可靠。

2.5.4.3　无线传感器网络中间件

无线传感器网络（Wireless Sensor Networks，WSN）不同于传统网络，具有自己的特征，如有限的能量、通信带宽、处理和存储能力，动态变化的拓扑，节点异构等。在这种动态、复杂的分布式环境上构建应用程序并非易事。相比 RFID 和 OPC 中间件产品的成熟度和业界广泛应用程度，WSN 中间件还处于初级研究阶段，所需解决的问题也更为复杂。

WSN 中间件主要用于支持基于无线传感器应用的开发、维护、部署和执行，其中包括复杂高级感知任务的描述机制，传感器网络通信机制，传感器节点之间协调以在各传感器节点上分配和调度该任务，对合并的传感器感知数据进行数据融合以得到高级结果，并将所得结果向任务指派者进行汇报等机制。

针对上述目标，目前的 WSN 中间件研究提出了诸如分布式数据库、虚拟共享元组空间、事件驱动、服务发现与调用、移动代理等许多不同的设计方法。

（1）分布式数据库。基于分布式数据库设计的 WSN 中间件把整个 WSN 网络看成一个分布式数据库，用户使用类 SQL 的查询命令以获取所需的数据。查询通过网络分发到各个节点，节点判定感知数据是否满足查询条件，决定数据的发送与否。典型实现如 Cougar、TinyDB、SINA 等。分布式数据库方法把整个网络抽象为一个虚拟实体，屏蔽了系统分布式问题，使开发人员摆脱了对底层问题的关注和繁琐的单节点开发。然而，建立和维护一个全局节点和网络抽象需要整个网络信息，这也限制了此类系统的扩展。

（2）虚拟共享元组空间。所谓虚拟共享元组空间就是分布式应用利用一个共享存储模型，通过对元组的读、写和移动以实现协同。在虚拟共享元组空间中，数据被表示为称为元组的基本数据结构，所有的数据操作与查询看上去像是本地查询和操作一样。虚拟共享元组空间通信范式在时空上都是去耦的，不需要节点的位置或标志信息，非常适合具有移动特性的 WSN，并具有很好的扩展性。但它的实现对系统资源要求也相对较高，与分布式数据库类似，考虑到资源和移动性等的约束，把传感器网络中所有连接的传感器节点映射为一个分布式共享元组空间并非易事。典型实现包括 Tiny Lime、Agilla 等。

（3）事件驱动。基于事件驱动的 WSN 中间件支持应用程序指定感兴趣的某种特定的状态变化。当传感器节点检测到相应事件的发生就立即向相应程序发送通知。应用程序也可指定一个复合事件，只有发生的事件匹配了此复合事件模式才通知应用程序。这种基于事件通知的通信模式，通常采用发布 / 订阅（Publish/Sublish，Pub/Sub）机制，可提供异步的、多对多的通信模型，非常适合大规模的 WSN 应用，典型实现包括 DSWare、Mires、Impala 等。尽管基于事件的范式具有许多优点，然而在约束环境下的事件检测及复合事件检测对于 WSN 仍面临许多挑战，事件检测的时效性、可靠性及移动性支持等仍值得进一步的研究。

（4）服务发现。基于服务发现机制的 WSN 中间件，可使得上层应用通过使用服务发现协议，来定位可满足物联网应用数据需求的传感器节点。例如，MiLAN 中间件可由应用根据自身的传感器数据类型需求，设定传感器数据类型、状态、QoS 以及数据子集等信息描述，通过服务发现中间件以在传感器网络中的任意传感器节点上进行匹配，寻找满足上层应用的传感器数据。MiLAN甚至可为上层应用提供虚拟传感器功能，例如通过对 2 个或多个传感器数据进行融合，以提高传感器数据质量等。由于 MiLAN 采用传统的 SDP、SLP 等服务发现协议，这对资源受限的 WSN 网络类型来说具有一定的局限性。

（5）移动代理。移动代理（或移动代码）可以被动态注入并运行在传感器网络中。这些可移动代码可以收集本地的传感器数据，然后自动迁移或将自身拷贝至其他传感器节点上运行，并能够与其他远程移动代理（包括自身拷贝）进行通信。Sensor Ware 是此类型中间件的典型，基于 TCL 动态过程调用脚本语言实现。

除上述提到的 WSN 中间件类型外，还有许多针对 WSN 特点而设计的其他方法。另外，在无线传感器网络环境中，WSN 中间件和传感器节点硬件平台（如 ARM、Atmel 等）、适用操作系统（TinyOS、ucLinux、Contiki OS、Mantis OS、SOS、MagnetOS、SenOS、PEEROS、AmbitentRT、Bertha 等）、无线网络协议栈（包括链路、路由、转发、节能）、节点资源管理（时间同步、定位、电源消耗）等功能联系紧密。

2.5.4.4　其他中间件

国际电信联盟对物联网提出的任何时刻、任何地点、任意物体之间互联（Any Time、Any Place、Any Things Connection），无所不在的网络（Ubiquitous Networks）和无处不在的计算的发展愿景，在某种程度上，与普适计算的核心思想是一致的。普适计算（Ubiquitous Computing 或 Pervasive Computing），又称普存计算、普及计算，是一个强调和环境融为一体的计算概念，而计算机本身则从人们的视线里消失。在普适计算的模式下，人们能够在任何时间、任何地点、以任何方式进行信息的获取与处理。

另外，由于行业应用的不同，即使是 RFID 应用，也可能因其在商场、物流、健康医疗、食品回溯等领域的不同，而具有不同的应用架构和信息处理模型。针对智能电网、智能交通、智能物流、智能安防、军事应用等领域的物联网中间件，也是当前物联网中间件研究的热点内容。

2.5.5 M2M（Machine to Machine）技术

一台终端传送到另一台终端，也就是机器与机器的对话。但从广义上讲，M2M 可代表机器对机器，人对机器及其对人，移动网络对机器之间的连接与通信，它涵盖了所有实现在人、机器、系统之间建立通信连接的技术和手段。

M2M 有以下三个基本组成：数据和节点（Data Endpoint，DEP）、通信网络、数据融合点（Data Integration Point，DIP），如图 2-8 所示。

图2-8　M2M三个基本特征

DEP 和 DIP 可以用于任何子系统集成。例如，一个完整的过程（X）到一个 IT 应用（Y）。图中显示了三要素之间的相互关系。这个解决方案也被称为"端对端的 M2M"。过程（X）和应用（Y）构成了事实上的功能端点。

一般而言，一个 DEP 指的是一个微型计算机系统，一个连接到程序或者是更高层次子系统的端点，另一个端点连接到通信网络。在大多数的 M2M 应用中，都有几个 DEP。一个典型的 M2M 应用只有一个数据融合点。虽说是这样，但是可以设想 M2M 应用有多个 DIP，对于 DIP 没有硬性的规定。例如可以形成一个互联网服务器或特殊的软件应用在交通控制主机。

M2M 应用的信息流也未必是面向服务器的。相反，DIP 和 DIP 之间的直接通信路线是被支持的，还有单个 DEP 之间直接和间接的联系，就像我们所熟知的 P2P（Peer-to-Peer）联系一样。

如上所述，M2M 应用的通信网络是 DEP 和 DIP 之间的中央连接部分。就物理部分来说，这种网络的建立可以使用局域网、无线网络、电话网络 / ISDN，或者是类似的。

IOT

物联网平台技术
在能源互联网中的应用

3

业界物联网平台
发展分析

3.1 物联网平台发展现状

物联网平台承上启下，是物联网产业链枢纽。按照逻辑关系和功能，物联网平台从下到上提供终端管理、连接管理、应用支持、业务分析等主要功能。通信技术发展促进连接数迅速猛增，物联网迎来高速发展引爆点，而连接数高速增长是物联网行业发展基础。

物联网发展路径为连接—感知—智能，目前处于物联网发展第一阶段，即物联网连接数快速增长阶段。

物联网发展第一阶段：物联网连接大规模建立阶段，越来越多的设备在放入通信模块后通过移动网络（LPWA/GSM/3G/LTE/5G 等）、WiFi、蓝牙、RFID、ZigBee 等连接技术连接入网，在这一阶段网络基础设施建设、连接建设及管理、终端智能化是核心。智能制造、智能物流、智能安防、智能电力、智能交通、车联网、智能家居、可穿戴设备、智慧医疗等领域连接数将呈指数级增长。该阶段中最大投资机会主要在网络基础设施建设、通信芯片和模组、各类传感器、连接管理平台、测量表具等。

物联网发展第二阶段：大量连接入网的设备状态被感知，产生海量数据，形成了物联网大数据。这一阶段传感器、计量器等器件进一步智能化，多样化的数据被感知和采集，汇集到云平台进行存储、分类处理和分析，此时物联网也成为云计算平台规模最大的业务之一。这一阶段，云计算将伴随物联网快速发展。该阶段主要投资机会在 AEP 平台、云存储、云计算、数据分析等。

物联网发展第三阶段：初始人工智能已经实现，对物联网产生数据的智能分析和物联网行业应用及服务将体现出核心价值。该阶段物联网数据发挥出最大价值，企业对传感数据进行分析并利用分析结果构建解决方案实现商业变现，同时运营商坐拥大量用户数据信息，通过数据的变现将大幅改善运营商的收入。该阶段投资者机会主要在于物联网综合解决方案提供商、人工智能、机器学习厂商等。

目前世界主要物联网平台提供商侧重点和优势各不相同，通过整理世界领先 IoT 平台供应商，可以总结出以下几点发展规律：

（1）平台间建立联盟，联合集成商、上下游厂商才能提供完整物联网解决方案，需要不断培养物联网生态系统。IoT 端到端解决方案是一项庞大复杂的工程，平台分成 4 大类型，几乎没有厂商能做到独立提供从底层连接到上层应用分析完整解决方案，因此必须和产业链内其他厂商广泛合作，培养物联网生态系统。

（2）开放平台吸引更多开发者，不断提升平台兼容性、与第三方系统、应用连接能力。AEP、DMP 和 BAP 平台需要和众多第三方系统及应用对接，免费开放平台接口给社区开发者，提升平台对接和兼容能力，就能不断提升平台的可扩展性，吸引更多客户。

（3）人工智能和机器学习能力未来将成为业务分析平台的核心竞争力。IoT 的终极目的为通过分析机器背后的数据来提供优化运营和流程、提升效率、节省成本、增加收入等办法，使企业盈利提升。因此在基础架构建设完成后，上层智能分析和机器学习能力将成为业务分析平台核心竞争力。

中国物联网平台提供商大致可分为运营商、云计算厂商、互联网巨头、初创公司几类，目前能提供的物联网云平台功能相对简单，生态系统建立也还需要完善，和国外物联网厂商还存在一定差距。由于物联网平台运营、生态系统培养、开发者聚集需要较长时间的积累，未来如果传统互联网、IT 公司要切入物联网平台领域，并购海外、国内优秀创业公司，或者进行深度产业链合作是较好的选择。

（1）百度、阿里、腾讯（BAT）、京东布局物联网平台基于自身传统优势，包括云、大数据、硬件管理平台等，打造第三方生态系统同时发挥自身优势，各有所长。几大互联网厂商做物联网业务思路相似，硬件联网作为基础一步，开放数据与生态、技术与接口，构建产业链协同的生态系统，腾讯有 QQ 物联和微信智能硬件两大物联网平台，巨大的用户数量和社交属性是腾讯物联网平台核心优势，在微信平台上设备厂家可以开通微信公众号，通过在公众号中开通设备功能插件，将用户与其拥有的智能设备相连，每一个设备也将拥有一个微信 ID。同时设备厂商可以在公众号上建立微信小店，根据设备运行情况，定期提供配件和耗材的购买服务。

阿里巴巴针对物联网业务整合了智能云、淘宝众筹和天猫电器城，组成智能生活事业部，天猫电器城与淘宝众筹能帮助智能硬件开发商解决市场销售难题。百度优势是其在人工智能、语音识别、深度学习等技术上的长期积累，未来在其 IoT 平台上产生的海量数据，可利用百度深度学习以及人工智能的能力来处理，开发强大的上层应用，有望在机器学习、大数据处理层面有更进一步的发展。

（2）中国三大运营商高度重视物联网连接管理平台（Connectivity Management Platform，CMP）发展，与国内外平台龙头企业合作，为企业客户提供一站式全球物联网连接服务。2015 年 7 月 Jasper 与中国联通合作的 Control Center 物联网管理平台正式推出，集聚了 API 集成功能、生命周期管理、灵活资费计划、设备列表功能、网络诊断功能、自动化引擎和账单及报表功能七大功能。2014 年 11 月中国移动正式发布物联网开放平台——OneNet，提供从底层 IaaS 连接到上层应用的全套解决方案，并且与业界众多厂商建立合作关系。

2016 年 7 月 15 日，中国电信与爱立信签署了物联网连接管理合作谅解备忘录（Memorandum of Understanding，MoU），携手共建物联网全球连接，为企业客户提供一站式全球物联网连接服务。至此，三大运营商和国内外物联网平台龙头企业合作，为全球企业客户提供一站式物联网连接服务。2019 年，中国联通物联网连接管理平台连接数已超过 1.24 亿；同样，截至 2019 年，中国电信物联网连接数达到 2 亿，其中 NB-IoT 规模突破 4000 万；截至 2020 年 12 月，中国移动窄带物联网 NB-IoT 基站数和 5G 基站数均超过了 70 万个，移动物联网连接数超过了 10.8 亿。

（3）2010～2018 年全球物联网设备数量高速增长，复合增长率达 20.9%。预测 2025 年全球物联网设备（包括蜂窝及非蜂窝）联网设备将达到 252 亿个。2020 年我国物联网连接规模为 100 亿，预计 2025 年物联网连接规模将达到 220 亿。

国内较好的物联网平台公司以设备管理平台、应用使能平台为主，创业目的是为了解决智能硬件行业应用软件开发难、研发成本高、开发时间长、销售周期长的困难，帮助其他智能硬件厂商提高生存能力。国内的机智云、上海庆科、艾拉物联（中国分公司）等属于创业公司佼佼者，平台聚集的开发者和合作伙伴已经形成一定规模。未来随着它们对传统行业的深耕细挖、对产业链上下游资源的整合和在物联网领域的不断积累，有希望走出一家独角兽平台公司。

中国物联网应用支持平台（AEP 平台）处于起步阶段，市场潜力巨大。作为物联网应用开发基础平台，AEP 平台在中国尚在起步阶段，未来市场将将达到千亿。

和国外厂商相比，中国物联网应用开发平台起步较晚，还处于发展初期。未来从上市公司角度，并购国内外物联网 AEP 平台公司，或者和国内外优秀物联网 AEP 平台公司深度合作，将是最快、最现实的发展路径。目前国内比较优秀的物联网 AEP 平台公司包括机智云、上海庆科、中国移动 OneNet、艾拉物联在中国的分公司等。

在多边市场、边际成本以及生态流转三个问题解决之前，物联网的"平台"特性都将受到限制，B 端定制化市场特征仍将占据优势。这也意味着出身于传统 ICT[1] 领域的软件服务商与垂直行业巨头在市场中获得更多的竞争地位。

从 IDC 及 Forrester 最新发布的研究报告中，也可以清晰地看到当前市场的竞争结构——定制派 IBM、PTC、GE 与微软处于第一梯队。标准派 AWS

---

[1] ICT：信息与通信技术，Information and Communications Technology 的缩写。

与 Ayla 物联目前处于跟随状态。

当然，这并不意味着一成不变。随着市场的不断成熟，更高效率的专业化分工必将驱动产业走向解耦，各环节之间接口协议标准化，为平台的构建扫清障碍。待数据信息及分析能力在长期驯化成熟，能成为可流转的标准化产品时，开放式的物联网平台生态将可迎来真正的发展机遇。

可以说，定制派与标准派其实分别代表了当下和未来。只不过这一次，需要兼具行业的纵深耕耘经验以及互联网的开放共赢理念，才能够真正做好物联网开放平台。

3.2　物联网平台价值分析

目前物联网平台可以部署在企业私有云和物联网厂商的公有云上。物联网平台主要有以下优势。

3.2.1　成本降低

以智能家居领域为例，为了实现远程控制，智能家居产品都需要运行一个云平台，记录所有的智能家居产品的状态，并通过这个云平台，对远程的设备控制。对一家企业而言，必须要包括所有的运维人员，或许还要有相应的开发人员。

对企业而言，全部都自己做，其成本会高，如果有一个公共服务平台，可以降低创业企业的创业门槛。从经济发展历史看，社会分工都会促进生产力的提升。这些企业选择运营服务商的商业模式，是物联网领域的一次社会分工，总体上会节约成本的。

3.2.2　用户体验提升

智能家居企业要给用户选择带来方便。比如用户在选择智能家居产品时，按照现有的模式，只能选择一家智能家居的产品，如果选择了两家智能家居的产品，对智能家居的控制，就可能需要通过两个云服务平台。而这两个服务平台，需要两个客户端程序，对客户来讲带来了很多的不方便。

如果要给客户带来好的用户体验，或者在云平台上整合，或者在客户端整合。物联网智库认为从云平台上整合是最方便的，而物联网平台是一个方向。

3.2.3　降低物联网门槛

从企业的角度看，物联网平台为初创企业降低物联网门槛。对于物联网这个新兴行业，有很多初创企业进入这个领域，但公司要实现所有技术，对于小企业门槛偏高。对于云服务平台，既需要前期开发云服务，后期云服务还需要后期运维人员支持，这种模式借助物联网平台是最适合的。

从行业的角度看，物联网的发展受制于标准的缺乏。

技术标准、行业标准都需要建立。标准的建立，最好是由在市场上占主导地位的产品提供者主导建立。所以传统行业信息化的领导企业，应尽快进入物联网领域，抢占市场份额。如果有物联网平台，可以帮助这些企业快速进入物联网领域，并专注于行业服务。

因此，物联网的发展是需要物联网平台的。要实现物联网在一个大范围内的信息共享，需要一个大范围使用的运营平台。

不仅如此，物联网平台还提供了一个构建框架，这样，不必从头开始创建物联网系统。它使开发物联网系统更快、更容易、更实用。换句话说：它是想法和实现想法之间的桥梁。

未来物联网围绕政府、企业、消费者将衍生出多样化应用，创造巨大社会价值。物联网服务对象可划分为政府、企业、消费者三类。

政府领域物联网应用包括公共资源／能源管理、智能交通、平安城市、智慧政务、智慧农业等。对比近年来中美欧政府在物联网应用需求，首要都是为了解决日益紧张的能源消耗、污染问题、城市安全问题，因此未来智能交通、智能抄表、智能路灯等城市生活相关应用是率先实现物联网的应用领域。以瑞典智慧交通解决方案为例，在车上装上电子车牌和交通大数据平台连通后实现智能交通管理和拥堵费收取，使交通拥堵降低了20%～25%，交通排队时间下降30%～50%，中心城区道路交通废气排放量减少了14%，整个斯德哥尔摩地区废气排放减少2.5%，二氧化碳等温室气体排放量下降了40%。

企业领域物联网应用包括全面升级到工业4.0（设备远程管理、数据管理、自动化等）智能物流、利用机器学习和人工智能对未来做预测解决商业问题等。越来越多的企业将设备连接到云端进行统一管理，并从生产制造、物流、销售、售后数据中寻找提升运营效率、降低成本、提升销量等重要商业问题的方法。2012年，由于美国通用电气公司（General Electric Company，GE）成功的远程诊断探测，春秋航空节省了超过21万美元的维修费用，并且避免了数次计划外的发动机拆卸和停飞待用。

风力涡轮机制造商维斯塔斯（Vestas）通过对天气数据及客户涡轮仪表采集的数据进行交叉分析，从而对风力涡轮机布局进行改善，由此增加了风力涡轮机的电力输出水平并延长了服务寿命。而未来从设备管理和数据分析逐步过渡到机器认知学习帮助解决问题。例如Able Cloud通过3个月的机器学习训练饮水机自动加热、保温和断电，达到了饮水机"学会"满足办公室人员喝水需求同时节约能源30%的效果。

在消费者领域，车联网、可穿戴设备、智能家居和复杂娱乐将成为物联网重点应用领域。车联网目前以导航、远程信息采集、车载系统升级为主，未来随着车载娱乐系统、高级驾驶辅助系统（Advanced Driver Assistance System，ADAS）、无人驾驶普及，车载智能硬件有望实现联网一体化管理。在智慧社区和智能家居领域，平安社区和平安家庭有望率先取得突破：原有小区视频监控系统扩展为物联网平台，结合社区和家庭传感器，可穿戴设备、社区出入口管理系统，为现代化的社区管理、智慧化的大数据应用提供基础设施解决方案。在发生非法入侵、火灾、燃气泄漏等异常情况时，智能传感器会发出报警信号，并通过家庭中心将信号传至小区物业管理中心、报警中心、居民手机，通知安保人员及时赶到现场处理。同时，居民可以通过手机、平板电脑等移动设备远程监控、可视化对讲。

物联网平台是物联网整体解决方案的核心，越来越多的云计算厂商、物联网解决方案提供商通过外延并购、合作，将物联网平台商纳入自身生态系统以形成端到端物联网解决方案。由于物联网平台的关键性枢纽作用，提供了设备管理、网络连接管理、应用开发、数据服务、智能分析、与第三方系统互联等重要功能。同时物联网平台连通着底层设备、企业业务需求、应用开发者和企业内其他 IT 系统（CRM❶、ERP❷ 等），因此是整套物联网解决方案的核心。

各大物联网综合解决方案提供商也越来越重视物联网平台业务，大多数都通过外延并购获取了物联网平台提供能力，这也是近年来物联网平台领域并购加速的原因，代表公司有 Cisco、Ericsson 、PTC、Bosch 、Sierra Wireless 和 LogMeIn 等。云计算厂商选择通过广泛合作，建立强大的物联网平台生态系统，代表公司如 IBM、AWS、Microsoft 等，和主流的物联网平台提供商都有合作。

3.3　物联网平台应用产品分类

物联网平台从底层到高层可分为四大平台类型：设备管理平台（Device Management Platform，DMP）、连接管理平台（Connectivity Management Plat form，CMP）、应用使能平台（Application Enablement Platform，AEP）、业务分析平台（Business Analytics Platform，BAP）。到目前为止还没有一家平台公司能提供从终端管理监测、连接管理到应用开发、数据分析端到端的服务，每家平台提供商都有自己专注的领域和独特优势。

---

❶　CRM：客户关系管理，Customer Relationship Management 的缩写。

❷　ERP：企业资源计划，Enterprise Resource Planning 的缩写。

3.3.1 设备管理平台

设备管理平台对物联网终端进行远程监控、设置调整、软件升级、系统升级、故障排查、生命周期管理等。同时可实时提供网关和应用状态监控告警反馈，为预先处理故障提供支撑，提高客户服务满意度；开放的 API 调用接口则能帮助客户轻松地进行系统集成和增值功能开发；所有设备的数据可以存储在云端。

一般设备管理平台集成在整套端到端 M2M 设备管理解决方案中。解决方案提供商联合合作伙伴一起，提供通信网关、通信模块、传感器、设备管理云平台、设备连接软件，并开放接口给上层应用的开发商，提供端到端的解决方案。像 Bosch 这样对企业业务流程熟悉的厂商，还能将企业业务应用如 CRM、ERP、MES[1] 集成到 DMP 之上，形成更完整的设备管理解决方案。

大部分设备管理平台提供商本身也是通信模组、通信设备提供商，比如 DiGi、Sierra Wireless、Bosch 等，本身拥有连接设备、通信模组、网关等产品和设备管理平台，因此能帮助企业实现设备管理整套解决方案。一般 DMP 部署在整套设备管理解决方案中，整体报价收费；也有少量单独提供设备管理云端服务的厂商，每台设备每个月收取一定运营管理费用。

3.3.2 连接管理平台

连接管理平台一般应用于运营商网络上，实现对物联网连接配置和故障管理、保证终端联网通道稳定、网络资源用量管理、连接资费管理、账单管理、套餐变更、号码 /IP 地址 /MAC 资源管理，更好地帮助移动运营商做好物联网 SIM 的管理，运营商客户还可以自主进行 SIM 卡管控，自主查看账单。对于移动运营商来说，M2M 物联网应用的特点有：M2M 连接数大，SIM 卡使用量大，管理工作量大，应用场景复杂，要求灵活的资费套餐，低的 ARPU 值，对成本管理要求高。

---

[1] MES：制造执行系统，Manufacturing Execution Systems 的缩写。

通过连接管理平台能够全面了解物联网终端的通信连接状态、服务开通以及套餐订购等情况；能够查询到其拥有的物联网终端的流量使用、余额等情况；能够自助进行部分故障的定位以及修复。同时物联网连接管理平台能够根据用户的配置，推送相应的告警信息，便于客户能够更加灵活地控制其终端的流量使用、状态变更等。

连接管理平台与移动运营商网络连接，帮助运营商管理物联网 M2M，CMP 平台供应商参与运营商物联网移动收入分成。使用移动网络（2G/3G/4G/NB-iot），更加需要合理地控制流量、多用户时分割账单，动态实时监控使用状态和成本，使得连接管理平台与移动运营商合作，连接管理平台参与运营商的移动收入分成，业务模式简单明确。考虑到跨国大企业与连接管理平台对接时，更希望一点接入，全球通用，因此具有全球化的连接管理平台在服务大型企业中更加具有竞争力。

目前全球连接管理平台有三大阵营：Jasper 平台、爱立信 DCP❶ 和沃达丰 GDSP❷。Jasper 作为 CMP 领导者，和全球超过 100 家运营商、3500 家企业客户展开合作，爱立信 DCP 和沃达丰 GDSP 平台客户数量都和 Jasper 有差距。国内三大运营商的 CMP 平台：中国联通和 Jasper、宜通世纪合作，采取运营收入分成模式；中国移动和华为在 CMP、M2M 模块和终端销售都展开合作；中国电信与爱立信 DCP 签订《谅解备忘录》，在 CMP、终端销售终展开合作。

3.3.3 应用使能平台

应用使能平台是提供应用开发和统一数据存储两大功能的 PaaS 平台，架构在连接管理平台之上。具休来看应用使能平台具体功能有提供成套应用开发工具（大部分能提供图形化开发工具，甚至不需要开发者编写代码）、中间件、

---

❶ DCP：设备连接管理平台，Device Connection Platform 的缩写。

❷ GDSP：全球数据服务平台，Globe Data Service Platform 的缩写。

数据存储、业务逻辑引擎、对接第三方系统 API 等。物联网应用开发者在应用使能平台上快速开发、部署、管理应用，而无需考虑下层基础设施扩展、数据管理和归集、通信协议、通信安全等问题，降低开发成本、大大缩短开发时间。目前世界知名的应用支持平台功能逐渐丰富，逐渐添加了如终端管理、连接管理、数据分析应用、业务支持应用等功能。

应用使能平台帮助企业极大节省物联网应用开发时间和费用，同时上层应用大规模扩张时无需担心底层资源扩展问题。目前应用使能平台主要根据应用开发完成后激活设备数量收费。建立完整的 IoT 解决方案（从底层设备管理系统、网络到上层应用）对任何企业来说都是浩大的工程，且需要众多不同领域专业技术人员联合开发搭建，建设周期长、ROI 较低。据 Aeris 测算，开发者使用应用使能平台开发应用，可以节省 70% 的时间，使应用能更快推向市场，同时为企业节省了雇佣底层架构技术人员的费用。应用支持平台解决的另一个重大问题是随上层应用灵活扩展问题，即使企业 M2M 管理规模迅猛增加，使用 AEP 无需担心底层资源跟不上连接设备扩展速度。

3.3.4　业务分析平台

业务分析平台包含基础大数据分析服务和机器学习两大功能。

（1）基础大数据分析服务。平台在集合各类相关数据后，进行分类处理、分析并提供视觉化数据分析结果（图标、仪表盘、数据报告）；通过实时动态分析，监控设备状态并予以预警。

（2）机器学习。通过对历史数据（结构化和非结构化数据）进行训练生成预测模型或者客户根据平台提供工具自己开发模型，满足预测性的、认知的或复杂的分析业务逻辑。未来 IoT 平台上的机器学习将向人工智能过渡，比如 IBM Watson 拥有 IBM 独特的 DeepQA 系统，结合了神经元系统，模拟人脑思考方式总结出来逐步强大的问答系统，未来将帮助企业解决更多商业问题。

目前机器学习收取建模费用和预测费用两项费用。建模期间，按照数据分析、模型训练和评估的时间收费，即执行这些操作所需的计算小时数收费；建模进行计算和预测时，通过数据结果的信息量或者计算需要的内存容量收费。

3.4 业界主流物联网平台分析

3.4.1 阿里云物联网平台

阿里云物联网平台为设备提供安全可靠的连接通信能力，向下连接海量设备，支撑设备数据采集上云；向上提供云端 API，服务端通过调用云端 API 将指令下发至设备端，实现远程控制。

物联网平台消息通信流程图如图 3-1 所示。

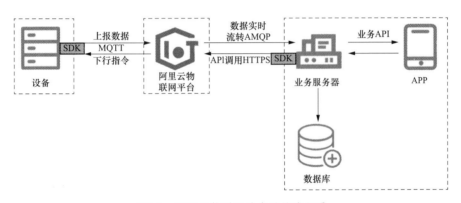

图3-1　阿里云物联网平台通信流程图

实现设备消息的完整通信流程，需要完成设备端的设备开发、云端服务器的开发（云端 SDK 的配置）、数据库的创建、手机 APP 的开发。

阿里云物联网平台主要提供了设备接入、设备管理、规则引擎等功能，为各类 IoT 场景和行业开发者赋能。

3.4.1.1 设备接入

物联网平台支持海量设备连接上云，设备与云端通过 IoT Hub 进行稳定可靠的双向通信。

设备开发：提供设备端软件开发工具包（Software Development Kit，SDK）、驱动等，帮助不同设备、网关轻松接入阿里云。

设备接入引导：提供蜂窝（2G、3G、4G、5G）、NB-IoT、LoRaWAN、WiFi 等不同网络设备接入方案，解决企业异构网络管理设备接入的问题。

提供 MQTT、CoAP、HTTP、HTTPS 等多种协议的设备端 SDK，既满足长连接的实时性需求，也满足短连接的低功耗需求。

SDK 不同语言或平台功能汇总：开源多种平台设备端代码，提供跨平台移植指导，赋能企业基于多种平台做设备接入。

3.4.1.2　设备管理

物联网平台提供完整的设备生命周期管理功能，支持设备注册、功能定义、数据解析、在线调试、远程配置、OTA 升级、实时监控、设备分组、设备删除等功能。

功能特性如下：

（1）提供设备物模型，简化应用开发。

（2）提供设备上下线变更通知服务，方便实时获取设备状态。

（3）提供数据存储能力，方便用户海量设备数据的存储及实时访问。

（4）支持 OTA 升级，赋能设备远程升级。

提供设备影子缓存机制，将设备与应用解耦，解决不稳定无线网络下的通信不可靠问题。

3.4.1.3　安全能力

物联网平台提供多重防护，有效保障设备和云端数据的安全。

（1）身份认证。提供芯片级安全存储方案（ID^2）及设备密钥安全管理机制，防止设备密钥被破解。安全级别很高。

提供"一机一密"的设备认证机制，降低设备被攻破的安全风险。适合有能力批量预分配设备证书（Product Key、Device Name 和 Device Secret），将设备证书信息烧录到每个设备的芯片。安全级别高。

提供"一型一密"的设备认证机制。将设备预烧产品证书（Product Key 和 Product Secret）预先烧录到设备中，认证时动态获取设备证书（包括 Product Key、Device Name 和 Device Secret）。适合批量生产时无法将设备证书烧录每个设备的情况。安全级别普通。

提供 X.509 证书的设备认证机制，支持基于 MQTT 协议直连的设备使用 X.509 证书进行认证。安全级别很高。

（2）通信安全。支持 TLS❶（MQTT、HTTPS）、DTLS❷（CoAP）数据传输通道，保证数据的机密性和完整性，适用于硬件资源充足、对功耗不是很敏感的设备。安全级别高。

支持设备权限管理机制，保障设备与云端安全通信。支持设备级别的通信资源（Topic 等）隔离，防止设备越权等问题。

3.4.1.4 规则引擎

物联网平台规则引擎包含以下功能：

（1）服务端订阅：订阅某产品下所有设备的某个或多个类型消息，服务端可以通过 AMQP 客户端或消息服务（MNS）客户端获取订阅的消息。

（2）云产品流转：物联网平台根据配置的数据流转规则，将指定 Topic 消息的指定字段流转到目的地，进行存储和计算处理。

设备连接物联网平台，与物联网平台进行数据通信。物联网平台可将设备数据流转到其他阿里云产品中进行存储和处理。这是构建物联网应用的基础。阿里云物联网平台架构如图 3-2 所示。

（1）IoT SDK。物联网平台提供 IoT SDK，设备集成 SDK 后，即可安全接入物联网平台，使用设备管理、数据流转等功能。

只有支持 TCP/IP 协议的设备可以集成 IoT SDK。

（2）边缘计算。边缘计算能力允许在最靠近设备的地方构建边缘计算节

---

❶ TLS：传输层安全性协议，Transport Layer Security 的缩写。
❷ DTLS：数据包传输层安全性协议，Datagram Transport Layer Security 的缩写。

点，过滤清洗设备数据，并将处理后的数据上传至云平台。

（3）设备接入。物联网平台提供各类设备端SDK、设备认证方式，支持MQTT、CoAP、HTTP等多种协议，实现设备快速上云。

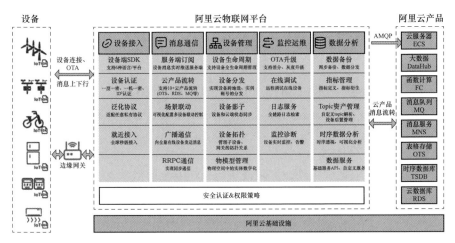

图3-2 阿里云物联网平台架构

设备上云后与云端通过IoT Hub进行稳定可靠的双向通信。IoT Hub具有下列特性：

1）高性能扩展：支持线性动态扩展，可以支撑十亿设备同时连接。

2）全链路加密：整个通信链路以RSA、AES加密，保证数据传输的安全。

3）消息实时到达：当设备与IoT Hub成功建立数据通道后，两者间将保持长连接，以减少握手时间，保证消息实时到达。

4）支持数据透传：IoT Hub支持将数据以二进制透传的方式传到自己的服务器上，不保存设备数据，从而保证数据的安全可控性。

5）支持多种通信模式：IoT Hub支持RRPC和PUB/SUB两种通信模式，以满足不同场景下的需求。其中，PUB/SUB是基于Topic进行的消息路由。

6）支持多种设备接入协议：支持设备使用CoAP、MQTT、HTTPS协议接入物联网平台。

（4）消息通信。物联网平台支持通过服务端订阅、云产品流转、场景联动、广播通信、RRPC 通信等方式，通过配置规则，实现设备、服务器、物联网平台之间通信消息的同步、转化、过滤、存储等功能。

（5）设备管理。物联网平台提供功能丰富的设备管理服务，包括生命周期、设备分发、设备分组、设备影子、设备拓扑、物模型、数据解析、数据存储等。

（6）监控运维。物联网平台支持 OTA 升级、在线调试、日志服务、远程配置、实时监控、远程维护等功能。

（7）数据分析。数据分析是阿里云为物联网开发者提供的数据智能分析服务，针对物联网数据特点，提供海量数据的存储备份、资产管理、报表分析和数据服务等功能，帮助企业用户更容易地挖掘物联网数据中的价值。

（8）安全认证和权限策略。安全是 IoT 的重要话题。阿里云物联网平台提供多重防护，保障设备和云端数据的安全。

1）物联网平台为每个设备颁发唯一证书，设备使用证书进行身份验证连接物联网平台。

2）针对不同安全等级和产线烧录的要求，物联网平台为开发者提供了多种设备认证方式。

3）授权粒度精确到设备级别，任何设备只能对自己的主题（Topic）发布、订阅消息。服务端凭借阿里云 Access Key 对账号下所属的 Topic 进行操作。

企业基于物联网，通过运营设备数据实现效益提升已是行业趋势和业内共识。然而，企业在物联网系统的建设过程中往往存在各类阻碍。针对此类严重制约企业物联网发展的问题，阿里云物联网平台相比企业自建 MQTT 集群、MQTT 服务器具有不可比拟的优势。

在设备接入方面，阿里云物联网平台提供设备端 SDK，快速连接设备上云，效率高。同时支持全球设备接入、异构网络设备接入、多环境下设备接入和多协议设备接入。亿级设备规模，自动扩展，保证连接稳定性，设备消息到平台处理时长在 50ms 以内。

而自建的 MQTT 则需要搭建基础设施，联合嵌入式开发人员与云端开发人员共同开发。开发工作量大、效率低。并且架构上难以支持百万级的设备规模，设备并发连接很多时难以保证平台稳定性，同时大量设备上下线会导致平台雪崩。

在并发性方面，阿里云物联网平台有百万并发能力，架构可水平扩展。核心消息处理系统采用无状态架构，无单点依赖，消息发送失败可自动重试。而自建 MQTT 在架构上难以支持万级的消息规模，消息上下行并发会给系统带来巨大的冲击。无法做到削峰填谷，影响高峰时正常业务运行。

除此之外，阿里云物联网平台在安全性、可用性、易用性等方面有着很大的优势。

3.4.2　腾讯云物联网开发平台

腾讯云物联网开发平台（IoT Explorer）为各行业的设备制造商、方案商及应用开发商提供一站式设备智能化服务。平台提供海量设备连接与管理能力及小程序应用开发能力，并打通腾讯云基础产品及 AI 能力，提升传统行业设备智能化的效率，降低用户的开发运维成本，助力用户业务发展。

腾讯云物联网开发平台常应用在以下场景：

（1）设备智能化。传统家居家电、智能硬件等消费类设备制造业在进行设备智能化的过程中，需要投入成本进行物联云服务、移动端应用、设备端上云的开发及维护工作，使制造业的成本进一步增加。客户可通过物联网开发平台提供的一站式设备智能化服务完成设备的对接与小程序应用端的简单配置或操控面板定制开发。制造业企业无需关注物联网云服务与小程序的研发，可有效降低制造业的研发与运维成本，聚焦硬件产品。

（2）智慧酒店公寓。传统酒店公寓进行智能化改造时，将会面对多种不同厂商设备的选型与设备管理问题以及物联云平台的投入成本问题。通过物联网开发平台提供的一站式设备开发服务，可加快酒店公寓的设备上云，并通过平台的开放 API，酒店公寓的业务管理系统可便捷、安全地管理设备。节省客户研发运维成本，客户只需聚焦酒店、公寓的核心业务。

（3）安防告警服务。为家庭安防、消防等需要实时告警的应用场景，提供简单易用、高效稳定的设备告警服务。用户只需通过开发平台按需定义告警规则与告警推送方式，并集成平台提供的接口服务，即可快速实现设备告警服务，节省客户研发、运维成本投入。

（4）共享租赁服务。为各类共享租赁设备提供可靠的设备接入与通信服务，降低共享租赁运营商的物联平台搭建成本。

（5）设备数据监测。为城市、园区、工业类设备提供设备接入以及数据存储、监测服务。客户无需进行数据的清洗、存储，只需通过开发平台的服务即可获取设备的数据，以降低客户处理设备数据的研发与云资源成本。

腾讯云物联网平台有以下优点：

（1）设备快速开发。支持数据模板及私有协议接入，支持 2G、4G、NB-IoT、WiFi、LoRa 等多种通信模组接入能力，提供设备端 SDK 及基于模组的接入能力，提高设备上云效率。

（2）快速应用开发。提供官方小程序，用户无需关注底层实现，只需通过配置专属交互界面，即可完成家居场景小程序应用开发，提高应用开发效率。

（3）高效消息处理。基于腾讯多年海量消息处理能力，为用户提供高可靠的实时消息云服务，保障用户的业务稳定运行。

（4）便捷数据服务。提供设备实时数据分析服务，可通过控制台灵活定义设备的解析过滤规则、存储、输出等，降低用户处理数据的成本。

（5）可扩展场景服务。提供开放的、可伸缩的系统架构，根据用户的设备应用场景集成不同的服务以及腾讯云各产品服务，满足设备在不同场景下的业务需要。

（6）低成本托管。开发平台提供工具与服务提升客户在设备端、应用端的研发效率，同时提供托管云服务，减少客户的物联网应用在研发与投产阶段的总成本。

3.4.3 百度云物联网平台

近年来，百度重点围绕人工智能、大数据、云计算、移动服务、安全等尖端领域进行技术研发，达到了世界先进水平。这些技术积累，一方面对百度在互联网上的搜索、地图等业务提供支撑，另一方面也是物联网发展的核心技术。

人工智能、语音识别、深度学习等技术帮助硬件及软件变得更加智慧，云计算、大数据等技术为物联网展开无限连接的可能。同时，百度在网络安全领域的全面布局和自主研发核心技术，提供了具有中国特色的全栈安全解决方案，为物联网提供了坚实的安全保障。

百度物联网平台是一站式全托管的物联网云平台，通过该平台可以轻松安全地将海量设备连接至云端，并在云端进行设备的管理，设备数据的处理计算、存储，可视化的展示与分析。

百度云物联网平台是面向物联网领域开发者的全托管云服务，通过主流的物联网协议（如 MQTT）通信，可以在智能设备与云端之间建立安全的双向连接，快速实现物联网项目。

物联网核心套件（IoT Core）提供海量设备接入与管理、规则引擎及物联网边缘等功能，可以利用物联网核心套件来作为搭建物联网应用的第一步。其中设备接入与管理支持亿级设备与云端建立安全可靠的双向连接；规则引擎提供 IoT Core 设备与云上各产品之间的数据流转；物联网边缘可将云计算能力拓展至用户现场，可以提供临时离线、低延时的计算服务。

百度云物联网平台适用于基于设备的物联网场景，提供设备的接入和管理功能，帮助开发者聚焦业务。

百度云特性：

（1）快速建立以设备为核心的物联网应用。

（2）自由选择透传和设备影子两种使用方式。

（3）无缝对接时序数据库（Time Series Database，TSDB）、物可视等产品。

百度云物联网平台架构（见图3-3）为：

（1）全托管的云服务，帮助建立设备与云端之间安全可靠的双向连接。

（2）支撑海量设备的数据收集、监控、故障预测等各种物联网场景。

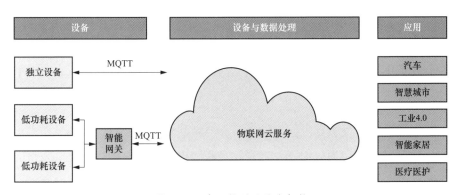

图3-3　百度云物联网平台架构

百度云物联网平台功能为：

（1）通信协议：支持 MQTT。

（2）数据安全：设备级认证、策略授权；双向安全连接、SSL❶传输。

（3）开发语言：支持多种开发语言、兼容主流硬件设备。

（4）支持 C、C#、Python、Java、PHP 等。

（5）支持 CLI❷命令行工具（Python）。

（6）分析服务：对接百度大数据服务。

百度云物联网平台优势：

---

❶ SSL：安全套接字协议，Secure Sockets Layer 的缩写。

❷ CLI：命令行界面，Command-line Interface 的缩写。

（1）开放高效。原生支持 MQTT 协议，基于高可用架构，可支撑亿级设备连接及双向大规模消息传输。

（2）安全可靠。支持设备安全认证，可通过 TLS/SSL 双向认证保证设备数据安全传输。

（3）快速开发。SDK 适配主流操作系统，支持多种语言、多种平台开发，兼容主流设备平台。

（4）多场景支持。内置规则引擎支持数据流转，可与 TSDB、物可视等产品无缝对接，在云端轻松构建基于设备的物联网应用。

作为物联网产业链的枢纽，物联网平台承上启下，但由于物联网业务太过新颖，现实中，每一家物联网平台供应商都有泾渭分明的产业观点、发展策略和发展愿景。

百度物联网平台结合百度云计算、大数据和物联网为企业管理者提供企业需要的物联网技术，为应用开发者开发物联网产品，在多种行业提供完整的解决方案。深入行业，用行业的语言和行业交流，做更懂行业的物联网平台是百度物联网平台的优势特点。

百度优势是其在人工智能、语言识别、深度学习等技术上的长期积累，未来在百度天工智能物联网平台上产生的海量数据，可利用百度深度学习以及人工智能的能力来处理。

3.4.4 亚马逊 AWS IoT

AWS IoT 是一款托管的云平台，使互联设备可以轻松安全地与云应用程序及其他设备交互。AWS IoT 可支持数十亿台设备和数万亿条消息，并且可以对这些消息进行处理并将其安全可靠地路由至 AWS 终端节点和其他设备。应用程序可以随时跟踪所有设备并与其通信，即使这些设备未处于连接状态也不例外。

亚马逊 AWS IoT 架构如图 3-4 所示。

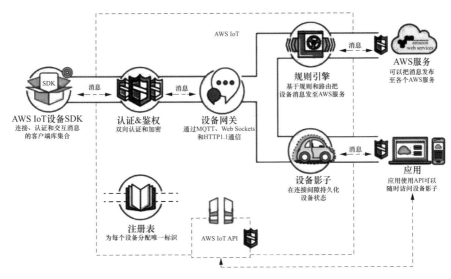

图3-4 亚马逊AWS IoT架构图

设备利用本身的功能或软件开发包 SDK 进行定制开发，连接到物联网系统中；为确保安全，设备需要验证、授权、注册等措施；一些不能直接接入的设备则需要通过设备网关接入；在云平台中，通过设备状态数据缓存机制，保存设备最新状态等信息，从而应用程序或其他设备可以读取设备消息并与设备交互；通过规则引擎，构建物联网应用程序，这些程序将收集、处理、分析设备数据并执行操作；同时，通过大数据分析，提供业务支持与决策。而各类数据处理，则通过云平台的各种计算服务、存储服务得以实现。其中主要功能如下。

3.4.4.1 设备 SDK

（1）AWS IoT 设备 SDK 使用 MQTT、HTTP 或 WebSockets 协议将硬件设备连接到 AWS IoT，硬件设备无缝安全地与 AWS IoT 提供的设备网关和设备影子协作。

（2）设备 SDK 支持 C、Java、Arduino、Java 和 Python。

（3）设备 SDK 包含开源库、带有示例的开发人员指南和移植指南，用户根据硬件平台构建 IoT 产品或解决方案。

3.4.4.2　设备网关

（1）AWS IoT 设备网关支持设备安全高效地与 AWS IoT 进行通信。设备网关可以使用发布 / 订阅模式交换消息，从而支持"一对一"和"一对多"的通信。凭借此"一对多"的通信模式，AWS IoT 将支持互连设备向多名给定主题的订阅者广播数据。

（2）设备网关支持 MQTT、Web Socket 和 HTTP 1.1 协议，也支持私有协议。

（3）设备网关可自动扩展，以支持 10 亿多台设备，而无需预配置基础设施。

3.4.4.3　设备影子

（1）设备影子保留每台设备的最后报告状态和期望的未来状态，即便设备处于离线状态。

（2）通过 API 或使用规则引擎，获取设备的最后报告状态或设置期望的未来状态。

（3）应用程序可以设置设备的期望未来状态，而无需说明设备的当前状态。AWS IoT 将比较期望未来状态和最后报告状态之间的差异，并命令设备"弥补差异"。

（4）设备 SDK 能够轻松地同步其状态及其影子，并响应通过影子设置的期望的未来状态。

（5）设备影子免费存储设备状态多达一年。如果至少每年更新一次状态，则设备影子将永久保留状态；否则状态将过期。

3.4.4.4　规则引擎

（1）规则引擎验证发布到 AWS IoT 的入站消息，根据定义的业务规则转换这些消息并将它们传输到另一台设备或云服务。规则可以应用至一台或多台设备中的数据，并且它可以并行执行一个或多个操作。

（2）规则引擎还可以将消息路由到 AWS 终端节点，包括 AWS Lambda、Amazon Kinesis、Amazon S3、Amazon Machine Learning、Amazon Dynamo

DB、Amazon Cloud Watch 和内置 Kibana 集成的 Amazon Elastic search Service。外部终端节点可以使用 AWS Lambda、Amazon Kinesis 和 Amazon Simple Notification Service（SNS）进行连接。

（3）使用类似 SQL 的语句编写规则。例如：如果温度读数超出特定阈值，则它可以触发规则以便将数据传输到 AWS Lambda；如果此温度超出其他 5 台设备的平均值 15%，则应采取措施。

（4）规则引擎将提供数十个可用于转换数据的可用功能，并且可以通过 AWS Lambda 创建无限个功能。例如，如果正在处理各种不同的数值，则可以取传入数字的平均值。规则还会触发在 AWS Lambda 中执行 Java、Node.js 或 Python 代码，从而提供最高灵活度以及处理设备数据的能力。

亚马逊 AWS IoT 平台优势有：

（1）广泛而深入。AWS 拥有适用于从边缘到云端等方面的广泛而深入的 IoT 服务。AWS IoT 是唯一一家将数据管理和丰富分析集成在易于使用的服务中的云供应商，这些服务专为繁杂的 IoT 数据而设计。

（2）多层安全性。AWS IoT 提供适用于所有安全层的服务，包括预防性安全机制（如对设备数据的加密和访问控制），以及持续监控和审核安全配置的服务。

（3）卓越 AI 集成。AWS 将 AI 和 IoT 结合在一起，使设备更为智能化，可以在云端创建模型，并将它们部署到运行它们的速度达到其他产品 2 倍的设备。

（4）得到大规模验证。AWS IoT 构建在安全且经过验证的云基础设施之上，可扩展到数十亿个设备和数万亿条消息。AWS IoT 还与其他 AWS 服务集成，从而构建完整的解决方案。

3.4.5 微软 Azure IoT

Azure IoT 是跨边缘和云的托管和平台服务的集合，用于连接、监视和控制数十亿项 IoT 资产。它还包括适用于装置和设备的安全性和操作系统，以及帮助企业构建、部署和管理 IoT 应用程序的数据和分析。

通常，IoT 设备将来自传感器的遥测数据发送到云中的后端服务。但是，也可以实现其他类型的通信，例如，在后端服务中将命令发送到设备。下面是设备到云和云到设备的通信的一些示例。

（1）流动冷藏货车每隔 5min 向 IoT 中心发送温度数据。

（2）后端服务向设备发送一条命令，以更改设备发送遥测数据的频率来帮助诊断问题。

（3）设备根据其传感器读数值发送警报。例如，监视化学工厂中间歇式反应器的设备在温度超出特定值时发送警报。

（4）设备发送信息并在仪表板上显示，供操作人员查看。例如，精炼厂的控制室可以显示每个管道中的温度、压力和流量，使操作员能够监视设施。

（5）IoT 设备 SDK 和 IoT 中心支持常用的通信协议，例如 HTTP、MQTT 和 AMQP。

相比于其他客户端（例如浏览器和移动应用），IoT 设备有不同的特征。设备 SDK 可帮助解决，以安全可靠的方式将设备连接到后端服务的难题。IoT 设备具有以下特征：

（1）通常是无人操作的嵌入式系统（与电话不同）。

（2）可以部署到物理访问昂贵的远程位置。

（3）可能只能通过解决方案后端来访问。

（4）能力和处理资源可能都有限。

（5）网络连接可能不稳定、缓慢或昂贵。

（6）可能需要使用专属、自定义或行业特定的应用程序协议。

微软 Azure IoT Hub 解决的 IoT 问题有：

（1）设备的认证和安全连接。每个物联网设备连接到 Azure IoT Hub 时，需要提供其独有的 Security Key，IoT Hub Identity Registry 存储了设备的身份和 Key，IoT Hub 后端提供了设备的白名单和黑名单机制，控制设备的访问。

（2）监控设备的连接操作：提供了详细的设备身份管理操作日志和连接日志。

（3）全面丰富的 Device Library：设备 SDK，支持主流的开发语言和平台：.Net Java Node.JS C 都支持。

（4）IoT 协议可扩展：MQTT v3.1.1、HTTP 1.1，or AMQP 1.0 支持 Custom Protocol。

（5）Scale：支持每秒百万级的设备连接和事件。

Azure IoT Hub 工作流程：Azure IoT Hub 实现了服务辅助通信（Service-Assisted Communication）模式，调节设备与解决方案后端之间的交互。服务辅助通信的目标是在控制系统（例如 IoT Hub）与专用设备（部署在不受信任的物理空间中）之间建立可信任的双向通信路径（全双工通信）。这种模式会遵循下列原则：

（1）安全性优先级最高，高于其他功能。

（2）设备不接受未经请求的网络信息。设备以仅限出站的方式建立所有连接和路由。若要让设备从解决方案后端接收命令，设备必须定期启动连接，以检查是否有任何挂起的命令要处理。

（3）设备只能同与它们对等的已知服务（例如 IoT Hub）进行连接或建立路由。

（4）设备和服务之间或设备和网关之间的通信路径在应用程序协议层受到保护。

（5）系统级别的授权和身份验证以每个设备的标识为基础。它们可让访问凭据和权限近乎实时地撤销。

（6）对于因为电源或连接性而导致连接不稳定的设备而言，可通过保留命令和设备通知直到设备连接并接收它们，进而促进其双向通信。IoT 中心为发送的命令维护特定于设备的队列。

（7）针对通过网关到特定服务的受保护传输，应用程序有效负载数据会受到单独保护。

业界已大规模地使用服务辅助通信模式实现推送通知服务，例如 Windows 推送通知服务、Google Cloud Messaging 和 Apple Push Notification 服务等，其实就是设备和云端的全双工通信。

IOT

物联网平台技术
在能源互联网中的应用

4

面向能源互联网的
物联网平台架构

物联网平台实现对各型边缘物联代理、采集终端等设备的统一在线管理和远程运维，实现设备标识以及业务数据的共享，向企业中台、业务系统等开放接口提供标准化数据。

4.1 能力要求

物联网平台需支持对海量接入的采集终端、边缘物联代理的统一监视、配置和管理，支持各专业智能应用的快速迭代和远程升级，汇集海量采集数据并标准化处理，构建开放共享的应用生态，支持存量业务系统的数据接入等，如图 4-1 所示，具体功能要求如下：

（1）具备百万级设备接入和管理能力。

（2）对部署在边缘物联代理上的业务应用 APP 进行上架、部署、启停、下架等全生命周期的管理。

（3）实现各设备模型统一定义，采集汇集及标准化处理，并转发至企业中台。

（4）支持开放共享的 APP 开发和应用环境，为企业中台、其他业务应用提供标准化接口服务。

（5）支持通过信息系统接口形式实现数据接入。

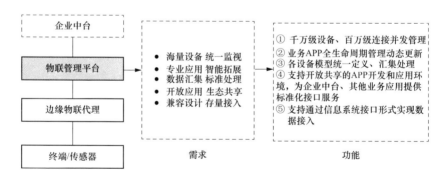

图4-1 物联网平台技术能力要求

4.2 技术架构

物联网平台在管理信息大区基于企业管理云按照总部—省公司两级部署，

包括总部物联网平台和省级物联网平台。总部、省公司两级物联网平台之间通过远程调用、消息总线和文件复制等方式实现物联管理数据传输和协同计算。对于感知层各类终端采集数据，省公司侧由物联网平台传输至省公司数据中台，再由省公司数据中台上传至总部数据中台。总部物联网平台实现对物联数据的全网感知，对各省公司物联网平台"监而不控"。

物联网平台在互联网大区基于三地数据中心公共服务云按照总部一级部署，即为总部物联网平台，主要实现总部侧物联管理功能及平台各类通用功能，支撑总部、直属单位和省公司综合能源服务、数据运营等新业态探索创新，构建经济高效的感知体系，充分发挥公司枢纽型、平台型的企业优势，实现共享价值。

4.3 功能架构

物联网平台功能架构如图 4-2 所示。

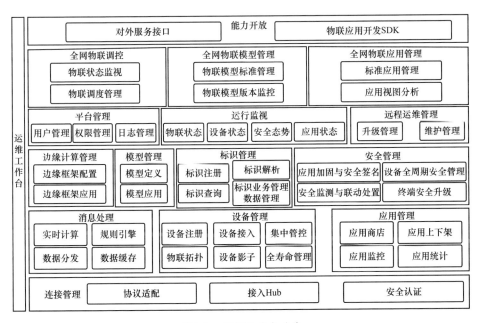

图4-2 物联网平台功能

4.3.1 总部专有功能

总部物联网平台专有功能包括全网物联调控、全网物联模型管理、全网边缘应用管理。

（1）全网物联调控。

1）物联状态监视。支持总部平台与省市公司平台之间的管理与监控数据以及界面的互通，实现对全网物联管理业务的统计分析、报表展示、监控告警等功能。支持数据下发至省市公司物联应用场景。总部系统应第一时间获取各省物联异常状态并直观展示各省各台区物联运行状态，实现关键指标分析报表在总部信调大屏和国网信通公司调度大屏的展示。

2）物联调度管理。通过管理流程支持总部调度各省管理部门上下联合开展相关工作。

（2）全网物联模型管理。按照总部一级管控开展全网物模型的标准化管理与版本监控。

（3）全网边缘应用管理。

1）标准应用管理。支持全网标准化应用的全生命周期管理（上架、发布、更新、下架等），提供边缘物联代理上 APP 运行框架设计，支持各专业 APP 应用定制开发，实现多专业 APP 扩展应用。完成边缘 APP 可扩展模式设计，支撑 APP 的便捷部署与高效应用。

2）应用视图分析。通过全网标准化边缘应用商店，建立边缘应用开放生态，支持对边缘应用的全网版本监控、使用情况、评价分析等功能，促进生态良性发展。

4.3.2 通用功能

物联网平台通用功能包括连接管理、消息处理、设备管理、应用管理、运行监视、远程运维管理、边缘计算管理、模型管理、标识管理、安全管理、平台管理、能力开放、运维工作台等。

4.3.2.1 连接管理

连接管理主要实现物联网平台与边缘物联代理的连接通道适配与建立、安全认证及端口容量扩展等主要功能。物联网平台支持多种接入方式，包括边缘物联代理（Ⅰ型）直接接入、采集终端通过边缘物联代理（Ⅱ型）接入、从边缘物联代理（Ⅲ型）接入、存量终端或业务系统定制化接入等。

（1）协议适配。支持 IPv4、IPv6 通信连接，实现边缘物联代理、子设备间拓扑的自动发现与管理，并支持通过 MQTT、CoAP、HTTP 等协议实现上述设备到物联网平台的连接管理。对于存量系统可以通过定制化接口方式接入物联网平台。

（2）接入 Hub。负责响应边缘物联代理的物联接入请求，并支持资源的弹性管理以匹配不同数量级别的连接需求。

（3）安全认证。负责对连接物联网平台的边缘物联代理进行安全认证，物联设备连接过程采用基于数字证书的方式实现物联网平台与边缘物联代理的双向身份认证，管理信息大区物联网平台采用基于国密算法的 VPN 方式接入，部署在互联网大区的物联网平台应支持通用的 VPN 方式接入。

4.3.2.2 消息处理

（1）规则引擎。应支持通过规则引擎实现数据标准化转换规则定义和数据分发路由的定义与驱动。

（2）数据分发。应支持将设备上报的消息或数据报文根据规则分发或透传到对应的消息队列、第三方服务、业务系统接口等。实现平台所收到的消息与报文可被业务应用直接订阅，同时支持边缘物联代理上报的消息与报文直接透传至上层业务应用直接使用。

（3）实时计算。根据规则引擎定义或物模型定义的规则，可通过实时计算实现对消息或数据报文的校验与标准化处理。

（4）数据缓存。为了提升物联的数据可靠性，达到故障录波的等同效果，平台应对短周期内的消息与报文进行缓存，以备不时之需。支持各类符合国

103

网技术要求的数据库，例如：MySQL、Cassandra、MongoDB 等多形态的关系型、时序型、内存型数据库。数据缓存应提供对应的接口供外部对缓存数据进行只读访问。

4.3.2.3 设备管理

设备管理模块是物联网平台的核心功能，应该提供与设备管理相关的所有管理与控制功能，是物联设备的集中管理工具。

（1）设备注册：应满足各种类、各形态的采集终端、边缘物联代理在平台中的注册与设备基本信息的登记，在技术条件满足的情况下，尽可能地实现自动注册。平台对合法注册的设备进行 CA 证书、物联网平台证书、VPN 网关证书的安全分配。

（2）设备接入。应提供符合设备接入需求的消息队列或其他相关资源，支持各种类型、各种形态的设备的数据上报与指令下发。同时设备需要按照物联网平台要求定期上报各类状态信息。

（3）集中管控。平台应提供对设备的集中管控功能，实现对接入设备的基本信息、在线运行状态、上报数据、控制与管理、配置的下发与更新、远程管理与控制等功能，同时与国家电网有限公司安全相关系统或物联安全模块紧密结合，实现设备的安全接入控制，防范各类物联安全风险，实现对广大物联设备的精细化与高效集中管理。

（4）物联拓扑。平台应提供图形化的功能，形象直观地展示物联设备的拓扑关系，可以按照区域、台区、站房等多颗粒度多层级进行按需展示。

（5）设备影子。平台应提供真实物联设备相关信息的逻辑缓存，用于存储设备上报状态、应用程序期望状态信息。实现对采集终端、边缘物联代理的异步管理，进而提高整体管理质量与效率。

（6）全寿命管理。平台应与 ERP 系统配合实现对采集终端、边缘物联代理的全寿命周期的管理。

4.3.2.4　应用管理

（1）应用商店。应用商店是物联应用的集中获取处，应提供应用的介绍与相关评价信息，同时可以向符合国家电网有限公司要求的边缘物联代理下发指定的应用。

（2）应用上下架。平台应提供应用的上架、下架等与应用 APP 相关的全生命周期的管理功能，所有的物联应用的上架、下载、运行、下架、证书发放等功能均应在应用商店中有对应的标准化管理流程，总部应用商店主要负责全网标准化应用，省公司应用商店主要负责省内标准化应用，同时支持总部与省公司应用商店间的应用与相关信息同步。

（3）应用监控。平台可以按照单一应用监控该应用在各类设备中的运行情况与安全状态。

（4）应用统计。应提供应用 APP、应用下载、应用运行以及相关的统计信息。

4.3.2.5　运行监视

运行监控模块支持对采集终端、边缘物联代理、存量系统等通信连接在线状态、设备运行状态、物联状态、安全风险、应用运行等状态的在线监控，及时地获取相关异常数据并推送至相关管理职能人员处；同时支持对物理管理平台自身的技术组件运行的监控、统计与分析。

（1）物联状态监视：应针对智慧物联体系中关键的边缘物联代理相关的物联消息状态、物联通信以及物联网平台的相关组件的运行状态进行整体性的物联状态监视。

（2）设备状态监视：应提供针对物联设备的运行状态进行监视的功能。

（3）应用状态监视：应提供运行在采集终端、边缘物联代理设备容器中的应用的运行状态进行监视的功能。

（4）安全态势监视：与国网 S6000 系统协同，提供从安全视角出发的物联安全态势的监视功能。

4.3.2.6　远程运维管理

（1）升级管理。平台应提供相关的运维功能与工具，方便管理人员查看采集终端、边缘物联代理内的应用信息；提供在线获取物联设备、应用的运行信息，并开展应用在线升级的功能。

（2）维护管理。针对个别异常的采集终端与边缘物联代理装备，平台应提供远程诊断与维护的功能。

4.3.2.7　边缘计算管理

（1）边缘框架配置。边缘计算管理模块支持对边缘物联代理的消息队列和规则引擎、设备注册、任务调度等组件配置；同时支持对规则引擎图形化配置。

（2）边缘框架应用。边缘框架支持对子设备的模型管理、信息的添加、删除、修改、查询、上下线状态的监视；支持根据边缘物联代理的子设备上下线状态动态更新边缘物联代理与子设备拓扑关系，支持各类边缘 APP 应用的函数运算支持。

4.3.2.8　模型管理

模型管理是物联网平台的数据标准化驱动，主要实现物联模型的定义和管理的核心功能。

物联模型是对物理空间中的实体设备数字化，并在物联平台中构建该实体的数据模型，主要规范物理实体（设备、应用服务、业务系统）在网络空间中的映像及相互关系，包括静态属性数据描述，运行状态等动态数据描述，以及物理实体之间相互作用及激励关系的规则描述。各类设备、应用及业务系统的数据上报、数据解析、数据存储及数据转发和数据应用依赖统一的模型数据支撑，从而在源头实现物理实体运行类数据和业务类数据的统一采集、校验、缓存及转发。

物联模型的业务逻辑如图 4-3 所示。

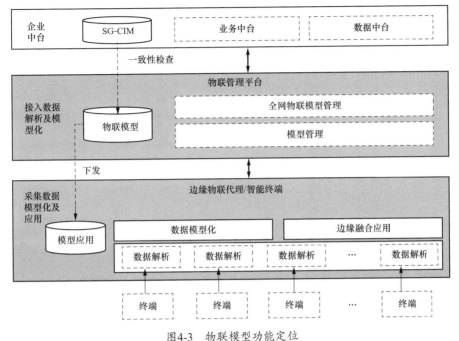

图4-3 物联模型功能定位

物联模型在每一部分主要实现的业务范围包括：

（1）边缘物联代理。边缘物联代理、采集（控制）终端感知对象数据采集，按照标准建模方法进行模型化，支撑边缘融合应用。

（2）物联网平台。接入数据按照模型进行解析，平台提供物联模型的定义和管理，在总部部署的物联网平台还提供全网物联模型标准管理和版本监控功能。

（3）与SG-CIM模型关系。物管平台中的物联模型是由SG-CIM或业务部门、应用部门进行定义和审核，并由SG-CIM进行统一制定和一致性校验。

物联模型管理的主要功能包括以下内容：

（1）全网物联模型管理。

1）物模型标准管理。按照总部一级管控模式，开展全网物模型的标准化管理工作，基于SG-CIM数据模型标准化管理边缘物联代理、采集（执行）终端、汇聚节点的物模型，实现全网范围内对各类接入设备属性（标识、型号、

107

位置等)、服务(数据采集、汇集计算等)、事件(固件升级、应用更新等)的标准化定义。

2)物模型版本监控。支持总部对全网物模型进行版本监控,支持与各省系统进行标准化模型的同步与更新。

(2)模型管理的通用功能。

1)物联模型定义。物联模型定义主要是实现物联模型的新增,同时定义属性、服务和事件三个维度信息,具体包括物理实体属性名、数据类型、长度、取值范围等属性信息定义;物理实体的事件名、事件类型、发生时间、事件描述、事件等级等事件信息定义;物理实体的服务名、服务调用方式、服务地址、入参、出参等服务信息定义。

2)物联模型应用。物联模型校验转换,提供根据物联模型对实时采集的数据进行格式转换、对实时采集的数据进行校核、对入库的数据进行校验等模型标准化校验与转换的应用功能;物联模型增删改查;物联模型版本管理:针对物联模型修改记录进行维护并保存每次维护的结果,形成模型版本库;物联模型下发:将新增或更新后模型下发至具体边端智能设备,保证物联网平台与边端设备的模型一致性。

4.3.3 模型规范

模型规范的主题域包括属性、事件、服务。

(1)属性。属性主要描述设备或业务应用的配置信息、性能指标及运行状态,比如设备的硬件架构、内存、磁盘容量、设备的上下线状态或业务应用的采集数据等。通过对属性的定义,可明确设备或应用的类型,可实现对设备或应用各类运行信息的转义、校验及数据清洗。属性包含电力物联终端实体的静态属性和扩展属性。主要支持 GET 和 SET 请求方式,可响应外部对属性的读取和设置请求。

(2)事件。事件是指终端实体主动上报的业务事件和安全类事件。主要是指设备或应用正常运行时产生的事件，一般分为普通信息、告警信息及日志信息。信息可包含多项输出参数。例如某项服务调用结束的返回信息，设备或应用运行发生异常的告警信息以及各类服务调用的日志信息等。

（3）服务。服务是指电力物联终端接受的控制命令，并作出响应，服务由业务部门给出定义。主要是描述设备或应用可被外部调用的能力或方法，支持设置输入参数和输出参数。服务可以通过执行具体的指令实现复杂的业务逻辑，实现特定要求。例如在获取应用硬盘使用情况基础上，如果判断硬盘使用率过高，则通过调用 Docker 容器资源扩充服务直接实现存储资源扩充。

4.3.3.1 标识管理

（1）标识注册。主要包括物联标识编码的规划、申请与分配、使用情况反馈、生命周期管理、标识有效性管理，标识分配使用情况的信息收集以及标识关联信息的收集等功能，并提供产品和设备标识的注册变更、实名审核、运营统计等服务功能。

（2）标识解析。主要是为其分配的标识提供公共解析服务。在其标识解析功能中配置该分配标识相应的路由信息，路由信息即为标识所对应的服务器地址信息。

（3）标识查询。物联网平台对标识关联信息设定不同权限，对数据共享范围实现权限控制。用户基于物联网平台查询标识关联的详细信息，物联网平台通过访问自有数据库进行查询，根据用户权限和已定义的可共享数据内容，返回该标识关联的权限范围内的相关数据。

（4）标识业务管理、数据管理。标识业务管理完成物联标识注册和标识解析相关的用户管理和审核功能。其中，用户管理功能用于管理平台管理员、企业用户和审核员；审核功能主要是确保平台中注册标识的有效性，即审核该标识对应的产品、设备是否真实存在。标识数据管理完成对自身的标识编码元数据、标识注册信息、标识分配信息、标识解析日志等数据进行管理的功能。围绕标识业务数据，开展标识应用数据统计分析、数据挖掘等管理功能。

4.3.3.2 安全管理

物联网平台主要实现安全策略下发、边缘物联代理和采集终端等设备、移动 APP 应用的安全管控，包括终端安全升级、APP 应用加固及安全签名、设备全生命周期安全管理以及安全监测和联动处置等模块。

物联网平台作为安全防护的关键，承担各类安全策略制定下发、安全防护管理等核心功能，应能够对物联网感知层设备和应用等进行全面管控，其主要具备以下安全能力。

（1）建立设备全周期安全管理模块，对接入边缘物联代理、采集终端等设备进行全生命周期安全管理，重点实现设备初始化、注册、上线、离线和销毁等阶段安全管理和异常状态监测。

（2）建立 APP 应用加固和安全签名模块，对研发厂商发布的终端 APP 应用进行安全认证，防止非法 APP 应用发布到物联网平台。制定终端 APP 应用加固策略，通过下发至各类终端，实现对 APP 应用的安全加固，降低 APP 隐患漏洞风险。

（3）建立终端安全升级模块，与公司统一漏洞管理平台等进行对接，准确掌握终端漏洞情况。制定并下发终端升级内容，对管辖范围内的边缘物联代理和物联网终端进行升级，升级内容包括但不限于漏洞补丁、配置、应用和固件。升级内容正式部署前应进行功能和安全测试。

（4）物联网平台应能与边缘物联代理进行协同联动，实现安全策略的下发与更新，通过边缘物联代理实现安全措施落地。物联网平台应与 S6000 进行对接，纳入公司统一安全监测体系，实现对物联管理体系安全的有效监控。

（5）物联网平台应通过数据加密、权限控制等措施做好存储数据的安全防护，同时应加强数据业务应用之间的传输安全防护。强化物联网平台的本体安全，通过身份认证、权限控制、资源控制等措施，同时可采用可信计算技术，重点强化物联网平台各类接口安全。

4.3.3.3　平台管理

（1）用户管理：平台管理模块支持物联管理业务相关的用户的管理，采用国网信息化系统标准 ISC 组件，可以与国网门户实现单点登录。

（2）权限管理：采用国网信息化系统标准 ISC 组件，支持国网统一权限管理，同时按照物联网平台的等保要求，提供必要的业务操作审计功能。

（3）日志管理：平台应提供物联接入到物联数据上报过程中的所有日志的管理功能。

4.3.3.4　能力开放

支持与业务系统或者数据中台进行集成调用的数据接口与服务接口，提供物联应用快速开发构建的基础 SDK，包括设备标识、数据模型、应用接口等。

4.3.3.5　运维工作台

支持通用性与个性化相结合的运维工作台，方便管理人员通过系统组件开展各类运维工作。

IOT

物联网平台技术
在能源互联网中的应用

物联网平台开源
软件技术

5.1 开源软件概述

5.1.1 开源软件概念

开源即开放一类技术或一种产品的源代码、源数据、源资产，可以是各行业的技术或产品，其范畴涵盖文化、产业、法律、技术等多个社会维度。如果开放的是软件代码，一般被称作开源软件。开源经过形成时期、古典时代、移动时代到云开源时代的不断发展，开源产业链条已经逐渐形成，其中涉及的企业类型包括自发开源企业、开源产品企业和开源用户企业。

5.1.2 开源软件生态发展现状

开源数量持续攀升，我国开源覆盖全栈技术领域。全球开源项目数量呈指数级增长，且活跃的开源项目主要集中在新兴技术领域，其中我国自发开源项目覆盖全栈技术领域，涵盖底层操作系统、物联网操作系统和编译器，中间层边缘计算、容器、数据库和大户数据，上层前端开发、移动开发等，以及人工智能、运维和其他热门开源项目，走向国际。

开源占据各领域主要市场份额，我国开源应用逐年攀升。在全球基础软件领域，开源占据主要市场份额，在新兴技术领域，开源也成为主要的技术流通路径。我国开源软件应用比例略有提升，根据中国信息通信研究院调查显示，2019 年我国企业已经使用开源技术的企业占比为 87.4%，比 2018 年增长 0.7%，我国企业对开源技术的接受程度较高，使用开源技术已成为主流。节约成本，大大缩短应用部署时间，是我国企业选择开源技术最主要的原因。

开源企业数量保持稳定增长，我国企业呈现主动开源趋势。近两年来，我国头部科技公司贡献大量开源项目，百度、阿里、腾讯和华为等企业开源数量连年增长。技术共建是我国企业参与开源的主要动机，不过大范围发起开源的企业仍占少数。

各行业开源生态已经形成，我国行业积极拥抱开源。根据新思科技发布的《2020 开源安全与风险分析报告》中调查显示，在可扫描的代码范围内，在互联网和软件基础设施行业以及物联网行业的代码库中分别有 83.4% 和 82.1% 是开放源代码，互联网、金融、软件和信息技术服务行业是开源服务企业主要的服务对象。

开源风险问题凸显，成为开源应用屏障。目前存在漏洞的开源软件占比较高，而开源软件最致命的安全问题大多来源于漏洞，根据新思科技公司发布的《2020 开源安全与风险分析报告》显示，75% 的代码库至少含有一个漏洞，49% 的已审核代码库包含高风险漏洞。因此，出于安全性考虑成为我国企业尚未应用开源技术的最主要原因。

全球开源治理理念兴起，我国初步形成开源治理模式。开源治理是针对开源引入过程、自发开源过程、开源社区维护等方面的一套流程体系，是推动开源生态良性发展的有效手段。全球部分企业正在规划开源办公室，我国企业也逐步关注统一开源管理，这其中，开源软件数量庞大是开源治理的主要难点。

开源配套政策正在完善，我国政策引导开源社区构建。全球正在通过政府采购市场调动开源生态，包括美国联邦政府、韩国政府、英国政府及澳大利亚政府相继推出相关政策法规，并引导产业关注开源风险问题。国际上各政府相关部门加大开源方面投入。我国政策关注开源社区健康发展，一方面国家层面鼓励产业加大开源投入，另一方面，地方政府关注开源社区及开源软件的创新使用。

5.1.3　开源软件产业发展趋势

科技类企业率先布局开源生态。开源逐渐成为科技公司抢占市场的有力机制，借助开源推广用户侧的事实标准，通过开源机制实现科技类公司的市场布局，建立上下游合作机制，扩大产业生态。我国科技类公司在跟随国际顶级开源项目的同时，积极推广自发开源项目，阿里、腾讯、华为、滴滴等科技公司纷纷成立开源管理办公室，负责公司对外开源的统筹规划，进行开源之前的合规检查及后续运营推广。截至 2019 年，阿里对外开源 150 个项目，腾讯对外开源 69 个项目。

开源的行业属性逐渐显现，开源用户尝试影响开源生态。国际顶级开源基金会多由软件厂商、硬件厂商等科技类公司重点参与，开源项目不一定完全解决用户实际生产需求，开源用户迫切需要加入开源生态并影响开源项目的发展走势，以满足用户实际生产需求。国际上已经成立金融科技开源基金会（Fintech Open Source Foundation，FINOS），开展金融领域的开源推进，拥有 30 余家会员单位、70 余个项目正在孵化；国内方面，中国信息通信研究院已经联合浦发银行等 10 余家金融机构及华为、腾讯等多家科技公司，共同成立了金融行业开源技术应用社区，孵化特定行业开源项目。

产业界逐渐关注开源风险问题，积极探索治理模式。自 2019 年以来，开源许可证变更事件频繁发生，我国企业对开源的风险问题逐渐关注，认识到开源存在知识产权，需要关注合规问题，同时有一定的使用规则和允许的商业模式，企业需要事前摸清在哪些场景能够使用开源，会产生哪些额外的费用和投入，我国对开源的认识由盲目的引入转变为理性的引入，积极探索治理模式，应对开源风险。

全球工业互联网领域在物联网方向开源投入积极。目前，工业互联网积极布局开源项目，主要侧重 IoT 领域。龙头企业正在尝试基于通用开源软件建立工业互联网领域开源生态，西门子在 Github 上的自发开源项目为 38 个，涉及 IoT2000 设备硬件特性管理等项目。GE 的开源策略经历了三个主要阶段：① 依赖技术投资阶段，GE 与 EMC 联合向 Cloud Foundry 架构供应商 Pivotal 进行投资，以实现对关键技术的掌控；② 自发开源阶段，自 2016 开源工业互联网平台 Prefix，尝试建立类似 Android 生态；③ 开放社区阶段就是通过开放的 API 接口建立生态。IoT 领域开源软件逐渐兴起并多由创业公司发起，且 KAA、Zetta 等开源软件背后均有商业化服务。工业互联网领域开源协同机制已经形成，集中在边缘计算及物联网领域，如 Eclipse LOT 工作组，LE EDGE 工作组等。

5.1.4 典型开源物联网平台

Device Hive 平台提供一个支持设备连接到物联网的机器对机器通信框架。它支持创建基于 Web 的管理软件、应用安全规则和监控设备等。在部署方面，Device Hive 有各种各样的部署选项，不论是成熟的企业还是小型的初创企业均适合使用，使用 Docker Compose 和 Kubernetes 部署选项，可以使用私有云、公有云或混合云进行部署，并支持从单个虚拟机扩展到企业级集群。在扩展性方面，Device Hive 允许考虑业务开发，而不拘泥于某种技术形式，Device Hive 采用最佳软件设计实践，引入了由 Kubernetes 管理和编排的基于容器的面向服务的架构方法，该架构方法带来了高度精细的可扩展性和可用性，能够在几秒钟内扩展以处理不断增长的业务量。在连接性方面，Device Hive 通过 RESTAPI、Web Socket 接口或 MQTT 协议可以连接任何设备，且 Device Hive 支持用各种编程语言编写的库，包括 Android 和 IOS 库，平台与设备无关。在集成性方面，Device Hive 通过使用支持的协议和插件服务特性，可以轻松地与任何其他设备云或平台集成，可以在界面直接与选择的可视化仪表板进行集成，更进一步的还可以通过运行自定义的 javascript 代码来定制 Device Hive 行为。在数据分析方面，Device Hive 提供了快速构建分析的基础，可以利用以下大数据解决方案：ElasticSearch、Apache SPark、Cassandra 和 Kafka 来进行实时和批量处理，它附带了 Apache SPark 和 Spark Streaming 支持，这意味着可以在设备数据之上运行批处理分析和机器学习。

Things Board 是一个开源的物联网平台，用于数据收集、处理、可视化展示以及设备管理。Things Board 使用行业标准物联网协议（MQTT、CoAP 和 HTTP）实现设备连接，并支持云和本地部署。Things Board 结合了可扩展性和容错性，因此永远不会丢失数据。Things Board 提供设备和资产的管理：通过丰富的服务器端 API 以安全的方式配置、监控和控制 IoT 实体，定义设备、资产、客户或任何其他实体之间的关系。Things Board 收集数据并对数据进行可视化展示，以可扩展和容错的方式收集和存储遥测数据。使用内置或自定义小部件和灵活的仪表板对数据进行可视化，并支持与客户共享仪表板。支持定义数据处理规则链，转换并规范化设备数据。提供传入遥测事件、属性更新及设备不活动和用户操作的警报。Things Board 支持集群部署，并通过新的微服务架构获得最大的可扩展性和容错能力。

Open Remote 是打造住宅和商业楼宇自动化的软件集成平台。Open Remote 平台与自动化协议无关，可在现成的硬件上运行，并在开源许可下免费提供。Open Remote 架构可以使楼宇成为完全自主和独立于用户的智能建筑。终端用户控制接口可用在苹果和安卓设备上，以及具有现代 Web 浏览器的设备。人机交互界面设计、安装管理和配置可以通过 Open Remote 的基于云的设计工具进行远程处理。

SiteWhere 提供了一个完整的平台，来管理物联网设备、收集数据并用外部系统进行数据整合。SiteWhere 发行版本可以下载或在亚马逊云中使用。它还集成了多个大数据工具，包括 MongoDB 和 ApacheHBase。

Thing Speak 可以处理 HTTP 请求，并存储和处理数据。该平台可以提供开放应用程序、实时数据收集、地理位置定位、数据处理和可视化、设备状态信息和插件等功能。它可以集成多个硬件和软件平台，包括 Arduino、树莓派、ioBridge/RealTime.io、Electic lmp、移动和网络应用、社会网络和MATLAB 数据分析。除了开源版本，还提供托管服务。

5.2 通信协议

随着物联网设备数量的持续增加，这些设备之间的通信或连接已成为一个重要的思考课题。通信对物联网来说十分常用且关键，无论是近距离无线传输技术还是移动通信技术，都影响着物联网的发展。而在通信中，通信协议尤其重要，是双方实体完成通信或服务所必须遵循的规则和约定。本书介绍了几个可用的物联网通信协议，它们具有不同的性能、数据速率、覆盖范围、功率和内存，而且每一种协议都有各自的优点和或多或少的缺点。其中一些通信协议只适合小型家用电器，而其他一些通信协议则可以用于大型智慧城市项目。将物联网通信协议分为接入协议和通信协议两大类。接入协议一般负责子网内设备间的组网及通信；通信协议主要是运行在传统互联网 TCP/IP 协议之上的设备通信协议，负责设备通过互联网进行数据交换及通信。

5.2.1 物理层、数据链路层协议

5.2.1.1 远距离蜂窝通信

（1）2G/3G/4G 通信协议，分别指第二、三、四代移动通信系统协议。

（2）NB-IoT 窄带物联网（Narrow Band Internet of Things，NB-IoT）成为万物互联网络的一个重要分支。NB-IoT 构建于蜂窝网络，只消耗大约 180kHz 的带宽，可直接部署于 GSM❶网络、UMTS 网络或 LTE 网络，以降低部署成本、实现平滑升级。NB-IoT 聚焦于低功耗广覆盖（LPWA）物联网（IoT）市场，是一种可在全球范围内广泛应用的新兴技术。具有覆盖广、连接多、速率快、成本低、功耗低、架构优等特点。

应用场景：NB-IoT 网络带来的场景应用包括智能停车、智能消防、智能水务、智能路灯、共享单车和智能家电等。

（3）第五代移动通信技术（5G）是最新一代蜂窝移动通信技术。5G 的性能目标是高数据速率、减少延迟、节省能源、降低成本、提高系统容量和大规模设备连接。

应用场景：AR/VR、车联网、智能制造、智慧能源、无线医疗、无线家庭娱乐、联网无人机、超高清 / 全景直播、个人 AI 辅助、智慧城市。

---

❶ GSM：全球移动通信系统，Global System for Mobile Communication 的缩写。

5.2.1.2 远距离非蜂窝通信

（1）WiFi。由于家用 WiFi 路由器以及智能手机的迅速普及，WiFi 协议在智能家居领域也得到了广泛应用。WiFi 协议最大的优势是可以直接接入互联网。相对于 ZigBee，采用 WiFi 协议的智能家居方案省去了额外的网关，相对于蓝牙协议，省去了对手机等移动终端的依赖。商用 WiFi 在城市公共交通、商场等公共场所的覆盖，展现了商用场景中 WiFi 的应用潜力。

（2）ZigBee。ZigBee 是一种低速短距离传输的无线通信协议，是一种高可靠的无线数传网络，主要特色有低速、低耗电、低成本、支持大量网上节点、支持多种网上拓扑、低复杂度、快速、可靠、安全。ZigBee 技术是一种新型技术，它最近出现，主要是依靠无线网络进行传输，能够近距离地进行无线连接，属于无线网络通信技术。ZigBee 技术的先天性优势，使得它在物联网行业逐渐成为一个主流技术，在工业、农业、智能家居等领域得到大规模的应用。

（3）LoRa。LoRa 是一种调制技术，与同类技术相比，提供更远的通信距离。广泛应用在 LoRa 网关，烟感、水监测、红外探测、定位传感器，智能排插等物联网产品中。作为一种窄带无线技术，LoRa 是使用到达时间差来实现地理定位的。LoRa 定位的应用场景：智慧城市和交通监控、计量和物流、农业定位监控。

5.2.1.3 近距离通信

（1）射频识别。射频识别的原理为阅读器与标签之间进行非接触式的数据通信，达到识别目标的目的。RFID 的应用非常广泛，典型应用有动物晶片、汽车晶片防盗器、门禁管制、停车场管制、生产线自动化、物料管理。完整的 RFID 系统由读写器（Reader）、电子标签（Tag）和数据管理系统三部分组成。

（2）近场通信技术（Near Field Communication，NFC）。近场通信技术是在非接触式射频识别技术的基础上，结合无线互连技术研发而成，它为我们日常生活中越来越普及的各种电子产品提供了一种十分安全快捷的通信方式。

NFC 中文名称中的"近场"是指临近电磁场的无线电波。

应用场景：应用在门禁、考勤、访客、会议签到、巡更等领域。NFC 具有人机交互、机器间交互等功能。

（3）蓝牙（Blue Tooth）。蓝牙技术是一种无线数据和语音通信开放的全球规范，它是基于低成本的近距离无线连接，为固定和移动设备建立通信环境的一种特殊的近距离无线技术连接。蓝 6、蓝牙协议才能在包括移动电话、掌上电脑（Personal Digital Assistant，PDA）、无线耳机、笔记本电脑、相关外设等众多设备之间进行无线信息交换。利用"蓝牙"技术，能够有效地简化移动通信终端设备之间的通信，也能够成功地简化设备与互联网之间的通信，从而数据传输变得更加迅速高效，为无线通信拓宽道路。

5.2.1.4　有线通信

（1）通用串行总线（Universal Serial Bus，USB）。通用串行总线是一个外部总线标准，用于规范电脑与外部设备的连接和通信，是应用在 PC 领域的接口技术。

（2）串口通信协议。串口通信协议是指规定了数据包的内容，内容包含了起始位、主体数据、校验位及停止位，双方需要约定一致的数据包格式才能正常收发数据的有关规范。在串口通信中，常用的协议包括 RS-232、RS-422 和 RS-485。串口通信是指外设和计算机间，通过数据线按位进行传输数据的一种通信方式。这种通信方式使用的数据线少，在远距离通信中可以节约通信成本，但其传输速度比并行传输低。大多数计算机（不包括笔记本）都包含两个 RS-232 串口。串口通信也是仪表仪器设备常用的通信协议。

（3）以太网。以太网是一种计算机局域网技术。IEEE 组织的 IEEE 802.3 标准制定了以太网的技术标准，它规定了包括物理层的连线、电子信号和介质访问层协议的内容。

（4）MBus。MBus 远程抄表系统（Symphonic Mbus）是欧洲标准的二线制总线系统，主要用于消耗测量仪器诸如热表和水表系列。

5.2.2 网络层、传输层协议

（1）IPv4。互联网通信协议第四版，是网际协议开发过程中的第四个修订版本，也是此协议第一个被广泛部署的版本。IPv4 是互联网的核心，也是使用最广泛的网际协议版本

（2）IPv6。互联网协议第六版，由于 IPv4 最大的问题在于网络地址资源有限，严重制约了互联网的应用和发展。IPv6 的使用不仅能解决网络地址资源数量的问题，也解决了多种接入设备连入互联网的障碍。

（3）传输控制协议（Transmission Control Protocol，TCP）。传输控制协议是一种面向连接的、可靠的、基于字节流的传输层通信协议。TCP 旨在适应支持多网络应用的分层协议层次结构。连接到不同但互联的计算机通信网络的主计算机中的成对进程之间，依靠 TCP 提供可靠的通信服务。假设 TCP 可以从较低级别的协议获得简单的，可能不可靠的数据报服务。

（4）6LoWPAN。6LoWPAN 是一种基于 IPv6 的低速无线个域网标准，即 IPv6 over IEEE 802.15.4。

5.2.3 应用层协议

5.2.3.1 消息队列遥测传输协议

消息队列遥测传输协议（Message Queuing Telemetry Transport，MQTT）是一种基于发布 / 订阅（Publish/Subscribe）模式的"轻量级"通信协议，该协议构建于 TCP/IP 协议上，由 IBM 在 1999 年发布。MQTT 最大优点在于，可以以极少的代码和有限的带宽，为连接远程设备提供实时可靠的消息服务。作为一种低开销、低带宽占用的即时通信协议，使其在物联网、小型设备、移动应用等方面有较广泛的应用。

MQTT 是一个基于客户端—服务器的消息发布 / 订阅传输协议。MQTT 协议是轻量、简单、开放和易于实现的，这些特点使它适用范围非常广泛。在很多情况下，包括受限的环境中，如机器与机器（M2M）通信和物联网（IoT），

通过卫星链路通信传感器、偶尔拨号的医疗设备、智能家居及一些小型化设备中已广泛使用。

由于物联网的环境是非常特别的，所以 MQTT 遵循以下设计原则：

（1）精简，不添加可有可无的功能。

（2）发布 / 订阅模式，方便消息在传感器之间传递。

（3）允许用户动态创建主题，零运维成本。

（4）把传输量降到最低以提高传输效率。

（5）把低带宽、高延迟、不稳定的网络等因素考虑在内。

（6）支持连续的会话控制。

（7）理解客户端计算能力可能很低。

（8）提供服务质量管理。

（9）假设数据不可知，不强求传输数据的类型与格式，保持灵活性。

MQTT 协议是为工作在低带宽、不可靠网络中的远程传感器和控制设备通信而设计的协议，它具有以下主要的几项特性：

（1）使用发布 / 订阅消息模式，提供"一对多"的消息发布，解除应用程序耦合。这一点很类似于 XMPP，但是 MQTT 的信息冗余远小于 XMPP，因为 XMPP 使用 XML 格式文本来传递数据。

（2）对负载内容屏蔽的消息传输。

（3）使用 TCP/IP 提供网络连接。主流的 MQTT 是基于 TCP 连接进行数据推送的，但是同样有基于 UDP 的版本，叫做 MQTT-SN。这两种版本由于基于不同的连接方式，优缺点自然也就各有不同了。

（4）有三种消息发布服务质量：

1）"至多一次"，消息发布完全依赖底层 TCP/IP 网络。会发生消息丢失或重复。这一级别可用于如下情况：环境传感器数据，丢失一次读记录无所谓，因为不久后还会有第二次发送。这一种方式主要使用普通 APP 的推送，倘若智能设备在消息推送时未联网，推送过去没收到，再次联网也就收不到了。

2）"至少一次"，确保消息到达，但消息重复可能会发生。

3）"只有一次"，确保消息到达一次。在一些要求比较严格的计费系统中，可以使用此级别。在计费系统中，消息重复或丢失会导致不正确的结果。这种最高质量的消息发布服务还可以用于即时通信类的 APP 的推送，确保用户收到且只会收到一次。

（5）小型传输，开销很小（固定长度的头部是 2 字节），协议交换最小化，以降低网络流量。它非常适合"在物联网领域，传感器与服务器的通信，信息的收集"，因为嵌入式设备的运算能力和带宽都相对薄弱，使用这种协议来传递消息再适合不过了。

（6）具备使用遗言机制（Last Will）和遗嘱机制（Testament）特性通知有关各方客户端异常中断的机制。遗言机制用于通知同一主题下的其他设备发送遗言的设备已经断开了连接。遗嘱机制的功能类似于遗言机制。

实现 MQTT 协议需要客户端和服务器端通信完成，在通信过程中，MQTT 协议中有三种身份：发布者（Publish）、代理（Broker，服务器）、订阅者（Subscribe）。其中，消息的发布者和订阅者都是客户端，消息代理是服务器，消息发布者可以同时是订阅者。MQTT 传输的消息分为主题（Topic）和负载（Payload）两部分。

（1）主题（Topic），可以理解为消息的类型，订阅者订阅（Subscribe）后，就会收到该主题的消息内容。

（2）负载（Payload），可以理解为消息的内容，是指订阅者具体要使用的内容。

在 MQTT 协议中，一个 MQTT 数据包由固定头（Fixed Header）、可变头（Variable Header）、消息体（Message Body）三部分构成。MQTT 数据包结构如下：

（1）固定头（Fixed Header）。存在于所有 MQTT 数据包中，表示数据包类型及数据包的分组类标识。

（2）可变头（Variable Header）。存在于部分 MQTT 数据包中，数据包类型决定了可变头是否存在及其具体内容。

（3）消息体（Message Body）。存在于部分 MQTT 数据包中，表示客户端收到的具体内容。

5.2.3.2　CoAP 协议

CoAP（Constrained Application Protocol）是一种在物联网世界的类 Web 协议，适用于需要通过标准互联网网络进行远程控制或监控的小型低功率传感器、开关、阀门和类似的组件，服务器对不支持的类型可以不响应。它的详细规范定义在 RFC 7252。CoAP 译为"受限应用协议"，顾名思义，使用在资源受限的物联网设备上。物联网设备的 ram、rom 都通常非常小，运行 TCP 和 HTTP 是不可以接受的。

CoAP 协议特点：

（1）CoAP 协议网络传输层由 TCP 改为 UDP。

（2）它基于 REST，server 的资源地址和互联网一样，也有类似 url 的格式，客户端同样有 POST、GET、PUT、DELETE 方法来访问 server，对 HTTP 做了简化。

（3）CoAP 是二进制格式的，HTTP 是文本格式的，CoAP 比 HTTP 更加紧凑。

（4）轻量化，CoAP 最小长度仅仅 4bit，一个 HTTP 的头都几十个比特了。

（5）支持可靠传输，数据重传，块传输。确保数据可靠到达。

（6）支持 IP 多播，即可以同时向多个设备发送请求。

（7）非长连接通信，适用于低功耗物联网场景。

CoAP 协议有 4 种消息类型：

（1）CON——需要被确认的请求，如果 CON 请求被发送，那么对方必须做出响应。这有点像 TCP，对方必须给确认收到消息，用以可靠消息传输。

（2）NON——不需要被确认的请求，如果 NON 请求被发送，那么对方不必做出回应。这适用于消息会重复频繁的发送，丢包不影响正常操作。这个和UDP很像。用以不可靠消息传输。

（3）ACK——应答消息，对应的是 CON 消息的应答。

（4）RST——复位消息，可靠传输时候接收的消息不认识或错误时，不能回 ACK 消息，必须回 RST 消息。

CoAP 消息格式：

（1）消息头（Head）。第一行是消息头，必须有固定 4 个字节。其中：

Ver：2bit，版本信息，当前是必须写 0x01。

T：2bit，消息类型，包括 CON、NON、ACK、RST4 种。

TKL：4bit，令牌（Token）长度，当前支持 0~8bit 长度，其他长度保留将来扩展用。

Code：8bit，分成前 3bit（0~7）和后 5bit（0~31），前 3bit 代表类型。0代表空消息或者请求码，2 开头代表响应码。

Message ID：16bit，代表消息 MID，每个消息都有一个 ID，重发的消息MID 不变。

（2）Token（可选）。用于将响应与请求匹配。Token 值为 0 到 8 字节的序列（每条消息必须带有一个标记，即使它的长度为零）。每个请求都带有一个客户端生成的 Token，服务器在任何结果响应中都必须对其进行回应。Token类似消息 ID，用以标记消息的唯一性。Token 还是消息安全性的一个设置，使用全 8 字节的随机数，使伪造的报文无法获得验证通过。

（3）Option（可选，0 个或者多个）。请求消息与回应消息都可以有 0 到多个 Options。主要用于描述请求或者响应对应的各个属性，类似参数或者特征描述，比如是否用到代理服务器、目的主机的端口等。

（4）Payload（可选）。实际携带数据内容，若有，前面加 Payload 标识符"0xFF"，如果没有 Payload 标识符，那么就代表这是一个 0 长度的 Payload。如果存在 Payload 标识符但其后跟随的是 0 长度的 Payload，那么必须当作消息格式错误处理。

CoAP 的安全性是用 DTLS 加密实现的。DTLS 的实现需要的资源和带宽较多，如果是资源非常少的终端和极有限的带宽下可能不适用。DTLS 仅仅在单播情况下适用。

5.2.3.3　超文本传输协议

超文本传输协议（Hypertext Transfer Protocol，HTTP）是一种用于分布式、协作式和超媒体信息系统的应用层协议。HTTP 是万维网数据通信的基础。

HTTP 的发展是由蒂姆·伯纳斯 - 李于 1989 年在欧洲核子研究组织（European Organization for Nuclear Research，CERN）所发起的 HTTP 的标准制定由万维网协会（World Wide Web Consortium，W3C）和互联网工程任务组（Internet Engineering Task Force，IETF）进行协调，最终发布了一系列的RFC，其中最著名的是 1999 年 6 月公布的 RFC 2616，定义了 HTTP 协议中现今广泛使用的一个版本——HTTP 1.1。

2014 年 12 月，互联网工程任务组的超文本传输协议（Hypertext Transfer Protocol Bis，HTTPBis）工作小组将 HTTP/2 标准提议递交至 IESG 进行讨论，于 2015 年 2 月 17 日被批准。HTTP/2 标准于 2015 年 5 月以 RFC 7540 正式发表，取代 HTTP 1.1 成为 HTTP 的实现标准。

HTTP 是一个客户端终端（用户）和服务器端（网站）请求和应答的标准（TCP）。通过使用网页浏览器、网络爬虫或者其他的工具，客户端发起一个HTTP 请求到服务器上指定端口（默认端口为 80）。这个客户端为用户代理程序（User Agent）。应答的服务器上存储着一些资源，比如 HTML 文件和图像。这个应答服务器被称为源服务器（Origin Server）。在用户代理和源服务器中间可能存在多个"中间层"，比如代理服务器、网关或者隧道（Tunnel）。

尽管 TCP/IP 协议是互联网上最流行的应用，HTTP 协议中，并没有规定必须使用它或它支持的层。事实上，HTTP 可以在任何互联网协议上，或其他网络上实现。HTTP 假定其下层协议提供可靠的传输。因此，任何能够提供这种保证的协议都可以被其使用，也就是其在 TCP/IP 协议族使用 TCP 作为其传输层。

通常，由 HTTP 客户端发起一个请求，创建一个到服务器指定端口（默认是 80 端口）的 TCP 连接。HTTP 服务器则在那个端口监听客户端的请求。一旦收到请求，服务器会向客户端返回一个状态（比如"HTTP/1.1 200 OK"）以及返回的内容，如请求的文件、错误消息或者其他信息。

HTTP 协议定义 Web 客户端如何从 Web 服务器请求 Web 页面，以及服务器如何把 Web 页面传送给客户端。HTTP 协议采用了请求 / 响应模型。客户端向服务器发送一个请求报文，请求报文包含请求的方法、URL、协议版本、请求头部和请求数据。服务器以一个状态行作为响应，响应的内容包括协议的版本、成功或者错误代码、服务器信息、响应头部和响应数据。

以下是 HTTP 请求 / 响应的步骤：

（1）客户端连接到 Web 服务器。一个 HTTP 客户端（通常是浏览器）与 Web 服务器的 HTTP 端口（默认为 80）建立一个 TCP 套接字连接。

（2）发送 HTTP 请求。通过 TCP 套接字，客户端向 Web 服务器发送一个文本的请求报文，一个请求报文由请求行、请求头部、空行和请求数据四部分组成。

（3）服务器接受请求并返回 HTTP 响应。Web 服务器解析请求，定位请求资源。服务器将资源复本写到 TCP 套接字，由客户端读取。一个响应由状态行、响应头部、空行和响应数据四部分组成。

（4）释放连接 TCP 连接。若连接模式为 close，则服务器主动关闭 TCP 连接，客户端被动关闭连接，释放 TCP 连接；若连接模式为 keepalive，则该连接会保持一段时间，在该时间内可以继续接收请求。

（5）客户端浏览器解析 HTML 内容。客户端浏览器首先解析状态行，查看表明请求是否成功的状态代码。然后解析每一个响应头，响应头告知以下为若干字节的 HTML 文档和文档的字符集。客户端浏览器读取响应数据 HTML，根据 HTML 的语法对其进行格式化，并在浏览器窗口中显示。

5.2.3.4 分布式实时数据分发服务中间件协议

分布式实时数据分发服务中间件协议（Data Distribution Service，DDS）是分布式实时网络里的"TCP/IP"，用来解决实时网络中的网络协议互联，其作用相当于"总线上的总线"。

5.2.3.5 高级消息队列协议

高级消息队列协议（Advanced Message Queuing Protocol，AMQP）是一个提供统一消息服务的应用层标准高级消息队列协议，是应用层协议的一个开放标准，为面向消息的中间件设计。基于此协议的客户端与消息中间件可传递消息，并不受客户端 / 中间件不同产品、不同的开发语言等条件的限制。Erlang 中的实现有 RabbitMQ 等。

5.2.3.6 可扩展通信和表示协议

可扩展通信和表示协议（Extensible Messaging and Presence Protocol，XMPP）是一种基于标准通用标记语言的子集 XML 的协议，它继承了在 XML 环境中灵活的发展性。因此，基于 XMPP 的应用具有超强的可扩展性。经过扩展以后的 XMPP 可以通过发送扩展的信息来处理用户的需求，以及在 XMPP 的顶端建立如内容发布系统和基于地址的服务等应用程序。

5.3　消息队列

5.3.1　消息队列的常用公共名词介绍

（1）消息（Message）：存储在消息队列中的基本元素，生产者（Producer）把需要存储的消息推送到代理（Broker），然后消费者（Consumer）在需要的时候会自己主动到代理中取出消息。

（2）主题（Topic）：存储在消息队列中的相同类型的消息，统归在同一个主题下。

（3）生产者（Producer）：能够根据指定话题把消息推送到代理中，是传入网络日志数据的接口。

（4）消费者（Consumer）：通过订阅指定的话题，主动从相应的代理拉取数据，从而消费数据。

5.3.2　卡夫卡系统架构

卡夫卡（Kafka）是一个分布式、发布和订阅的消息队列系统。生产者生产消息并把指定话题的消息发布到消息集群中，消费者会主动到消息集群中订阅指定话题的消息，中间存储持久化消息的被称为代理。由于 Kafka 是无状态的消息队列，消息偏移量（offset）是存储在消费者中，用于记录当前消费者在 Kafka 中的消费状况。

图 5-1 展示了 Kafka 集群的消息发布和消费的典型系统架构模型，如果集群中的某个节点宕机，系统仍然可以正常提供服务，但是宕机节点上存储的信息就会丢失。由于 Kafka 是无状态的，那么就需要消费者来维护其在消息队列集群中消费的偏移量，这样就可以记录上次消费的状态。消息偏移量是增量

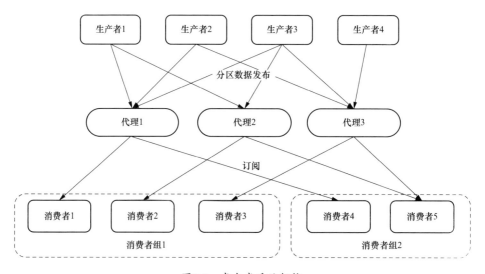

图5-1　卡夫卡系统架构

的，但不连续，所以在计算下一个消息位置的时候，要在其原来的偏移量上再加上当前消息的长度。

5.3.3　Rocket-MQ 简介及其基本架构

Rocket-MQ 基本组成包括服务器（Name Server）、代理（Broker）、生产者（Producer）、消费者（Consumer）四种节点，前两种构成服务端，后两种在客户端上。图 5-2 为 Rocket-MQ 架构图。Rocket-MQ 的代理、生产者、消费者和 Kafka 的功能基本一致，这里主要来说明 Name Server 的作用。Name Server 的主要作用是为生产者和消费者提供生产和消费的代理地址。随着代理集群的启动，Rocket-MQ 集群会向指定的服务器发起连接请求，然后代理会自动以 30s 为周期发送一次包含了目的主题消息的心跳信息，并且服务器也会主动的每隔 2min 去检测有无心跳，如果没有检测到心跳信息，连接会自动断开。当然如果代理挂掉，连接肯定也会断开。如果连接断开了，服务器也会很快感知到，然后就去更新主题和代理的关系。但是，并不会主动通知客户端。在启动客户端的时候，需要我们去指定一些服务器的具体地址，客户端就会自动与指定的服务器连接，如果连接失败，客户端会连接其他的服务器地址，连接完成后会每隔 30s 去查询主题的路由信息。

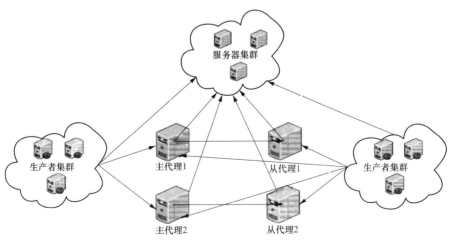

图5-2　Rocket-MQ架构图

5.3.4 Rabbit-MQ 简介及其基本架构

图 5-3 为官方给出的系统架构图模式，客户端 A 和客户端 B 即生产者，客户端 1、客户端 2、客户端 3 即消费者。Rabbit-MQ 与另外两种消息队列的不同之处主要在于它的代理是由交换集（Exchanges）与队列（Queues）两部分组成。

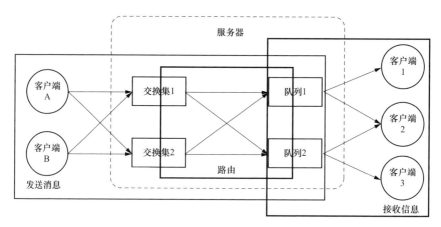

图5-3　Rabbit-MQ架构图

如图 5-3 所示，生产者生产的消息被推送到交换集中，然后系统通过路由（Routing Key）会找到这个消息应该被存储到哪个队列中。队列也是通过这个路由来做的绑定。接下来主要介绍一下 Rabbit-MQ 的消息是如何传输的，如果客户端发送的消息已经被消费者正确地接收到并消费掉了，那么这条消息就会被系统从队列中删除。当然也可以让同一个消息发送到很多的消费者。假如有一个队列没有被消费者订阅，此时若有数据需要存储到队列，这些数据会被系统缓存，直到有消费者订阅这个队列，数据会被立即发送到消费者并从队列中删除这条数据。

5.4　分布式服务总线

企业服务总线（Enterprise Service Bus，ESB）是基于面向服务的架构

（Service-Oriented Architecture，SOA）思想的企业业务集成的基础软件架构。第三方的程序组件能够以标准的方式"插入"到该平台上运行，组件之间能够以标准的消息通信方式进行交互。ESB 克服了传统 EAI 技术的缺陷，能够对各种技术和应用系统提供支持，具有很强的灵活性和可扩展性，具有良好的应用前景。

5.4.1 分布式企业服务总线

分布式企业服务总线系统主要组成部分有中心服务器（Ultra Server）、端服务器（Peer Server）和通信总线，系统架构如图 5-4 所示。

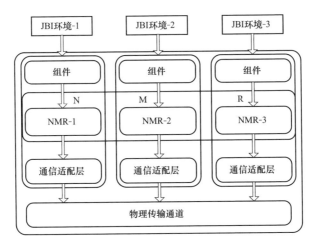

图5-4 分布式企业服务总线架构

每个端服务器都是符合 JBI❶ 规范的独立 JBI 环境，支持符合规范的程序组件的运行。各个端服务器在系统中处于对等的位置并共同构成分布式的企业服务总线。为了为总线提供全局路由信息和集中式的管理，本书引入了中心服务器，它负责同步和保存全局的消息路由信息，并实现对总线的集中式管理。通信总线负责不同端服务器之间的消息传输。

---

❶ JBI：Java 业务集成，Java Business Integration 的缩写。

5.4.2　分布式消息路由器

分布式企业服务总线设计的核心问题是如何实现不同端服务器节点上的组件之间的消息交互。在保持消息路由器对上层程序组件提供的接口不变的情况下，本书设计了分布式的消息路由器，其架构图如图5-5所示。

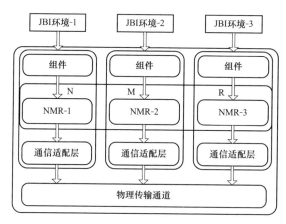

图5-5　分布式消息路由器

分布式 NMR 由物理上独立的多个 NMR 通过底层通信总线连接而成，在逻辑上可以将其看成跨节点的虚拟消息路由器。组件要与其他节点上的组件进行交互时，不考虑其他组件的位置，只须将服务请求消息发给本地的 NMR，由 DNMR 进行跨节点的消息转发。通信适配层用于屏蔽底层通信协议的差别，为 NMR 提供一致的消息传输接口。

5.4.3　消息传输策略

采用 JMS❶ 作为端服务器之间消息传输的通信总线，并采用如下的消息传输策略：

（1）当组件 A 的交互对象组件 B 同处一个 JBI 环境中时，由该节点上的消息路由器直接进行消息转发。当组件 A 和组件 B 不在同一个 JBI 环境时，

---

❶　JMS：Java 消息服务，Java Message Service 的缩写。

由组件 A 所在节点的 NMR 将消息通过 JMS 消息中间件发送至组件 B 所在节点的 NMR，再由该 NMR 转发给组件 B。

（2）每个 JBI 节点中的 NMR 在系统 JMS 消息服务器上都拥有属于自己 JBI 环境中 NMR 消息队列。该消息队列在端服务器启动后向中心服务器进行注册时由系统生成。每个 NMR 监听自己的消息队列，当发现有发给自己的消息时就进行处理，将该消息转发至目的组件。当 NMR 要将消息发送给其他节点的组件时，只须将该消息发送给该 NMR 对应的消息队列即可。

JMS 具有持久传输消息的能力，如果某个端服务器节点出现故障，该节点重新启动后仍然能够收到发给该节点的消息。这种消息持久传输能力为提高系统的可用性和错误恢复机制提供了良好的支持。

5.4.4　消息路由表生成和维护策略

NMR 是组件之间消息交互的中介，为了能将消息正确地发送至目的组件，NMR 必须具有消息路由的能力。在单 JBI 环境中，组件加载的时候会向 JBI 容器注册该组件提供的服务和接口信息，并注册服务和接口的端点（Endpoint）信息。端点是与具体组件对应的消息传输的具体目的地址。这些注册信息形成消息转发路由表。NMR 根据服务请求消息中的接口名或者服务名查找消息转发路由表，找到目的组件对应的端点，并进行消息转发。分布式企业服务总线需要解决在全局环境下消息转发的路由问题，因此，需要建立全局的消息转发路由表和实现全局范围内的路由发现。本书采用了如下的消息路由表生成和维护策略：

（1）中心服务器拥有全局信息的消息路由表，该消息路由表保存了服务、接口、端点到 JBI 容器的对应关系。

（2）每个端服务器的消息路由信息区分为内部端点与外部端点两类。内部端点保存本地的服务、接口和端点的对应关系。外部端点信息来自中心服务器全局信息的消息路由表。事实上在每个端服务器上都包含了全局的消息路由信息。

（3）端服务器启动时向中心服务器进行注册，注册的信息包括两部分：① 该 JBI 节点的 ID 以及相关的通信地址（JMS 通信地址）；② 其上的组件服务、接口和端点的信息。

（4）端服务器每激活、安装或者卸载一个组件的时候，除了要向本地 JBI 容器注册以外，都要将路由的变动信息通知中心服务器。

（5）中心服务器上的路由信息一旦发生变化，以增量的方式通知所有目前处于活动状态的端服务器路由的变化。

5.4.5　节点实效处理策略

在分布式总线环境中，服务总线中的各个节点都可能出现故障。为了提高系统的可用性，本书采用了如下的节点实效处理策略：

（1）中心服务器通过远程调用端服务器上的状态查询方法定时监控端服务器的状态。当中心服务器发现长时间无法获得端服务器的状态信息，认为该节点出现故障。中心服务器删除全局路由信息表中有关该端服务器的路由信息，并通知目前处于所有活动状态的端服务器更新路由信息表。

（2）当某个端服务器上的 NMR 发现消息目的地（组件、服务、接口或端点）不存在的时候，除了向消息源 NMR 返回 fault 消息外，还要向中心服务器发送路由失败消息，中心服务器根据该消息传输失败信息调整或者更新路由表。

（3）中心服务器在本地磁盘上保存当前注册到该节点上的所有处于活动状态的端服务器的注册信息。如果中心服务器节点出现故障，系统重新启动后，中心服务器向所有端服务器发送报告路由消息，各个节点重新向中心服务器汇报该节点上的路由信息。中心服务器会重新形成新的全局路由信息表。

5.4.6　集中式的服务总线的管理

在分布式企业服务总线环境中，为了实现对整个分布式总线的集中式管理，本书在中心服务器上引入了端服务器管理模块。每个端服务器遵循 JBI 规范通过 JMX**❶**（jsr208）管理该节点中的运行环境和组件，该管理模块向中心服务器暴露远程访问接口。中心服务器上的管理模块通过 JMX106 标准，远程调用端服务器节点上 Mbean 服务器（Mbean Server）实现对节点上 JBI 环境和组件的管理。管理部分的结构如图 5-6 所示。

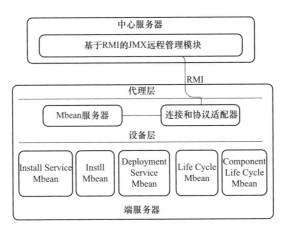

图5-6　分布式企业服务总线管理结构

　　按照 JMX 规范，将管理分为设备层、代理层和集中管理模块三层。设备层包括 JBI 环境中的组件和各种管理对象，代理层由 Mbean 服务器和连接器组成。Mbean 服务器是管理对象的注册中心，连接器负责连接远程管理模块，管理员通过管理工具与中心服务器管理模块交互。中心服务器上的远程管理模块通过端服务器提供的 JMXURL 与端服务器上的 Mbean 服务器建立连接，从而获得端服务器上被管理资源的详细信息，并将管理命令通过 RMI 协议传输到 Mbean 服务器，由 Mbean 服务器负责调用相应的 Mbean 执行具体的管理操作。

---

❶　JMX：Java 管理扩展，Java Management Extensions 的缩写。

5.5 复杂事件处理

复杂事件处理因网络环境引起的无序事件具有重要意义。在基本功能的基础上，复杂事件处理可以进行扩展来支持主动型事件处理。主动型事件处理的含义是根据大量不确定事件，预测系统某个可能的状态并执行某些操作来避免该状态的发生。例如在车联网中，通过对车辆经过每个路口的事件进行分析，结合其历史行驶记录，可以预测某个路口发生拥堵的可能性，并通过车辆导航系统引导车辆分流来避免拥堵的发生。具备了这些扩展功能的复杂事件处理，对于物联网的广泛应用及其价值体现有重要的意义。

物联网应用中的事件流具有异构、分散和海量等特征，针对这些特征，复杂事件处理在处理物联网数据时具有关键作用。而面向物联网的复杂事件处理还面临着巨大的挑战。

（1）事件类型的复杂性。大型的物联网系统产生的数据量是普通的应用不能比拟的。而这些数据中的大部分又恰恰需要实时处理。如何高效处理这些事件，同时满足性能和网络带宽的要求，是一个困难的问题。

（2）系统结构的复杂性。在大型物联网系统中，除了事件类型的多样，各个事件处理部分也常常是分布式和异构的，这也给整个系统的复杂事件处理带来了难度。因此对于分布式的复杂事件处理越来越重要。

（3）事件数据的海量特性。阅读器和无线传感器网络等产生的海量数据，在大多数物联网应用中需要实时处理，这无疑是难度非常大的。

（4）事件的不确定性等。在金融、物流、电信、经济、军事等领域的具体应用中，普遍存在着数据的不确定性。随着物联网处理技术和数据采集的进步，人们对事件的不确定性的研究也逐步深入。不确定性数据的数据形式可以以半结构化数据、移动对象数据或流数据、关系型数据等多种形式出现。目前，根据不同的物联网应用与数据形式的差异等特点，国内外研究者已提出了多种针对不确定性数据的数据模型。

5.5.1 复杂事件处理技术基本理论

复杂事件处理即检测不断产生的数据流，根据每个事件发生的集合序列识别复杂事件，然后对检测到的状态作出回应。复杂事件处理主要有四步：① 从大量数据中获取原始事件；② 根据具体规则检测关联性事件或聚合事件，用事件操作符创建有意义事件；③ 处理原始事件或复杂事件，获取这些事件的时间、因果关系、层次关系及其他语义关系；④ 为了确保事件信息发送到用户，向应用层作出回应。

复杂事件处理的模式总体上可以分为以数据为中心的方法和以事件为中心的方法。

5.5.1.1 以数据为中心的方法

以数据为中心的方法是事件处理系统中最早采用的方法。采用数据库技术，对物联网数据进行建模，并将处理的数据保存在数据库中，在数据库管理系统（Database Management System，DBMS）的基础上支持事件检测，其中具有代表性的系统有西门子公司的中间件系统，美国加州大学开发的 HiFi 系统，他们是在数据流系统 TelegraphCQ 上增加事件检测器，获得连续进行事件检测的功能。

5.5.1.2 以事件为中心的方法

以事件为中心的方法是一种新型的复杂事件处理技术，基于数据源对事件进行建模，并直接对事件进行处理，可以获得比基于数据库的更高的效率，并可以处理更复杂的事件。发布 / 订阅（Publish/Subscribe）系统技术、数据流系统技术和主动数据库技术都与这种复杂事件处理技术有一定的相关性。发布 / 订阅系统中对流速和查询数量的高效支持以及对数据流系统中的查询优化和查询语言接口方法，主动数据库中对事件的建模和复杂事件处理的方法，都为以事件为中心的复杂事件处理技术的发展提供了重要的借鉴。由于主动数据库中的处理技术没有考虑复杂的语义和流的特性，因而不能直接使用。另外，发布/订阅系统中的基本事件过滤和数据流处理中是基于关系代数的处理，而物联网应用中主要是考虑同一事件流上不同事件间的限制和相关性，因此在物联网应用中需要重新设计能够在内存中获得高效、实时和增量的事件处理机制。

以事件为中心方法的核心问题是如何高效地将多个基本事件处理成为有着更加复杂语义的复合事件，包括各种事件之间的限制和相关性，还要考虑一些由复杂事件参与匹配更高层次的复杂事件。在一些主动数据库的相关工作中，提出了复杂事件检测的基本模型，主要包括 Petri 网模型、自动机模型、有向图模型和匹配树模型。

（1）Petri 网模型。使用 Petri 网来表示和检测复杂事件。其中 Petri 网的输入位置节点作为基本事件，输出位置节点作为复杂事件。输入 Token 后，计算跃迁守护函数，如果成立，则引发跃迁并且标记位置节点，当标记到序列中的最后一个位置节点时，说明发生了复杂事件。在主动数据库中，监控系统 HiFi 和系统 SAMOS 就使用了基于 Petri 网的模型。

（2）自动机模型。自动机是使用正则表达式来表示的，而简单复杂事件的表达式与正则表达式相似，因而事件表达式可以用自动机模型来实现。当参与复杂事件发生的基本事件被检测到，自动机就会从一个状态跳跃到另一个状态，当自动机进入某个可接受的状态时，说明了复杂事件的发生。由于简单的自动机模型在匹配过某个基本事件后就不能再次访问该事件，可以使用扩展的自动机模型，即考虑了各个事件之间的数值和时间关系，并引入其他的数据结构保存这些关系信息。此外，还可以设计专门的自动机模型，即在自动机跃迁谓词中使用更加复杂的基于数值或时间的条件限制。

（3）有向图模型。有向图模型采用有向的无环图（Directed Acyclic Graph，DAG）来表示复杂事件。节点作为对事件的描述，边作为事件合成的规则。通过对相关事件的引用标记节点，除了用边表示事件合成规则外，节点也带有相应的规则，如果对应某节点的事件发生，则节点的规则就会触发。

（4）匹配树模型。通过匹配树结构实现复杂事件的过滤器。基本事件作为匹配树的叶子节点，各层次的复杂事件作为匹配树的中间节点，根节点作为被检测到的复杂事件，即到达根节点并且相应的事件被成功过滤出来，则认为检测到一个复杂事件。

上面介绍的四个模型还存在一些不足之处，其中基于自动机和 Petri 网模型的复杂事件检测仅匹配按序到达的基本事件，基于树或图的过滤又没有考虑匹配基本事件的时序距离，如复杂事件中的第一个事件没有发生，第二个事件可能会被过滤，这就造成了不必要的开销。基于固定数据结构（树、图、Petri网等）的方法，很难灵活地对复杂事件查询语言进行优化，并且如果需求变化，很难对查询语言进行拓展。

5.5.2 复杂事件处理的原型系统

Cascadia 和 Laha 是目前比较流行的处理不确定事件的原型系统。

（1）Cascadia 系统提出的方法可以处理事件发生时间不确定性、漏读数据不确定性、事件语义不确定性和位置信息不确定性。Cascadia 系统构建的复杂事件模型是概率模型，是在关系模式 At（Time、TagID、Loc、Prob）的基础上构建概率事件模型，其中，Prob 是 At 事件的发生概率，Loc 是推演出的标签位置，并定义了 6 种事件原语和 3 种时序操作符。

在不确定建模方面，Cascadia 的 At 关系模型满足不确定数据库建模中最常用的可能世界模型语义，可能世界模型假设元组在数据库中的存在概率影响其他元组的存在概率，因此，元组的任一可能的合法组成构成不确定数据库的可能世界实例，所以可能世界实例的概率总和是 1。Cascadia 提出事件声明语言 PeexL，有效地支持概率复杂事件的声明。

Cascadia 系统的基本框架如图 5-7 所示。在数据预处理时，接收阅读器读取的原始事件，并用粒子滤波方法将原始事件清洗成具有位置信息和概率的 At 事件。在 Cascadia 系统中，阅读器是固定的，只能读到粗粒度的位置信息。数据存储时，存储器为每一种事件类型构建关系表，实时存储到达的基本事件，并推演出概率复杂事件。对于存储器内的数据，系统使用物理访问控制策略保护用户隐私。在事件处理方面，Cascadia 依靠概率事件抽取器从 At 事件中连续抽取和存储概率复杂事件，并计算复杂事件的发生概率。在应用接口方面，熟悉 SQL 的用户可以通过编写 PeexL 语句，从 PEEX 订阅自己感兴趣的复杂事件，不熟悉 SQL 的用户可以使用 Cascadia 提供的图形化用户接口 Scenic，通过拖曳对象，选择事物原语和添加时间时序的操作来实现对复杂事件的注册。

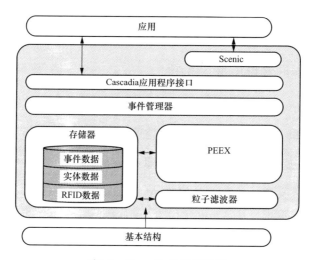

图5-7 Cascadia系统框架图

综上所述，Cascadia 系统主要是针对原始数据的不确定性创建概率模型，支持移动对象跟踪等复杂应用，但 Cascadia 没有考虑查询优化问题。

（2）Laha 处理方法。Cascadia 系统虽然实现了对不确定事件的查询，但没有考虑查询优化问题，在预处理中也没有考虑事件流上相邻事件的时间关联性。

华盛顿大学开发的 Laha 系统可以更高效地支持不确定事件流。在复杂事件建模方面，Laha 系统中的基本事件也是 At 事件，但 Laha 系统支持更丰富的复杂事件操作代数，如 Kleene plus 操作，即表示一个事件可以连续重复发生一次或多次，是对事件重复发生次数的限制。在不确定事件建模方面，Laha定义了事件概率数据库表达事件的存在级和属性级不确定事件。在时间处理方面，Laha 通过可以对近实时和归档两种场景执行复杂事件查询。近实时场景由于受到实时条件限制，系统是假设事件之间相互独立，然而，物联网应用中的事件有时并不是相互独立的，而是具有时间关联性。例如，t 时刻某物品在道路上，那么 $t+1$ 时刻该物品很可能还在路上。Laha 系统可以在概率事件流上高效评估 4 种主要查询，分别为常规查询、扩展常规查询、安全查询和不安全查询。

在不确定建模方面，Laha 系统不支持事件发生时间的不确定性和事件语义的不确定性。

5.6 高并发处理

关于物联网领域的海量高并发数据的实时处理，目前国内外主要存在以下几种方式。

5.6.1 以 Hadoop 为代表的分布式批处理技术

Hadoop 是一套开源的大数据处理框架，采用分布式批处理的思想进行海量数据处理，主要借鉴了谷歌（Google）的分布式文件系统（Distributed File System，DFS）和映射—归约（Map Reduce）编程模型框架。Hadoop 把数据处理任务分解成许多工作单元，利用分而治之的思想，把这些工作单元分布到任意集群节点上执行，根据工作负载情况，动态调整集群，利用分布式技术优化部署和采用并行技术提高处理效率。

为了实现分布式批处理任务的透明部署，Hadoop 底层构造了一个 Hadoop分布式文件系统（Hadoop Distributed File System，HDFS）。当客户端请求读写文件时，首先访问名字节点（Name Node），根据名字节点提供的元数据信息，客户端去访问指定的数据节点（Data Node）。通过名字节点和数据节点的这种主从协同机制，HDFS 实现了分布式文件系统的透明存储和部署。

Hadoop 的这种主从架构设计模式，虽然有效地实现了对数据节点这些分布式节点的集中管理，从而为用户提供透明的节点访问，并可以根据需要动态地增加节点，但是在这种模式下，名字节点存在单点故障的隐患。为此，Hadoop 采用了次要名字节点（Secondary Name Node）、备份节点（Backup Node）、DRDB 方案，脸书（Face Book）提供了阿凡达节点（Avatar Node）方案。但是，这些方案都分别存在缺乏热备、缺乏一致性、备份切换时间长、可靠性、维护复杂性等问题，需要进一步改进。

为了改进 Hadoop 框架存在的问题，Hadoop 提出了 Map Reduce2.0，也称为另一种资源协调者（Yet Another Resource Negotiator，YARN）框架。主要思想是把作业追踪器（Job Tracker）两个主要的功能分离成单独的组件：任务调度和监控，从而进行更精细的控制。

虽然 Hadoop 的 Map Reduce2.0 框架对于分布式批处理的集群节点进行了更加细致精确的分工控制，但是整个框架还是建立在 Hadoop 的 HDFS 分布式文件系统上的。HDFS 特别适合批处理应用，不适合实时处理。HDFS 依赖于底层文件存储系统，硬盘的读取效率也大大限制了 HDFS 处理的实时性。

基于 Hadoop 框架，传统的物联网系统突破了海量数据处理带来的高吞吐量限制，利用 Hadoop 集群的分布式处理优势，可以并行进行物联网大数据的并行计算，通过映射（Map）和归约（Reduce）两个核心阶段，可以大规模并行处理车联网数据的分组、汇总、排序、统计等大数据挖掘和分析工作。

虽然 Hadoop 框架有效解决了 TB 级、PB 级海量数据的高吞吐量问题，但是由于 Hadoop 底层借助了基于磁盘存储的 HDFS 分布式文件系统，从而受限于磁盘 I/O 的读写效率，造成了较高的延迟，无法满足实时处理的低延迟需要，无法满足车联网的故障诊断、危险预警等关键业务场景的大数据处理需要。

5.6.2　以 Storm 为代表的分布式流处理技术

以 Storm 为代表的分布式流处理框架，有效避免了 Hadoop 中存在的实时处理问题。Storm 与其他大数据解决方案的不同之处在于它的处理方式。Hadoop 在本质上是一个批处理系统。与 Hadoop 依赖于磁盘 HDFS 文件系统不同，Storm 完全基于内存计算，支持创建拓扑结构来转换没有终点的数据流，是一种事件驱动架构。与 Hadoop 的批处理作业方式不同，这些转换从不停止，持续处理不断到达的数据流，从而形成一个源源不断的分布式流处理模式。

Storm 的分布式流处理框架虽然避免了 Hadoop 分布式批处理的实时性问题，但是面对海量数据的高并发处理，依然存在缺乏持久化与一致性问题。由于 Storm 的分布式流处理技术依赖于分布式内存技术，但是由于内存空间有限，当面临海量数据挖掘的时候，不能将海量数据全部置于内存之中。因此，必然面临内存数据的持久化存储，持久化存储一旦和磁盘 I/O 打交道，必然面临数据的读写瓶颈。因此 Storm 适合对于非海量数据的高并发实时处理，当面对海量数据的时候，依然不能独立解决全部问题。

此外，Storm 框架基于内存计算，缺乏状态管理，对于车联网实时计算过程中产生的中间结果等没有自动的状态维护，需要手工编码自行完成状态维护。

5.6.3　以 Spark 为代表的迭代式批处理技术

Spark 框架由加州大学伯克利分校 AMP（Algorithms，Machine and People，算法、机器和人）实验室开发，可用来构建大型的、低延迟的大数据分析应用程序。与 Storm 相似，Spark 框架也是基于内存计算，设计了一个弹性分布式数据集（Resillient Distributed Dataset，RDD），自身维护了数据分区之间的依赖关系，通过分区实现了服务器集群的并行计算；通过依赖关系自动维护，实现了轻量级容错，与 Storm 相比，Spark 提升了自身系统的鲁棒性。

Storm 是实时的流处理框架平台，其 Spout 组件源源不断地接收数据流，Spout 组件把数据传递给 Topology 组件配置的 Bolt 组件进行实时处理，Storm 的延迟理论上在 200ms 左右。Spark 虽然也是基于内存计算，但是其 RDD 组件本质上是一个批量数据集，虽然通过时间窗口可以设置间隔，但是一般其最小间隔在 1s 左右，因此，Spark 框架在实时性方面不如 Storm 框架，Spark 框架是 Hadoop 批处理框架和 Storm 流处理框架的折衷，通过迭代式批处理模式实现数据的近实时处理。

虽然 Spark 在数据处理的实时性方面不如 Storm，但是 Spark 的 RDD 组件天然的数据依赖管理模式确保了大数据处理的轻量级容错能力和中间结果复用能力，大大地提升了使用性能。同时，Spark 内置了对机器学习和 SQL 数据存储的支持，对于聚类分析等迭代式算法具有天然的支持能力。

当前一些侧重于大数据分析和机器学习领域应用的物联网系统，已经逐步开始基于 Spark 框架搭建物联网平台，通过 Spark 同时对批处理和流处理的有效支持，可以利用统一的 RDD 数据模型进行包括迭代式机器学习、SQL 数据统计等物联网综合应用。

5.7 规则引擎

5.7.1 规则引擎技术

长期以来，计算机科学研究领域一直致力于发展利用计算机仿真人类思维方式，解决现实世界中复杂问题的技术，这些技术统称人工智能技术。人工智能技术有一个重要的分支被称为专家系统技术，专家系统技术的核心内容是对认知的表达，即对认知的描述和操作。通过对认知的表达建立可用于推理的认知库，结合运行时的数据输入推断结果或判定。概括地说，专家系统技术是基于认知的知识预设型人工智能技术，其具体的处理机制实现或实际的应用实例可以被称为认知引擎。当专家系统技术中的认知具体表现为规则时，就产生了规则引擎技术，使用规则引擎技术实现的系统称为规则系统，当规则系统作为一个可嵌入式的模块时则称为规则引擎。

规则引擎结构如图 5-8 所示。

由图 5-8 可以看出来，规则引擎主要由规则库（Rule Base）、工作内存（Working Memory）和推理引擎（Inference Engine）三部分组成。

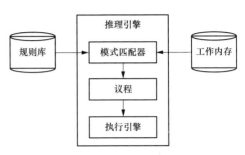

图5-8　规则引擎结构

（1）规则库：规则库中存放着一系列定义好的业务规则，推理引擎主要根据这些规则来对工作内存中的数据进行规则匹配。

（2）工作内存：工作内存主要用于存放要处理的数据，当数据被插入工作内存后，推理引擎自动对数据按照规则库中的规则做规则匹配和处理。

（3）推理引擎：推理引擎包括模式匹配器（Pattern Matcher）、议程（Agenda）和执行引擎（Execution Engine）三部分。模式匹配器是规则引擎的核心，它主要负责使用模式匹配算法对工作内存中的数据和规则库中的规则进行匹配，并且可以决定选择使用哪个规则，何时执行规则。议程则主要是用来对模式匹配器匹配成功的规则的执行次序进行管理。执行引擎负责执行议程中的规则以及其他处理。

5.7.2　基于规则的专家系统

专家系统是人工智能技术的主要分支，是一种模仿人类思维方式基于知识或者其他认知形式进行推理的逻辑推演系统。基于规则的专家系统就是根据既定规则结合实际情况进行推理的专家系统，称为规则系，例如著名的 Prolog 语言系统。规则系统的主要理论基础是模式匹配技术和语言编译技术，这两项技术都是计算机学科领域的主要研究方向，也是学科的前沿技术，同时也具有长期的理论积累和技术储备可供利用。相较于专家系统的另外两个主要分支——基于案例的专家系统和神经网络技术，其应用仍不广泛，但是这也使得规则系统拥有研究、发展和推广的空间。

5.7.3　快速模式匹配算法

规则系统虽然应用并不广泛，但是作为其理论和技术基础的快速模式匹配技术及其算法基础，长期以来一直是计算机学科领域的研究前沿，其间也涌现了很多性能优异和实用的快速模式匹配算法。当前，主要的模式匹配算法有线性算法、协商算法、跳跃算法和网络算法。这些算法都可以单一或者混合使用来作为规则引擎技术的推理基础和规则系统的算法基础。其中最为规则系统所广泛接受和使用的网络算法早在 1978 年就由卡耐基梅隆大学提出，并且于1982 年推出了此算法的第一个实现版本。

5.7.4　商用规则引擎

出于应对当代商业活动前所未有的动态性，近年来计算机应用业界开始致力于将规则系统技术应用于企业服务。由于这类规则系统集成于企业服务的整体解决方案中，为外部应用程序提供逻辑处理服务，因而被称为规则引擎。主流的企业服务开发平台也提出了相应的规则引擎标准，例如 Java 规则引擎标准 JSR-94。许多厂商和研究机构或组织也相继推出和不断改进商用规则引擎产品，其中比较有代表性的有 Microsoft 基于 .Net 平台的 BizTalk，IBM 的WebLogic，JBoss 的 Drools（JBoss Rule Engine），JESS 等。可以说商用规则引擎技术及其应用正是当前企业服务领域快速发展和推广的实用技术。

6

物联网安全防护
架构

随着基础设施的扩展、通信技术以及物联技术的进步、标准体系和国家政策的推动，物联网的应用领域不断拓宽、物联网的系统和设备规模持续增大。物联网与现代人类生活贴合十分紧密，在给人类生活带来便利的同时，也面临着愈发严重的安全威胁。本章将从物联网面临的安全威胁、物联网安全体系架构、物联网安全关键技术以及物联网安全防护方案等角度，对物联网安全防护架构做出简要的概述。

6.1　物联网安全威胁与安全需求

6.1.1　物联网安全现状

全球物联网市场规模快速增长，安全支出持续增加。全球联网设备数量高速增长，LoRa、NB-IoT 和 5G 等通信技术的发展让"万物互联"成为现实，"万物互联"已经成为全球网络未来发展的重要方向。

物联网网络安全事件频发。根据 2018 年物联网安全白皮书中高德纳咨询公司（Gartner）调查，"近 20% 的企业或相关机构在过去三年内遭受了至少一次基于物联网的攻击"。

物联网系统直接暴露于互联网，容易遭到攻击。当前，大量物联网设备及云服务端直接暴露在互联网中，一旦这些设备和服务器的漏洞（如心脏滴血、破壳等漏洞）被黑客利用，可能导致设备被控制、用户隐私泄漏、云服务端数据被窃取等的安全风险，甚至会严重破坏基础通信网络。从全球范围来看，路由器、视频监控设备以及采用 CoAP、XMPP 协议的云服务端暴露数量占比较高。其中，我国国产设备的暴露占比突出，路由器和视频监控设备的暴露数量位于全球前列，仅次于美国。

物联网安全风险威胁用户隐私保护，冲击关键信息基础设施安全。如果智能家居部署在私密的家庭环境中，设备存在的漏洞被远程控制，将导致用户隐私完全暴露在攻击者面前。例如，智能家居设备中摄像头的不当配置（缺省密码）与设备固件层面的安全漏洞可能导致摄像头被入侵，进而引发摄像头采集的视频隐私遭到泄露。而且，利用设备漏洞控制物联网设备发起流量攻击，可严重影响基础通信网络的正常运行。物联网设备基数大、分布广，且具备一定网络带宽资源，一旦出现漏洞将导致大量设备被控形成僵尸网络，对网络基础设施发起分布式拒绝服务攻击，造成网络堵塞甚至断网瘫痪。

随着物联网的发展和技术的日渐成熟，物联网的安全问题也越来越受到关注。近年来的各类物联网安全事件都在提醒科研人员和开发者，物联网安全一定是物联网发展过程中绝对不可以忽视的一环。

6.1.2 安全边界分析

网络边界是针对不同网络环境而设置的安全防御措施。知名安全企业金山率先提出了"边界防御"的概念，这个概念实行对外界程序在进入电脑之前监控，在病毒还未被运行的时候就可以判定是否为安全项，以达到最大限度地保障对本地计算机的安全防护为目的。在网络边界上，网络系统会面临信息泄密、恶意入侵、网络病毒、木马入侵等一系列安全问题。

物联网的感知层设备分布十分广泛，用途也各有不同，所以物联网的网络边界相当复杂。大多数终端设备和云服务端几乎完全暴露在互联网中，极大地增加了物联网系统受到的安全威胁。传统的安全边界防护技术包括防火墙技术、多重安全网关技术、网闸技术、数据交换网技术等，这些技术能够在不同的场景中实现对网络系统的安全防护。然而，在物联网的网络结构中，由于终端和云服务端都不是拥有完整计算机结构的节点，所以传统的边界防护方法不能直接在物联网边界中使用。要针对物联网分布广泛、规模庞大以及单点防护能力弱等特点，进行有效的边界分析和防护措施。

由于物联网属于新兴产业，许多用户对于物联网安全认识还不够深刻，大量传统设备在进行数字化改造时，几乎没有同步配置防护能力。这使得物联网的网络边界十分脆弱和不均衡，而物联网终端设备可以说无处不在，一旦被恶意利用，很叫能会发生大规模安全攻击事件，如果要在边界处防护，难度和成本非常大。

物联网网络边界主要包括感知层终端设备与外部现实世界的边界，网络通信层与感知层设备的边界。目前针对物联网感知层设备与外部世界的边界防护策略包括防火墙技术和专用网络技术。针对网络通信层与感知层设备在网络中交换信息时的边界控制技术包括通用加密技术和安全协议。其中，通用加密技术包括：① 透明加密技术，又称自动加密，是针对本地的数据信息加密后以文件的方式进行存储的技术；② 应用层加密，监控应用读写数据的工作，以保证应用读写的是明文，存储介质保存的是密文；③ 驱动层加密，是基于物联网设备的文件系统（过滤）驱动技术。安全协议技术包括 IPSec 协议、SSL协议、SSH❶ 协议以及专网 VPN 技术。

系统本身的安全边界就十分复杂，物联网系统由于其在分布和应用方面的特殊性，如果按照传统的网络边界防御策略并不恰当。所以，需要按照实际安全需求和安全标准，有针对性地采取恰当的边界防御策略，包括适当将边界前移或后移等防护措施。

6.1.3 安全威胁

根据前文所述，物联网被分成四层体系结构，分别是：

（1）感知层：拥有全面的感知能力，可以利用 RFID、传感器、二维条形码等获取被控 / 被测物体的信息。

（2）网络层：数据信息的可靠传递，可以通过各种网络与互联网的融合，将物体的信息实施准确地传递出去。

（3）平台层：可智能处理，利用现代控制技术提供的智能计算方法，对大量数据和信息进行分析和处理，对物体实施智能化的控制。

（4）应用层：可根据各行各业的具体特点形成各种单独的业务应用，或者整个行业及系统的建成应用解决方案。每一层都具有不同的安全威胁和风险，而针对不同的层，物联网系统也有不同的安全需求。物联网安全威胁和安全需求的对应关系如图 6-1 所示。

感知层终端设备类型多样、数量众多、部署场景复杂，因此更容易遭受攻击和信息泄露。现有物联网大多从满足可用性出发，对其软硬件平台、通信协议等普遍缺乏完善的完整性保护、机密性保护和身份的验证机制。终端设备的

---

❶ SSH：安全外壳协议，Secure Shell 的缩写。

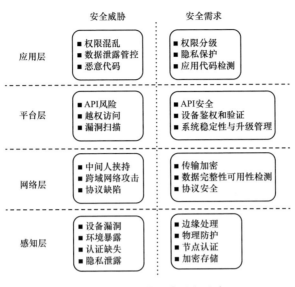

图6-1 物联网安全威胁与需求

系统可能简单并具有很强的专用性，如果恶意的黑客利用系统或设备本身的漏洞，很可能继续渗透到上层网络内部进行破坏或盗窃信息。因此，终端设备需要同步边缘处理，以保证漏洞不会被恶意利用。终端设备大多数直接与外部环境接触，以取得系统运行分析需要的信息。但同时也极易受到恶意的破坏、入侵，可能会导致关键设备受损、信息被窃取。必要的物理防护方法是在外部环境中保护设备最恰当的方法。黑客在恶意入侵物联网节点或接入恶意节点时，搜集信息、横移、发送恶意数据包等恶意行为必然会涉及网络节点的认证。节点认证方法是阻止这些恶意行为继续发展的重要防御手段，但同时也需要跟随复杂的应用场景进行相应的变化。终端设备深入人们的生活，设备获取的信息大部分涉及个人隐私，如果被恶意的拦截或利用，会产生严重后果。因此加密存储和加密通信在这种场景下可以很好地保护信息交换的过程。终端作为物联网感知层面和用户广泛交互的设备，在当前的操作环境下极易遭受非法入侵和非授权者的访问。终端层作为物联网安全领域最为核心的密码设备，当前的部署规模远远跟不上物联网发展速度，已有的密码应用主要集中于轻量级密码算法、物联网安全芯片和模组等较为简单的加密处理和保护，目前仍有大量设备未按国家有关要求采用密码保护。

物联网的网络层是一个多网络重合的叠加型开放性网络，所以较一般的网络有更多的安全隐患。除传统网络安全问题外，物联网在万物互联网环境中存在无线传感器网络、蜂窝移动通信网、因特网、各类专网等各类异构网络的互联互通的应用场景，这些网络本身都存在着各类网络安全问题。同时，物联网由于存在各类异构网络互联互通的应用场景，异构网络的安全问题也必将在物联网的网络层中进一步凸显，各类不同网络间协议的适配、通信机制的安全更具有挑战性，也更容易出现安全漏洞。这一层所面临的安全威胁主要是网络信息传输中遇到的信息安全威胁，包括信息通信时被拦截导致中间人攻击、遭到恶意入侵时在各个专网之间的跨域网络攻击以及物联网传输所用协议的协议本身安全。当前物联网领域设备类型多，收集的各类数据类型多。各类摄像头、视频监控等传感器数据，各类单车、汽车、公交、出租车等联网交通工具数据，智能家居和智能生活设备数据等汇聚处理难度大，多源数据的鉴别与发现、异构网络的数据融合与处理、核心设备参数配置与更新等问题处理难度大，数据在各业务平台和系统中容易被窃取利用。还有对服务器所进行的DOS 攻击、DDoS 攻击、封闭的物联网应用 / 协议无法被安全设备识别，被篡改后无法及时发现等安全威胁。针对这一阶段面临的安全威胁，主要对物联网数据的机密性、完整性和可靠性进行加强，而且通信协议本身的安全性也应该受到关注。

物联网的平台层实质上是一个具有整合、分析、处理信息并实施智能化控制的智能系统。既然是一个系统，那系统本身的运行安全、数据安全和安全运行管理都对会受到威胁。系统存在的漏洞如果被利用，整个物联网信息系统都会暴露在攻击下，所以系统的稳定性和升级管理都需要有保证。而平台在运行时，系统的架构也会受到安全威胁，包括平台所管理的设备分散、容易造成设备的丢失以及难以维护等；新平台自身的漏洞和 API 开放等引入新的风险；越权访问导致隐私数据和安全凭证等泄露；平台遭遇 DDoS 攻击以及漏洞扫面的风险极大。

物联网上承载的各类应用安全问题。

（1）物联网应用层涉及各类应用软件和解决方案，应用软件一定会面临恶意代码的安全威胁。恶意代码会侵害用户的正常使用，盗窃用户隐私数据。

（2）根据不同的权限对同一数据进行筛选和处理。物联网面临各种各样的行业应用需求，需要对各类信息进行分类处理，在这个过程中，攻击者通过篡改、伪造用户的信息，往往以合法身份进行短信彩信信息、用户的健康状况、出行线路、家居信息及消费习惯等非法交易和动作，如何解决信息泄露后的追踪问题，用户隐私安全隐患巨大，如何实现对于数据的保护和验证。

（3）目前行业应用系统的建设并没有统一技术标准和安全措施，各种网络互联成为一个大的网络平台的融合问题以及相应的安全问题日益凸显。

6.1.4　安全需求

如上文所述，物联网的安全层次可以分为四层，分别是感知层、网络层、平台层和应用层。每一层都有各自的职责，因此需要按照每层的具体架构和业务需求，分析可能会遇到的安全威胁以及安全需求。

感知层又称为设备层，在物联网中主要负责对信息的采集、识别和控制，由感知设备和网关组成。主要的感知设备包括 RFID 装置、各类传感器、图像捕捉装置、GPS 等。物联网中对于感知层的安全设计具有以下的需求：

（1）物理防护：需要保护终端的失窃和从物理攻击上对于感知设备进行复制和篡改。另外，确保设备在被突破后其中全部与身份、认证以及账户信息相关的数据都被擦除，这将使得相关信息不会被攻击者利用。

（2）节点认证：终端节点的接入，需要进项验证，防止非法节点或者被篡改后的节点接入。

（3）机密性：终端所存储的数据或者所需要传输的数据都需要进行加密，因为目前大多数的传感网络内部是不需要认证和进行密钥管理的。

（4）设备智能化：设备必须具有鲁棒性，并且能够在有限的支持下进行现场操作，且能边缘处理，意味着敏感信息不需要上传到云端，因此在设备层处理数据有助于强化整个网络。

传输层又称为网络层，是连接感知层和应用层的信息传递网络，即安全地发送/接收数据的媒介。传输层的主要功能是将由感知层采集的数据传递出去。主要包含的通信的技术有：短距离的通信有 WiFi、RFID、蓝牙等；长距离的主要有互联网、移动通信网和广域网等。物联网中对于网络层的安全设计具有以下的需求：

（1）数据机密性：需要保证数据的机密性，从而确保在传输过程中数据或信息的不泄露。

（2）数据完整性：需要保证数据在整个传输过程中的完整性，从而确保数据不会被篡改，或者能够及时感知或分辨被篡改的数据。

（3）DDoS、DOS 攻击的检测与预防：DDoS 攻击为物联网中较为常见的攻击方式，要防止非法用户对于传感网络中较为脆弱的节点发动的 DDoS 攻击，从而避免大规模的终端数据的拥塞。

（4）数据的可用性：要确保通信网络中的数据和信息在任何时候都能提供给合法的用户。

平台层又可划分为终端管理平台、连接管理平台、应用开发平台、业务分析平台。主要的功能是将从感知层获取到的数据进行分析和处理，并进行控制和决策，同时将数据转换为不同的格式，以便于数据的多平台共享。物联网中对于平台层的安全设计具有以下的需求：

（1）物理硬件环境的安全：为了保证整个平台的平稳运行，需要保证整个云计算、云储存的环境安全和设备设施的可靠性。

（2）系统的稳定性：主要是指在遇到系统异常时，系统是否具有及时处理、恢复或者隔离问题的灾难应急机制。

（3）数据的安全：这里的数据安全更多的是指在数据的传输交互过程中数

据的完整性、保密性和不可抵赖性。因为云服务层无时无刻都在跟数据"打交道"，所以数据的安全是至关重要的。

（4）API 安全：因为云服务层需要对外提供相应的 API 服务，所以保证 API 的安全、防止非法访问和非法数据请求是至关重要的，否则将极大地消耗数据库的资源。

（5）设备的鉴别和验证：需要具有可靠的密钥管理机制，从而来实现和支持设备接入过程中安全传输的能力，并能够阻断异常的接入。

（6）全局的日志记录：需要具有全局的日志的记录能力，让系统的异常能够完整的进行，以便后面的系统升级和维护。

应用层是综合的或有个体特性的具体业务层。因为应用层是直接面向用户，接触到的也是用户的隐私数据，所以也是风险最高的层级。物联网中对于应用层的安全设计具有以下的需求：

（1）认证能力：需要能够验证用户的合法性，防止非法用户假冒合法用户用的身份进行非法访问，同时，需要防止合法用户对于未授权业务的访问。

（2）隐私保护：保护用户的隐私不泄露，且具有泄露后的追踪能力。

（3）密钥的安全性：需要具有一套完整的密钥管理机制来实现对于密钥的管理，从而代替用户名／密码的方式。

（4）数据销毁：能够具有一定的数据销毁能力，可在特殊情况下对数据进行销毁。

（5）知识产权的保护能力：因为应用层是直接对接用户，所以需要具有一定的抗反编译的能力，从而来实现知识产权的保护。

物联网涵盖范围广泛，物联网安全不同层级中也有通用的安全需求，如图 6-2 所示，物联网的不同层次可能面临相同的安全需求。

对不同层的安全需求和安全技术进行分析，形成对各层以及物联网整体的安全架构。形成的安全架构帮助我们对不同场景下的安全需求进行分析，解决安全问题。本章从物联网的发展现状、网络边界分析、物联网面临的安全威胁以及其安全需求四个方面进行分析，希望读者能通过本章对物联网安全的概念、现状、涵盖的内容和必要性有初步的了解。

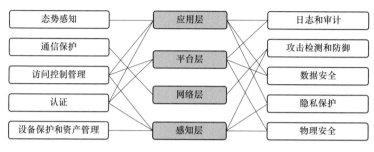

图6-2 物联网各层的安全需求

6.2 物联网安全体系架构

6.2.1 物联网安全架构与原则

物联网融合了传感网络、移动通信网络和互联网，这些网络面临的安全问题也不例外。与此同时，由于物联网是个由多种网络融合而成的异构网络，因此，物联网不仅存在异构网络的认证、访问控制、信息存储和信息管理等安全问题，而且其设备还具有数量庞大、复杂多元、缺少有效监控、节点资源有限、结构动态离散等特点，这就使得其安全问题较其他网络更加复杂。

与互联网相比，物联网的通信对象扩大到了物品。物联网网络体系结构大致分为四个层次，底层是用来信息采集的感知层，其次是数据传输的网络层，然后是治理和管理数据的平台层，顶层则是针对不同应用场景和需求的应用层。由于物联网安全的总体需求是物理安全、信息采集安全、信息传输安全和信息处理安全等方面的综合，安全的最终目标是确保信息的机密性、完整性、真实性和数据时效性。物联网安全机制应当建立在各层技术特点和面临的安全威胁的基础之上。

物联网安全架构在设计中一定要充分考虑物联网相较于传统网络安全的相似点和不同点。在物联网安全架构的设计中必须遵守的设计原则包括以下三方面：

（1）由于物联网终端和网端节点可能处于无人值守的环境中，所以物联网终端的本地安全相较于现有通信网络终端的安全问题更加巨大，因此需要更加重视物联网终端和网端节点的安全性。

（2）物联网具有节点数量巨大、网端节点组群化、低移动性等特点，而且，一般的物联网终端携带能量有限，因此需要针对物联网的这些特点定制更加符合物联网特性的、低能耗的安全要求。

（3）物联网中轻量级的，特定的安全要求将会使得物联网安全机制与现有网络安全机制略有不同。但是，由于物联网尽可能地复用了现有网络，因此物联网安全保护强度不能低于现有网络安全强度，避免在现有网络中制造安全薄弱环节。

根据以上设计原则，综合了现有的安全技术以及物联网的网络体系架构，设计的物联网安全体系架构包括感知层安全、网络层安全、平台层安全、应用层安全和统一安全管理平台。每一层包含了其涉及的安全技术模块和安全要求，通过对每一层的各方面进行安全防护，将各层通过物联网架构联系起来，安全防护架构相互支撑。而每一层要与统一安全管理平台不断地交换安全情报并进行技术支撑，由此统一安全管理平台可以对整个物联网安全架构进行管理和监督，如图6-3所示。

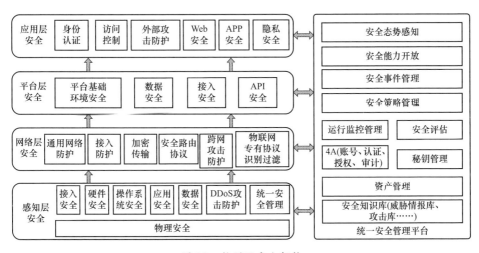

图6-3 物联网安全架构

159

6.2.2 感知层安全架构

感知层安全的设计中需要考虑物联网设备的计算能力、通信能力、存储能力等受限，不能直接在物理设备上应用复杂的安全技术，可采取的防护技术和措施如下。

（1）物理安全。采取防水、防尘、防震、防电磁干扰、防盗窃、防破坏的措施。

（2）接入安全。通过轻量级易集成的安全应用插件进行终端异常分析和加密通信等，实现终端入侵防护，从而防止终端成为跳板，攻击关键网络节点。同时需要轻量化的强制认证机制。

（3）硬件安全。确保芯片内系统程序、终端参数、安全数据和用户数据不被篡改或非法获取。在硬件安全方面，将主要解决物联网终端芯片的安全访问、可信赖的计算环境、加入安全模块的安全芯片以及加密单元的安全等。将身份识别、认证过程"固化"到硬件中，以硬件来生成、存储和管理密钥，并把加密算法、密钥及其他敏感数据存放于安全存储器中，可增强物联网终端的硬件安全防护。

（4）操作系统安全。使用轻量级安全操作系统，实现操作系统对系统资源调用的监控、保护提醒，确保涉及安全的系统行为总是在受控的状态下，不会出现用户在不知情情况下执行某种行为，或者用户执行不可控的行为。另外，操作系统还要保证自身的升级是受控的。在操作系统安全方面，主要通过安全调用控制和操作系统的更新来确保操作系统的能力，通过对系统资源调用的监控、保护、提醒，确保涉及安全的系统行为总是在受控的状态下，不会出现用户在不知情情况下执行某种行为，或者用户执行不可控行为。

（5）应用安全。保证终端对要安装在其上的应用软件进行来源识别，对已经安装在其上的应用软件进行敏感行为的控制，还要确保预置在终端中的应用软件无恶意吸费行为，无未经授权的修改、删除、窃取用户数据的行为。在应用软件安全方面，主要关注应用软件认证签名机制和敏感 API 管控技术。

（6）分布式拒绝服务攻击（Distributed Denial of Service，DDoS）防护。主要分为两种，一种是对设备进行攻击，如频繁向电子标签发送恶意请求信息，使标签无法响应合法请求；另一种是控制很多物联网设备对其他系统进行攻击。针对第一种攻击，物联网远端设备需要嵌入式系统抵抗拒绝服务攻击；针对第二种攻击，一方面加强对节点的保护，防止节点被劫持；另一方面也需要提供有效地识别被劫持节点的方法。

（7）数据安全。主要提供包括移动智能终端的密码保护、文件类用户数据的授权访问、用户数据的加密存储、用户数据的彻底删除、用户数据的远程保护等功能。

（8）统一安全管理。可信的身份认证、安全的固件更新、互联网服务访问权限管控和加解密及密钥管理等功能。

综上，物联网终端的安全需要从硬件到软件综合考虑，包括硬件芯片级的安全、操作系统的安全和操作系统层以上的终端安全加固。在具体防护时，要依据数据的敏感程度、终端的智能程度和不同的网络架构特点，平衡引入安全机制所带来的资源消耗和成本，甄选各种终端安全技术来适配复杂的海量物联网终端。

终端安全在物联网安全防护中，是重中之重，除了做好上述的安全措施外，还应加强终端的全生命周期管控，在上线前，做好终端设备的严格入网，保障终端具备防护能力要求上线后，做好终端设备激活、身份认证、安全存储、软件升级，同时对终端设备进行安全监控，及时发现安全威胁，做好应急响应。退网后，做好终端数据的安全擦除，做好生命周期全程防护。

感知层安全体系结构突出了管理层面在整个感知层安全体系中的地位，并将技术层面纳入管理层面中，充分说明了安全技术的实现依赖于管理手段及制度上的保证，与管理要求相辅相成。体系中还将检测体系作为整个感知层安全体系的支撑，在检测体系中融合了对管理体系和技术体系的检测要求。技术层面的要求基本涵盖了当前感知层网络中存在的技术方面的主要问题。感知层安全体系的管理层面主要包括节点管理和系统管理两部分要求。其中节点管理具体包括节点监管、应急处理和隐私防护，系统管理具体包括风险分析、监控审计和备份恢复。技术层面主要包括节点安全和系统安全两部分要求。其中节点安全具体包括抗干扰、节点认证和节点外安全，系统安全具体包括安全路由控制、数据认证和操作系统安全。检测体系主要包括安全保证检查、点检测、系统检测、旁路攻击检测和路由攻击检测。

6.2.3 网络层安全架构

传统网络层安全机制大部分依然适用于物联网，此外还要基于物联网网络层特征，采取特殊防护机制。主要防护技术和措施如下。

（1）通用网络防护。包括网络结构安全，合理划分网络安全域，加强安全边界隔离，避免安全问题的扩散，访问控制，网络边界部署防火墙，制定访问规则，访问控制策略，实现系统内外网边界的访问控制。

（2）网络入侵防护。部署入侵监测设备，对网络攻击进行监控和报警，具备端口扫描、暴力破解、缓冲区溢出攻击、IP 碎片攻击、网络蠕虫、病毒、木马、IP 重用防护、分布式拒绝服务等攻击的监测检测能力。

（3）网络安全审计。通过统一日志管理系统或安全管理平台，对网络设备运行状况、网络流量、用户行为等进行日志审计。

（4）接入防护。防火墙/网关要求能处理百万并发连接，支持海量接入的加密能力；实现白名单过滤技术，包括自定义协议能力；需要对终端资源消耗攻击和基于多行业应用流量攻击特征的自动防护；网络安全产品还需要提供基于物联网特征的病毒和高级威胁的防护功能。

（5）加密传输。固网和无线网络加密传输。物联网需要充分利用无线移动通信的物理层传输特性，通过认证、加密和安全传输等技术的应用，在保证用户通信传输质量的同时，防止未知位置的窃听和增加中间人攻击的难度。空口层面，终端和网络基于无线标准进行双向认证，确保经过验证的合法的终端接入合法的网络。同时终端和网络之间建立安全通道，对终端数据提供加密和完整性保护，防止信息泄露、通信内容被篡改和窃听。

（6）安全路由协议。物联网的路由要跨越多类网络，有基于 IP 地址的互联网路由协议，有基于标识的移动通信网和传感网的路由算法，因此要至少解决两个问题：① 多网融合的路由问题；② 传感网的路由问题。前者可以考虑将身份标识映射成类似的 IP 地址，实现基于地址的统一路由体系；后者是由于传感网的计算资源的局限性和易受到攻击的特点要设计抗攻击的安全路由算法。

（7）跨网攻击。由于物联网在感知层所采集的数据格式多样，来自各种各样感知节点的数据是海量的，并且是多源异构数据，带来的网络安全问题将更加复杂。在物联网网络层，重要的关注点之一是建立完善异构网络统一、兼容、一致的跨网认证机制，完善网络安全协议加强密钥管理，完善机密性算法，加强数据传输过程的机密性、完整性、可用性的保护。

（8）识别并过滤物联网专有协议和应用。物联网终端采用了大量的专有接口，如 KNX、Modbus、CANBUS 等，被接入到工控网络中，这些终端和网络大多都是设计在孤立环境中运行的，安全机制相对薄弱。随着物联网的逐步发展，这些终端和网络将被逐步接入到互联网中，这会引入新的安全问题。为解决这些问题，需要物联网防火墙或安全网关等设备支持对工业协议和各行业应用的深度识别和自动过滤；处理百万并发连接，支持海量接入的加密能力；实现白名单过滤技术，包括自定义协议能力；需要对终端资源消耗攻击和基于多行业应用流量攻击特征的自动防护；网络安全产品还需要提供基于物联网特征的病毒和高级威胁的防护功能。

随着计算机网络的普及与发展，网络为我们创造了一个可以实现信息共享的新环境。但是由于网络的开放性，如何在网络环境中保障信息的安全始终是人们关注的焦点。在网络出现的初期，网络主要分布在一些大型的研究机构、大学和公司，由于网络使用环境的相对独立和封闭性，网络内部处于相对安全的环境，在网络内部传输信息基本不需要太多的安全措施。随着网络技术的飞速发展，尤其是互联网的出现和以此为平台的电子商务的广泛应用，如何保证信息在互联网的安全传输，特别是敏感信息的保密性、完整性已成为一个重要问题，也是当今网络安全技术研究的一个热点。

在许多实际应用中，网络由分布在不同站点的内部网络和站点之间的公共网络组成。每个站点配有一台网关设备，由于站点内网络的相对封闭性和单一性，站点内网络对传输信息的安全保护要求不多。站点之间网络属于公共网络，网络相对开放，使用情况复杂，因此需要对站点间的公共网络传输的信息进行安全保护。

在网络层中，IPSec 可以提供端到端的网络层安全传输，但是它无法处理位于同端系统之中的不同的用户安全需求，因此需要在网络层和更高层提供网络安全传输服务，来满足这些要求。而网络层安全协议的特点就是：基于两个传输进程间的端到端安全服务，保证两个应用之间的保密性和安全性，为应用层提供安全服务。Web 浏览器是将 HTTP 和 SSL 相结合，因为技术实现简单，所以在电子商务中也有应用。在传输层中使用的安全协议主要是安全套校字层协议（Socure Socket Layer，SSL）。

SSL 是由 Netscape 设计的一种开放协议，它指定了一种在应用协议和 TCP/IP 之间提供数据安全性分层的机制。

6.2.4 平台层安全架构

平台层安全主要保障信息和数据在计算和存储的安全，云平台必须采取适当的安全策略来保证物联网中数据的完整性、保密性和不可抵赖性，此外还要保障接入安全及 API 安全。

（1）平台基础环境安全。主要是保证平台数据计算与运行环境的安全，特别是基于虚拟化技术的云计算安全，重点应考虑虚拟化管理程序安全和虚拟服务器安全。

（2）虚拟机监视器（Virtual Machine Monitor，VMM）安全。VMM 安全是保证客户虚拟机在多租户环境下相互隔离的重要层次，必须严格限制任何未经授权的用户访问虚拟化软件层，限制对于 Hypervisor 和其他形式的虚拟化层次的物理和逻辑访问控制。对于 VMM 的安全防护手段主要是 VMM 的安全部署和安全配置，在 VMM 部署时采用强口令字进行鉴权，做好物理访问控制和网络访问控制，防止非授权人员访问 VMM，启用 VMM 中的安全选项等。目前针对 VMM 的安全漏洞发掘是安全研究的热点方向之一，主流的虚拟化平台都出现过虚拟机逃逸的案例，但目前针对 VMM 的安全漏洞扫描工具还很少，对于安全漏洞的发现和修补目前主要通过官方公布的安全补丁通告和升级版本的方式。

（3）虚拟服务器安全。虚拟服务器位于虚拟化软件之上，对于物理服务器的安全原理与实践也可以被运用到虚拟服务器上，同时需要兼顾虚拟服务器的特点，包括选择具有 TPM❶ 安全模块的物理服务器、使用支持虚拟技术的 CPU、安装虚拟服务器时分配独立的硬盘分区、使用 VLAN 和不同的 IP 网段、在防火墙中为虚拟服务器做相应的安全设置等，以对它们进行保护和隔离，并与其他安全防范措施一起构成多层次防范体系。

（4）数据安全。数据安全隔离可以根据应用的需求，采用物理隔离、虚拟化等方案实现不同用户之间数据和配置信息的安全隔离，以保护每个用户数据的安全与隐私。

数据访问控制可以采用基于身份认证的权限控制方式，进行实时的身份监控、权限认证，防止用户间的非法越权访问。在虚拟应用环境下，可设置虚拟环境下的逻辑边界安全访问控制策略，如通过加载虚拟防火墙等方式实现虚拟机间、虚拟机组内部精细化的数据访问控制策略。

数据处理安全，确保数据在汇聚与存储、融合与处理、挖掘与分析过程的

---

❶ TPM：全员生产维护，Total Productive Maintenance 的缩写。

安全性，常采用的安全机制包括数据隔离与交换、数据库安全防护、数据备份、数据检错纠错、文件系统安全性、访问控制和身份鉴别、统一安全管理等。云计算与存储安全通过数据隔离与交换冗余备份数据，将数据存放在不同的数据中心中，以保证个别存储设备的故障不影响整个存储系统的可用性；通过数据库防护技术满足数据库的数据独立性、数据安全性、数据完整性并发控制、故障恢复的要求；通过采用检错和纠错技术使系统迅速发现错误并找寻备份数据来完成数据存取访问，保证数据的正确读写；通过文件系统加密实现存储系统安全。

（5）接入安全。对所有接入设备提供设备与平台的双向验证，进行证书授权认证及权限管理，确保接入的终端设备与传输的信息安全可靠。消息传输使用加密传输，确保链路上传输消息的安全可靠性和数据完整性，保障用户信息安全。接入设备使用了 MQTT 或 CoAP 等不安全协议的情况下，支持连接保护的能力，如使用 TLS 或 DTLS；接入设备使用 WiFi 连接的情况下，采用安全协议，如 WAP2；接入设备使用 WiFi 连接的情况下，禁用不安全协议，如WPA 和 TKIP。

（6）API 安全。加强 API 调用的访问控制，防止未授权访问，调用前进行用户鉴别和鉴权，验证用户凭据，对请求做身份认证，并且防止篡改，重放攻击，对敏感的数据做加密，防范数据被篡改。做好 API 过载保护，实现不同服务等级用户间业务的公平性和系统整体处理能力的最大化并对 API 的调用进行日志记录。

6.2.5 应用层安全架构

应用层安全主要是保障各类应用在用户使用过程中安全，包括对用户的身份鉴别、访问控制、应用漏洞管理、外部攻击防护、APP 安全、隐私保护等。

（1）身份和访问控制。应用访问时进行强制认证和业务权限控制，应尽可能采用双因素身份验证机制，加强权限管理，端口控制，敏感信息访问等。

（2）应用安全漏洞管理。防范应用本身漏洞而导致的数据被窃取或系统攻击，如 SoL 注入、跨站脚本编制、上传漏洞、命令注入、应用中间件漏洞、业务逻辑漏洞等，应用层安全漏洞检测主要通过应用漏洞扫描系统来实现。另外还包括渗透测试、代码审计等技术手段。应用层的安全漏洞修补主要通过应用中间件安全配置和应用程序安全代码整改实现。

为了极大减少 Web 应用程序的漏洞，应当加强应用系统全生命周期管理，在设计阶段将安全防护设计与系统设计相融合；在系统开发阶段，进行代码安全评估，测试阶段同期进行安全测试；在建设阶段进行安全管理；在验收阶段同时进行风险评估和测评，在运营和维护阶段，定期对应用系统进行安全评估和加固，及时更新 Web 应用系统的安全补丁，定期对应用系统进行安全评估和加固。在系统废弃阶段做好残余信息的消除等，保障系统保障全生命周期的系统安全。

（3）外部攻击防护。通过部署 Web 防火墙、入侵防御系统（Intrusion Prevention System，IPS）等设备，监控并过滤恶意的外部访问，能够对 SQL 注入、跨站脚本攻击（Cross Site Scripting，XSS）等已知应用漏洞攻击以及应用层拒绝服务攻击（Denial of Service，DoS）起到防护作用；并对恶意访问进行统计记录，作为安全工作决策及处置的依据。

（4）APP 安全。APP 代码按照安全要求严格开发，做好代码加密、加壳防止反编译，APP 与应用平台间数据要求加密传输，要在上线前做好评估，上线后定期评测、加固漏洞。

（5）隐私保护。应用层在各行业或应用中必然会收集用户大量隐私数据，例如健康状况、通信簿、出行线路、消费习惯等，因此必须针对各行业或各应用考虑其特定或通用隐私保护问题，主要是面向用户提供一些安全手段来保证用户数据在传输、交换和使用过程中的安全性，防止用户数据被非法访问和泄露，常采用的安全机制包括存储加密、交换加密、身份认证与访问控制、接口安全、自我销毁技术等技术措施。这其中最关键的安全因素是个人数据保护，大量的个人数据会从分散的端侧传输到某个物联网应用平台，个人数据需要得到充分的保护，符合相关国家和地区的隐私保护法律的要求。

现代社会中，物联网应用极为普遍，不仅很多企事业单位的发展依赖物联网平台，而且很多高档社区的建立也是基于物联网的应用。实际上，从构建伊始，物联网应用层的安全架构并不完善，甚至可以说岌岌可危。为了能够将物联网应用层的安全框架搭建起来。相关领域的研究人员耗费了不少资源。就以物联网模式下的物流信息系统的安全管理模式来看，无论是电子标签还是 RFID 射频技术的普及应用，都需要安全管理为其扫清障碍。

在现代人的日常生活中，物联网的应用频率越来越高，安全平台的搭建迫在眉睫。实际上，物联网应用层的安全架构及相关技术已经与平台对接，包括认证与密钥管理机制、安全路由协议、入侵检测、数据安全与隐私保护技术等，这些都是为了构建完善的物联网安全架构所做出的努力。尽管如此，面向物联网应用层的安全架构仍不能面面俱到，对此，业界专家提出一种基于安全代理的感知层安全模型，为依托物联网平台运作的各个应用终端提供优化服务。

目前，面向物联网应用层安全架构的构建拟整合云服务，并且通过科学分析网络信息数据，保障物联网环境安全，云计算项目与物联网应用层安全架构的整合实践是拓展该领域发展空间的重要策略。总之，随着现代科技的发展，即便科技将人们的隐私暴露于众，甚至时刻都可能面临恶意的侵袭，而 IT 业界的管理者们正在紧锣密鼓地钻研并实践面向物联网应用层的安全管理措施，在平台之上构建起超级物联网应用体系模型，进而为广大物联网用户保驾护航。

6.2.6　统一安全管理平台

除了各层安全防护外，还需要建立一个全面、统一、高效的安全管理平台。基于资产与身份标识体系将 4 层设备纳入统一管理体系中，实现对不同层次不同种类的全面安全管理，为各种物联网业务应用提供一种公共、开放、普适的信息安全支撑，促进信息孤岛的相互融合，主要包括以下安全功能。

（1）资产管理。实现对物联网设备的统一管理，建立物联网统一资产库。按照资产信息、漏洞、补丁与备件分类导入或登记入库，并为其他安全运行管理模块提供信息接口。

（2）密钥证书。为物联网业务、应用提供统一的密钥与证书的生成、发放和管理。

（3）安全策略配置管理。为全网安全运行提供统一的安全策略，以及策略的统一下发、补丁统一更新。

（4）运行状态监控。监控终端、主机、网络设备、安全设备、应用系统的运行状态、流量和资源使用情况，为网络安全管理人员提供统一的运行状态信息，并可根据自定义的阈值报警，结合设备的拓扑显示，能够准确定位设备运行状态事件，保证网络和业务系统的稳定可靠运行。

（5）风险评估。对物联网的终端、主机、网络设备、安全设备、应用系统安全事件的收集和管理，资产的脆弱状态信息收集和管理，结合事件、脆弱状态信息进行综合关联分析和风险管理。

（6）安全事件管理。通过安全代理（Agent）和引擎（Engine）的部署，在物联网各层上的不同安全信息采集点，通过安全通信方式，集中收集安全事件到安全管理服务器进行处理，从而实现了针对全网的安全事件的集中收集和分析处理。

（7）能力开放。部分信息安全能力进行封装形成 API，为物联网业务应用开放，以降低其信息安全的实现成本。

（8）安全态势感知。万物互联时代产生了海量的流量，物联网复杂度日趋提升，终端多、网络多、应用多，针对物联网的未知攻击、高级可持续威胁攻击（Advanced Persistent Threat，APT）急剧上升，安全威胁也日益严峻。安全威胁无处不在，不但需要每个层面的多重安全防护，还需要有云端协同的智能大数据安全分析能力，实现整网的智能安全态势感知、可视化和安全防护，防御被动转主动、静态变动态、知彼知己、防患未然，物联网安全态势感知平台必将是物联网安全的发展方向。物联网态势感知系统主要功能包括以下几类。

1）数据采集。通过采集业务日志、设备日志以及网络流量，用分布式任务调度引擎，自动采集相关安全数据，通过基于缓存的分布式消息队列进行实时处理，根据规则引擎以及决策引擎，针对安全数据进行识别、转换、处理和传输。

2）风险评估。通过主动探测方式，及时获得网络上设备、系统和应用的运行状态以及资产信息，既能时刻知晓最新的安全防护范围，有效调整安全防护策略，更可以结合外部的威胁情报，完成对物联网设备、网络的安全分析，包括设备状态、漏洞风险评估、入侵检测、外发攻击检测等。

3）关联分析。使用机器学习和数据挖掘技术，基于各种安全数据实现对网络行为、主机行为、应用行为的特征学习，通过大数据构建出网络环境中的各种行为模型，从而识别出正常和异常、趋势和对比等信息，实现自动学习、自动适应和自动规则生成，降低人员操作失误风险，提高安全响应速度。

4）态势感知。采用安全模型和算法对多源异构数据从时间、空间、协议等多个方面进行关联和识别，通过大数据平台能力，对网络安全状况进行综合分析与评估，形成网络安全综合态势图，借助态势可以精确定位网络脆弱部位并进行威胁评估，发现潜在攻击、预测未知风险，提高全局网络安全防御能力和反击能力。

5）联动防护。基于深度学习的专家分析和准确及时的威胁情报支持，将严重安全事件、高危安全威胁、重大损失等进行预判，通过安全通告、实时信息推送等方式提供安全警报，并提醒用户采取相应的防范应对措施。联合管理平台，对各种漏洞风险进行加固，对各种安全事件及时下发流控等防护策略。

物联网态势感知系统通过对各类物联网数据进行采集和主动探测，利用安全大数据分析和建模技术，从多个维度进行安全分析，全面感知物联网各类安全风险，事前准确预警、事中快速处置、事后全面溯源，形成智能化主动防御体系，匹配物联网云管端协同，保障物联网业务可持续健康发展。

6.3 物联网安全技术

6.3.1 数据处理与安全

物联网除了面临数据采集的安全外，还需要面对信息的传输过程的私密性以及网络的可靠、可信和安全。物联网能否大规模的应用很大程度上取决于是否能够保障用户数据和隐私的安全。

（1）代码签名。通过代码签名可以保护设备不受攻击，保证所有运行的代码都是被授权的，保证恶意代码在一个正常代码被加载之后不会覆盖正常代码，保证代码在签名之后不会被篡改。相较于互联网，物联网中的代码签名技术不仅可以应用在应用级别，还可以应用在固件级别，所有的重要设备，包括传感器、交换机等都要保证所有在上面运行的代码都经过签名，没有被签名的代码不能运行。由于物联网中的一些嵌入式设备资源受限，其处理器能力、通信能力、存储空间有限，所以需要建立一套适合物联网自身特点的、综合考虑安全性、效率和性能的代码签名机制。

（2）白盒密码。物联网感知设备的系统安全、数据访问和信息通信通常都需要加密保护。但由于感知设备常常散布在无人区域或者不安全的物理环境中，这些节点很可能会遭到物理上的破坏或者俘获。如果攻击者俘获了一个节点设备，就可以对设备进行白盒攻击。传统的密码算法在白盒攻击环境中不能安全使用，甚至显得极度脆弱，密钥成为任何使用密码技术实施保护系统的单一故障点。在当前的攻击手段中，很容易通过对二进制文件的反汇编、静态分析，对运行环境的控制结合使用控制 CPU 断点、观测寄存器、内存分析等来获取密码。在已有的案例中可以看到，在未受保护的软件中，密钥提取攻击通常可以在几个小时内成功提取以文字数据阵列方式存放的密钥代码。白盒密码算法 9 是一种新的密码算法，它与传统密码算法的不同点是能够抵抗白盒攻击环境下的攻击。白盒密码使得密钥信息可充分隐藏、防止窥探，因此确保了在感知设备中安全地应用原有密码系统，极大地提升了安全性。白盒密码作为一个新兴的安全应用技术，能普遍应用在各个行业领域、应用在各个技术实现层面。例如，基于主机的卡模拟（Host-based Card Emulation，HCE）技术的云支付、车联网，在端点（手机终端、车载终端）层面实现密钥与敏感数据的安全保护；在云计算上，可对云上的软件使用白盒密码，保证在云这个共享资源池上，进行加解密运算时用户需要保密的信息不会被泄露。

（3）空中下载技术。空中下载技术（Over-The Air，OTA）最初是运营商通过移动通信网络（GSM 或者 CDMA❶）的空中接口对 SIM 卡数据以及应用进行远程管理的技术，后来逐渐扩展到固件升级、软件安全等方面。随着技术的发展，物联网设备中总会出现脆弱性，所以设备在销售之后，需要持续地打补丁。而物联网的设备往往数量巨大，如果花费人力去人工更新每个设备是不现实的，所以 OTA 技术在设备销售之前应该被植入到物联网设备之中。

6.3.2 密钥管理机制

密钥系统是安全的基础，是实现感知信息隐私保护的手段之一。对互联网由于不存在计算资源的限制，非对称和对称密钥系统都可以适用，互联网面临的安全主要是来源于其最初的开放式管理模式的设计，是一种没有严格管理中心的网络。移动通信网是一种相对集中式管理的网络，而无线传感器网络和感知节点由于计算资源的限制，对密钥系统提出了更多的要求，因此，物联网密钥管理系统面临两个主要问题：① 如何构建一个贯穿多个网络的统一密钥管理系统，并与物联网的体系结构相适应；② 如何解决传感网的密钥管理问题，如密钥的分配、更新、组播等问题。

实现统一的密钥管理系统可以采用两种方式：

（1）以互联网为中心的集中式管理方式。由互联网的密钥分配中心负责整

---

❶ CDMA：码分多址，Code Division Multiple Access 的缩写。

个物联网的密钥管理，一旦传感器网络接入互联网，通过密钥中心与传感器网络汇聚点进行交互，实现对网络中节点的密钥管理。

（2）以各自网络为中心的分布式管理方式。在此模式下，互联网和移动通信网比较容易解决，但在传感网环境中对汇聚点的要求就比较高，尽管我们可以在传感网中采用簇头选择方法，推选簇头，形成层次式网络结构，每个节点与相应的簇头通信，簇头间以及簇头与汇聚节点之间进行密钥的协商，但对多跳通信的边缘节点以及由于簇头选择算法和簇头本身的能量消耗，使传感网的密钥管理成为解决问题的关键。

无线传感器网络的密钥管理系统的设计在很大程度上受到其自身特征的限制，因此在设计需求上与有线网络和传统的资源不受限制的无线网络有所不同，特别要充分考虑到无线传感器网络传感节点的限制和网络组网与路由的特征。它的安全需求主要体现在：

（1）密钥生成或更新算法的安全性。利用该算法生成的密钥应具备一定的安全强度，不能被网络攻击者轻易破解或者花很小的代价破解，即加密后保障数据包的机密性。

（2）前向私密性。对中途退出传感器网络或者被俘获的恶意节点，在周期性的密钥更新或者撤销后无法再利用先前所获知的密钥信息生成合法的密钥继续参与网络通信，即无法参加与报文解密或者生成有效的可认证的报文。

（3）后向私密性和可扩展性。新加入传感器网络的合法节点可利用新分发或者周期性更新的密钥参与网络的正常通信，即进行报文的加解密和认证行为等。而且能够保障网络是可扩展的，即允许大量新节点的加入。

（4）抗同谋攻击。在传感器网络中，若干节点被俘获后，其所掌握的密钥信息可能会造成网络局部范围的泄密，但不应对整个网络的运行造成破坏性或损毁性的后果，即密钥系统要具有抗同谋攻击。

（5）源端认证性和新鲜性。源端认证要求发送方身份的可认证性和消息的可认证性，即任何一个网络数据包都能通过认证和追踪寻找到其发送源，且是不可否认的。新鲜性则保证合法的节点在一定的延迟许可内能收到所需要的信息。新鲜性除了和密钥管理方案紧密相关外，与传感器网络的时间同步技术和路由算法也有很大的关联。

根据这些要求，在密钥管理系统的实现方法中，人们提出了基于对称密钥系统的方法和基于非对称密钥系统的方法。在基于对称密钥的管理系统方面，从分配方式上也可分为：基于密钥分配中心方式、预分配方式和基于分组分簇方式。

6.3.3 安全路由协议

物联网的路由要跨越多类网络，有基于 IP 地址的互联网路由协议、基于标识的移动通信网和传感网的路由算法，因此我们要至少解决两个问题：① 多网融合的路由问题；② 传感网的路由问题。前者可以考虑将身份标识映射成类似的 IP 地址，实现基于地址的统一路由体系；后者是由于传感网的计算资源的局限性和易受到攻击的特点，要设计抗攻击的安全路由算法。

目前，国内外学者提出了多种无线传感器网络路由协议，这些路由协议最初的设计目标通常是以最小的通信、计算、存储开销完成节点间数据传输，但是这些路由协议大都没有考虑到安全问题。实际上由于无线传感器节点电量有限、计算能力有限、存储容量有限以及部署野外等特点，使得它极易受到各类攻击。

无线传感器网络路由协议常受到的攻击主要有以下几类：虚假路由信息攻击、选择性转发攻击、污水池攻击、女巫攻击、虫洞攻击、Hello 洪泛攻击、确认攻击等。针对无线传感器网络中数据传送的特点，目前已提出许多较为有效的路由技术。按路由算法的实现方法划分，有洪泛式路由，如 Gossiping 等；以数据为中心的路由，如 Directed Diffusion、SPIN 等；层次式路由，如 LEACH（Low Energy Adaptive Clustering Hierarchy）、TEEN（Threshold Sensitive Energy Efficient Sensor Network Protocol）等；基于位置信息的路由，如 GPSR（Greedy Perimeter Stateless Routing）、GEAR（Geographic and Energy Aware Routing）等。

安全协议技术有：

（1）IPSec 协议：IPSec 协议用来加密和认证 IP 包，防止他人在网络上查看数据包的内容或进行篡改。

（2）SSL 协议：安全套接层 SSL 是为双方提供安全通道的协议，具有保护传输数据以及识别通信机器的功能。

（3）SSH 协议：SSH 即安全 Shell，是一种通用的、功能强大的、基于软件的网络安全解决方案，通过安全认证和加密技术，为网络应用增加安全性。

（4）虚拟专网 VPN：VPN 是两个专用网络通过公共网络相互连接传输私有信息的一种方法。虚拟是因为两个专用网络的连接没有传统网络所需的物理的端到端的链路，而是架构在以互联网为基础的公网之上的逻辑网络。

6.3.4　认证与访问控制

认证是物联网安全的第一道防线，主要是证明"我是我"的问题，能够有效地防止伪装类用户，对于消息的认证能够有效地确保信息的安全有效。同时访问控制是对合法用户的非法请求的控制，能够有效地减少隐私的泄露。

（1）防火墙。物联网环境中，存在很小并且通常很关键的设备接入网络，这些设备由 8 位的 MCU 控制。由于资源受限，对于这些设备的安全实现非常有挑战。这些设备通常会实现 TCP/IP 协议栈，使用互联网来进行报告、配置和控制功能。由于资源和成本方面的考虑，除密码认证外，许多使用 8 位 MCU 的设备并不支持其他的安全功能。Zilog 和 Icon Labs 联合推出了使用 8 位 MCU 的设备的安全解决方案。Zilog 提供 MCU，Icon Labs 将 Floodgate 防火墙集成到 MCU 中，提供基于规则的过滤、状态数据包检测（Stateful Packet Inspection，SPI）和基于门限的过滤（Threshold-Based Fltering）。防火墙控制嵌入式系统处理的数据包，锁定非法登录尝试、拒绝服务攻击、数据包洪流

（Packet Floods）、端口扫描和其他常见的网络威胁。

（2）访问控制。传统企业网络架构通过建立一个固定的边界使内部网络与外部世界分离，这个边界包含一系列的防火墙策略来阻止外部用户的进入，但是允许内部用户对外的访问。由于封锁了外部对于内部应用和设施的可见性和可访问性，传统的固定边界确保了内部服务对于外部威胁的安全。企业网络架构中的固定的边界模型正在变得过时，BYOD 和钓鱼攻击提供了对于内部网络的不可信访问，以及 SaaS^❶ 和 IaaS 正在改变边界的位置。软件定义边界（Software Defined Perimeter，SDP）使得应用所有者部署的边界可以保持传统模型中对于外部用户的不可见性和不可访问性，该边界可以部署在任意的位置，如网络上、云中、托管中心中、私营企业网络上，或者同时部署在这些位置。SDP 用应用所有者可控的逻辑组件取代了物理设备，只有在设备证实和身份认证之后，SDP 才提供对于应用基础设施的访问。大量设备连接到互联网中，管理这些设备、从这些设备中提取信息的后端应用通常很关键，扮演了隐私或敏感数据的监护人的角色。SDP 可以被用来隐藏服务器和服务器与设备的交互，从而最大化地保障安全和运行时间。

区块链（Block Chain，BC）是指通过去中心化和去信任的方式集体维护一个可靠数据库的技术方案。该技术方案主要让参与系统中的任意多个节点，通过一串使用密码学方法相关联产生的数据块（block），每个数据块中包含了一定时间内的系统全部信息交流数据，并且生成数据指纹用于验证其信息的有效性和链接（chain）下一个数据库块。结合区块链的定义，需要有这几个特征：去中心化（Decentralized）、去信任（Trustless）、集体维护（Collectively Maintain）、可靠数据库（Reliable Database）、开源性、匿名性。区块链解决的核心问题不是"数字货币"，而是在信息不对称、不确定的环境下，如何建立满足经济活动赖以发生、发展的"信任"生态体系。这在物联网上是一个道

---

❶ SaaS：软件即服务，Software as a Service 的缩写。

理，所有日常家居物件都能自发、自动地与其他物件或外界世界进行互动，但是必须解决物联网设备之间的信任问题。越来越多的侵犯用户隐私的报告说明第三方收集和控制大量的个人数据的模式需要被改变。IBM认为物联网设备的运行环境应该是去中心化的，它们彼此相连，形成分布式云网络。而要打造这样一种分布式云网络，就要解决节点信任问题——在传统的中心化系统中，信任机制比较容易建立，存在一个可信的第三方来管理所有的设备的身份信息。但是物联网环境中设备众多，可能会达到百亿级别，这会对可信第三方造成很大的压力。IBM认为中本聪的比特币区块链技术可以完满地解决这个问题。区块链公司印格尼玛（Enigma）的创始人兼首席执行官盖伊·齐斯金德（Guy Zyskind）等人提出一种分散式的个人数据管理系统，来实现用户数据的保护，确保用户可以拥有并管理自己的数据。实现了将区块链应用于自动访问控制管理而不需要可信第三方。与比特币不同，系统交易（Transaction）不是严格的金融交易——他们被用于携带指令，比如存储、查询和共享数据的指令。

6.3.5 入侵检测与容错机制

物联网系统遭到入侵有时是不可避免的，但是需要有完善的容错机制，确保在入侵或者非法攻击发生时，能够及时地隔离问题系统和恢复正常的功能。

（1）异常行为检测。上文已经提到过，异常行为检测的方法通常有两个：① 建立正常行为的基线，从而发现异常行为；② 对日志文件进行总结分析，发现异常行为。物联网与互联网的异常行为检测技术也有一些区别，如利用大数据分析技术，对全流量进行分析，进行异常行为检测，在互联网环境中，这种方法主要是对 TCP/IP 协议的流量进行检测和分析，而在物联网环境中，还需要对其他的协议流量进行分析，如工控环境中的 Modbus、PROFIBUS 等协议流量。此外，物联网的异常行为检测也会应用到新的应用领域中，如在车联网环境中对汽车进行异常行为检测。有研究员利用机器学习的方法，为汽车的不同数据之间的相关性建立了一个模型，这个模型包含了诸多规则。依靠对行为模式、数据相关性和数据的协调性的分析，对黑客入侵进行检测。

（2）深度包检测（Deep Packet Inspection，DPI）技术。互联网环境中通常使用防火墙来监视网络上的安全风险，但是这样的防火墙针对的是 TCP/IP 协议，而物联网环境中的网络协议通常不同于传统的 TCP/IP 协议，如工控中的 Modbus 协议等，这使得控制整个网络风险的能力大打折扣。因此，需要开发能够识别特定网络协议的防火墙，与之相对应的技术则为深度包检测技术。

6.3.6　安全分析和交付机制

除了能够防止现有可见的安全威胁外，物联网系统应该能够预测未来的威胁，同时能够根据出现的问题实现对设备的持续更新和打补丁。

（1）物联网平台漏洞挖掘技术。随着物联网的发展，将会出现越来越多的物联网平台。BAT 三家均已推出了智能硬件开放平台。国外免费的物联网云平台有 Temboo、Carriots、Near Bus 和 Ubidots。不过，目前对于物联网平台的安全性的分析还不多，相信以后物联网平台的安全性将会越来越多地吸引到人们的关注。三星 Smart Things 是一个智能家庭编程平台，密歇根大学和微软研究院的研究人员对其上的 499 个应用和 132 个设备管理器（Device Handlers）进行了静态代码分析（Static Code Analysis），主要有两点发现：① 虽然 Smart Things 实现了一个特权分离模型（Privilege Separation Model），但是，有两个固有的设计缺陷（Intrinsic Design Flaws），可导致 APP 越权；② 关于 Smart Things 的事件子系统，设备与 APP 之间通过其进行异步通信，该子系统并未对包含敏感信息（如 Lock Codes）的事件提供足够的保护。研究人员利用框架设计漏洞实现了四个攻击的概念证明：修改门锁密码、窃取已有的门锁密码、禁用家庭的假期模式、触发一次虚假的火灾告警。

（2）物联网协议的 0Day 漏洞主动挖掘技术。在现代的汽车、工控等物联网行业，各种网络协议被广泛使用，这些网络协议带来了大量的安全问题。很多研究者开始针对工控等系统，特别是具有控制功能的网络协议的安全性展开研究。研究人员在 QCon2016 的议题中提到用网络协议 Fuzzing 技术对 0Day 漏洞进行挖掘。

（3）物联网操作系统漏洞挖掘。物联网设备大多使用嵌入式操作系统，嵌入式系统通常内核较小、专用性强、系统精简、高实时性，安全在嵌入式系统中处于较低的优先级，随着设备逐渐接入互联网，操作系统的安全性需要重点关注。2015 年，44CON 伦敦峰会中，研究人员采用了 Fuzzing 框架 Sulley 对 VxWorks 系统的多个协议进行了 Fuzzing，挖掘到一些漏洞，并结合 VxWorks 的 WDB RPC 实现了一个远程调试器，进行了相关调试分析。

6.4　物联网安全防护方案

6.4.1　物联网安全防护方案

6.4.1.1　物联网安全防护方案框架

物联网应用系统由服务端、终端和通信网络三部分构成。物联网安全防护体系架构涵盖物联网的感知层、传输层、应用层，涉及服务端安全、终端安全和通信网络安全等方面问题。由于物联网终端数量巨大、类型多、业务差异大、计算能力薄弱，无法部署传统的防火墙、杀毒软件等安全防护手段，因此可以在连接终端与服务端的通信网络部分增加流量分析、态势感知等安全策略。通过采取被动防御、积极防御的技术策略，在兼顾物联网研发设计、上线运行以及报废等生命周期安全需求的基础上，最终可实现威胁情报驱动的智能感知乃至智能反制，自主应对物联网时代复杂多样的潜在网络安全威胁。

6.4.1.2　物联网服务端安全防护方案

物联网服务端安全防护主要针对数据管理系统、基于云计算的 Web 应用、业务分级保护等方面的安全问题。

（1）分布式数据管理系统安全防护方案。物联网系统中包含大量设备，相应会产生海量数据，因此物联网中需要配备大量服务器资源，组成一个分布式、去中心化的数据管理系统，以对网络中海量数据进行有效的存储、管理、分析等。首先，该数据管理系统必须满足分布式数据库相关安全需求，包括身份验证、数据加密、数据备份与恢复机制等方面。其次，由于物联网中部署大量服务器，物联网服务端的数据管理系统也需要做到系统加固、漏洞检测与修复、防黑客、抗 DDoS 攻击、安全审计、行为检测等服务器安全防护，以防发生由于主机被攻破导致的数据泄漏、数据篡改等安全问题。

（2）基于云计算的 Web 应用安全防护方案。物联网智能设备业务系统通常会配备与云端服务相对应的基于云计算的应用，通过浏览器界面为用户提供业务相关的数据统计、展示及智能设备远程管理能力。这种应用本质上属于 Web 应用，因此物联网服务端也需要着重解决 Web 应用存在的安全隐患。在物联网安全防护体系中，针对 XSS、CSRF、SQL 注入、命令行注入、DDoS 攻击、流量劫持、服务器漏洞利用等典型 Web 应用攻击方式，按照"事前防范、事中防御、事后响应"的原则，可采取以下措施，最大程度减轻 Web 应用安全隐患，确保物联网服务端 Web 应用系统符合安全要求，维持系统稳定运行：

1）设置安全基线，制定防篡改、防挂马安全规范，提出监测、防护与处置机制和要求。

2）辅助以自动检测工具、检查列表定期开展检查工作。

3）不定期进行 Web 威胁扫描、源代码评价及渗透测试，查找系统漏洞、研判是否挂马，及时对系统进行更新升级。

4）对收集的数据进行统计、分析，定期形成系统安全态势分析报告。

5）安装防病毒、通信监视等软件。

（3）业务分级保护方案。近年来，物联网业务和应用爆发式增长，遍及智能交通、环境保护、公共安全、智能消防、工业监测、水系监测、食品溯源和情报搜集等多个领域。一旦这些业务和应用被攻击、相关信息和数据被窃取或伪造，就可能对国家安全、社会秩序、公众利益造成不同程度的侵害。因此，在实际应用中，需要对物联网业务和应用实施监测，并根据物联网具体业务和应用可能涉及的数据、对象以及对国家、社会和个人的影响程度，建立物联网应用和业务分级保护制度。针对不同的业务和应用，制定不同等级的安全防护技术要求和管理要求，采取不同防护及管控策略和措施，以满足不断提升的物联网网络安全防护要求。

6.4.1.3　物联网终端安全防护方案

物联网中的终端设备种类繁多，如 RFID 芯片、读写扫描器、温度压力传感器、网络摄像头、智能可穿戴设备、无人机、智能空调、智能冰箱、智能汽车等，体积大小不一，功能复杂程度多样。这些终端所面临的安全威胁，除传统计算机病毒外，还包括木马、间谍软件、劫持攻击、钓鱼邮件、钓鱼网站等。综合考虑物联网终端本身及其所面临的安全威胁特点，需从硬件、接入、操作系统、业务应用等方面着手，采取适当的安全防护措施，确保物联网终端安全乃至物联网整网安全。

（1）硬件安全。通过实现物联网终端芯片的安全访问、可信赖的计算环境、加入安全模块的安全芯片以及加密单元的安全等，确保芯片内系统程序、终端参数、安全数据和用户数据不被篡改或非法获取。

（2）接入安全。利用轻量级、易集成的安全应用插件进行终端异常分析和加密通信等，实现终端入侵防护，从而避免发生借助终端攻击网络关键节点等行为。同时需要轻量化的强制认证机制，阻止非法节点接入。

（3）操作系统安全。在安全调用控制和操作系统的更新升级过程中，通过对系统资源调用的监控、保护、提醒，确保涉及安全的系统行为始终是可控的。另外，操作系统自身的升级也应是可控的。

（4）应用安全。保证终端对要安装的应用软件进行来源识别，对已安装的应用软件进行敏感行为控制，同时确保终端中的预置应用软件无恶意吸费行为，无未经授权的修改、删除、窃取用户数据等行为。

6.4.1.4 物联网通信网络安全防护方案

目前物联网中采用了现有的多种网络接入技术，其中包含窄带物联网络、无线局域网、蜂窝移动通信网、无线自组网等多种异构网络，使得物联网在通信网络环节所面临的安全问题异常复杂，需要通过多重方案对整个网络层进行安全防护。主要可采取以下四方面措施：

（1）引入网络节点身份认证机制。在物联网通信网络中引入身份认证机制，利用关键网络节点对边缘感知节点的身份进行认证，从而防止和杜绝虚假节点接入到网络中，以确保通信网络节点安全。

（2）强化终端数据完整性保护。通过在物联网终端和通信网络之间建立安全通道，建立信息传输的可靠性保障机制，在保证用户通信质量的同时，对终端数据提供加密和完整性保护，防止数据泄露、通信内容被窃听和篡改。

（3）加强数据传输加密操作。在杜绝明文传输的基础上，进一步加强数据过滤、认证等加密操作，确保传送数据的正确性。同时，还可进行设备指纹、时间戳、身份验证、消息完整性等多维度校验，最大程度保证数据传输的安全性。

（4）通信网络安全态势感知。由于物联网终端数量庞大、性能受限，无法部署传统的防火墙、杀毒软件等安全防护手段，而运营商拥有骨干网流量，具备对物联网设备进行监控的先天优势。运营商可通过网络空间搜索引擎进行公网物联网设备的主动识别以及通过流量特征进行局域网物联网设备的被动检测。在了解网络中目前连接的物联网设备基本状况后，可以对这些设备的流量进行分析并跟踪，对安全攻击实时监控，对物联网安全风险进行趋势预测，为后续的物联网安全风险治理奠定基础。

6.4.2 安全运行管理

运行管理主要包括密钥管理、隐私保护、安全运维与安全测试。

6.4.2.1 密钥管理

在密钥管理系统的实现方法中，主要分为基于对称密钥系统的方法和基于非对称密钥系统的方法。在对称密钥系统方面，从分配方式上可分为基于密钥分配中心方式、预分配方式和基于分组分族方式。在非对称密钥系统方面，基于身份标识的加密算法最为常见。

6.4.2.2　隐私保护

（1）匿名化方法：该方法通过模糊化敏感信息来保护隐私，即修改或隐藏原始信息的局部或全局敏感数据。

（2）加密方法：基于数据加密的保护方法中，通过密码机制实现了他方对原始数据的不可见性以及数据的无损失性，既保证了数据的机密性，又保证了数据的隐私性。

（3）路由协议方法：路由协议方法主要用于无线传感网中的节点位置隐私保护，无线传感网的无线传输和自组织特性使得传感器节点的位置隐私保护尤为重要。

6.4.2.3　安全运维

（1）账户统一：一个用户在访问所有应用时只使用同一个账号，同时在一个应用中认证以后再访问其他应用时不需要再次认证。

（2）内控与审计：一方面需要简洁与有效的手段实现内控；另一方面，对所有的操作都需要有记录，以便随时审核、审查。

（3）平台：针对运维安全管理、审计进行管控。

6.4.2.4　安全测试

需要一套完整的软件安全测试方法，引用自动化工具，完整地、全面地、自动化地进行软件安全测试，并逐步建立软件安全保障体系。

6.4.3　物联网安全标准法则

目前各个国家的物联网安全推进力度加强，部分发达国家对物联网安全监管从自愿向强制过渡。其中，英国政府在2018年10月发布的《消费类物联网设备行为安全准则》规定了消费类设备制造商需遵循的13条安全准则。随后在 2019 年 2 月，欧洲电信标准化协会（ETSI）制定了基于 13 条准则的 ETSI TS 103 645《消费类物联网产品网络安全技术规范》，并于 2019 年 5 月将《政府就有关消费型物联网安全的监管建议》准入销售。2020 年 1 月，将 13 条准则的前 3 条纳入立法，规定制造商禁止使用默认密码，提供公开接入点来报告漏洞并保持软件更新。

美国也从政府采购的物联网设备安全性入手，陆续发布了多项政策性文件。于 2019 年 6 月通过的《物联网网络安全改进法案》，要求从政采安全性做起，如要求美国国家标准与技术研究院（NIST）发布物联网设备的安全性建议；要求联邦政府采购的物联网设备必须遵循 NIST 的建议；要求 NIST 与网络安全研究人员和行业专家协作发布关于漏洞披露的行动指南；要求向政府提供物联网设备的承包商和经销商采用一致的漏洞披露政策及时披露漏洞信息，逐步辐射扩大影响力。并于 2020 年 12 月正式发布该法案，也对我国的物联网厂商产生了不小的影响和限制。

日本总务省在 2017 年出台纲领性政策《物联网安全综合对策》，包括健全物联网漏洞防御体系、进行防御演习、加强国际合作等。并于 2019 年 2 月，在日本情报通信研究机构（National Institute of Information and Communications Technology，NICT）开展全国性测试"面向物联网清洁环境的国家行动"（National Operation Towards IoT Clean Environment，NOTICE），在不通知设备所有者的情况下测试全国物联网终端设备的安全性。

在物联网安全标准方面，多个国际组织指定多项物联网安全标准，但我国物联网安全标准体系尚不完善。ITU-T、ISO/IEC、ETSI 等组织制定了多项物联网安全框架、技术、应用等方面的标准，涵盖物联网设备、网关、协议、加密和系统等安全要求。NIST 在 2018 年 12 月发布研究报告 NISTIR 8200，从加密技术、硬件保障、信息安全等 12 个网络安全领域分析物联网安全标准进展。ETSI 在 2019 年 2 月发布第一个消费者物联网安全标准《消费物联网网络安全》（ETSI TS 103 645），2020 年 4 月发布《消费物联网网络安全—基线要求》（ETSI TS 303 645）。ITU-T 发布基于网关模型的物联网安全架构、物联网设备和网关的安全要求、物联网设备的安全软件更新、物联网系统的安全措施、窄带物联网的安全框架的要求等标准。ISO/IEC 发布物联网参考体系架构、家庭网络安全、轻量级加密、物联网安全与隐私指南、家庭电子系统网关安全、移动设备使用生物特征识别进行鉴别安全要求等标准。

我国在物联网安全标准的体系尚不完善。在传统电信网络安全标准方面，国标和行标都达到 300 多个，而在物联网安全标准方面，国标与行标共 30 多个。已发布的物联网安全标准数量有限，包括设计射频识别、感知终端、智能卡、终端嵌入式操作系统、数据传输等，物联网安全标准较为分散，缺乏统一的物联网安全标准体系。不过我国的物联网产业发展迅猛，安全产业近年来也收到国家和各行业的重视，不久后相应的标准体系和法律法规将很快跟上发展趋势。

6.4.4 物联网安全发展趋势

（1）物联网勒索软件和"流氓软件"将越来越普遍。黑客利用网络摄像头这样的物联网设备，将流量导入一个携带"流氓软件"的网址，同时命令软件对用户进行勒索，让用户赎回被加密的泄露的数据。

（2）物联网攻击将目标瞄准数字虚拟货币。虚拟货币因为其私密性和不可追溯性，近年来市值不断飙升，物联网的攻击者们自然也不会放过这一巨大的市场，目前已经发现了物联网僵尸网络挖矿的情况剧增，导致黑客甚至利用视频摄像头进行比特币挖矿。

（3）迎来量子计算时代，安全问题应该更加得到的重视。近年来全球软件企业的量子计算竞赛更趋白热化。短短几个月内，英特尔公司就造出了包含 17 个量子位的全新芯片微软公司详细展示了用于开发量子程序的新型编程语言；IBM 公司发布了 50 个量子位的量子电脑原型。路易斯·帕克斯（Louis Parks）是物联网安全软件公司 SecureRF 的首席执行官，他认为，在这些科技进步影响下，量子计算可能会在十年内实现商业化，化解量子计算可能存在的安全威胁显得更为紧迫。

（4）大规模入侵将被"微型入侵"替代。"微型入侵"与大规模或者"综合性攻击"不同的是，它瞄准的是物联网的弱点，但是规模较小，能逃过目前现有的安全监控。它们能够顺应环境而变，进行重新自由的组合，形成新的攻击，例如 IoTroop。

（5）物联网安全将更加自动化和智能化。当物联网的规模明显扩大，覆盖到了成千上万台设备级别时，可能就难以做好网络和收集数据的管理工作。物联网安全的自动化和智能化可以监测不规律的流量模式，由此可能帮助网络管理者和网络安全人员处理异常情况的发生。

（6）对感知设备的攻击将变得无处不在。物联网算是传感器网络的一个衍生产品，因此互联网传感器本身就存在潜在安全漏洞。黑客可能会尝试向传感器发送一些人体无法感知的能量，来对传感器设备进行攻击。

（7）隐私保护将成为物联网安全的重要组成部分。一方面物联网平台需要根据用户的数据提供更加便捷、智能的服务；另一方面，对于用户隐私数据的保护又成为重中之重。

物联网平台技术
在能源互联网中的应用

7

物联网云边协同
框架

7.1　物联网边缘计算架构

7.1.1　"边缘"的概念

在当前的物联网系统架构中，"边缘"的概念包括了整个物联网系统的运行领域。边缘通常包括传感器、控制器、执行器、标签和标签读取器、通信组件、网关和物理装置本身。边缘是运行组件进行连接、通信和交互的地方，可以存在于组件之间、组件与平台之间，某些情况下组件与其他边缘的组件之间也有直接交互。边缘是具有相对性的逻辑概念，可以很小，例如与平台直接连接的单个物理装置；也可以很大，例如制造工厂，具有综合通信功能组件和边界计算平台或其他多种组件，将生产设备组织起来。在边缘中支持处理的平台不是必备的。边缘通信组件可以由一个或多个独立的局域网组成，其中的组件可以使用一种协议或直连（直接连接到网关）方式，也可以使用多种协议或多路由方式，连接到边缘网关 / 集线器 / 总线，再连接到更大的网络或云端平台。本地网络可以使用辐射（Hub-and-Spoke）、网状（Mesh）、WiFi、蜂窝或其他拓扑来用于内部连接和到网关 / 集线器的连接。

边缘处理解决了边缘组件或系统功能性的需求及其局限性。这些需求和局限性包括装置连接性，因为装置（例如，在工业环境中的装置）可能只具备本地连接能力。其他要求包括以恰当的方式对装置做离线操作，即由于某些装置不需要每时每刻在线，在装置离线时进行数据采集，在连线时上传数据。另外，需要装置具有边缘分析、边缘事务处理、其他作为物联网平台的扩展或独立于物联网平台的边缘功能。只有部分数据需要传到平台保存，边缘应具备本地存储能力。为了减少传递到平台的数据量，一般需要在边缘对来自装置的数据进行动态过滤、采样、聚合等处理。

7.1.2 边缘计算为物联网带来的好处

（1）近零延迟。接近零延迟是边缘计算的最大优势。数据收集、处理和采取行动之间的时间间隔几乎是实时的。这是在关键任务情况下物联网设备的重要要求。一个非常好的例子是无人驾驶汽车。谷歌预估他们的自动驾驶汽车每秒产生大约1GB的数据，需要快速处理大量此类数据，以便汽车能够保持正确的路线并避免碰撞。想象一下，如果这些数据被收集，传输到云，云会对其进行处理，然后将其发送回汽车。尽管整个过程在几秒钟内完成，但事实证明为时已晚，而且汽车可能已经遇到了碰撞。此方案中的最佳解决方案是使用边缘计算分析传感器本身的数据，然后将其发送到云以进行后续分析。边缘计算在医疗行业也很重要。延迟在医疗保健行业中较为关键，其中设备连接到心率监测器或心脏起搏器，并且轻微延迟可能导致患者的生死状况。

（2）较小的网络负载。互联网高速公路上的大量数据可能导致网络拥堵增加，尤其是在连接较弱的地区。使用边缘计算，大部分流量负载将通过在源处理数据而不是通过网络发送所有数据，网络拥堵明显改善。

（3）增强弹性。借助边缘计算提供的分散式架构，网络中的其他连接设备变得更具弹性。将此与云上的单个虚拟机故障进行比较，这将影响连接到网络的数千甚至数百万个物联网设备。即使其中一个设备发生故障，也不会影响其他设备，并且它们仍然保持活动和运行状态。

（4）减少数据暴露。边缘计算减少了它通过网络发送的数据量。这样做还有助于减少传输中的数据泄露。在某些情况下，智能设备收集的敏感和关键数据（如支付卡行业和个人身份信息）根本不需要传输。这有助于在每个国家对此数据有不同规定并且更靠近其来源处理数据，有助于避免许多隐私、法律和安全复杂性的情况。通过进一步加密数据和控制访问，我们可以使其更安全地抵御已知威胁。

（5）较低的数据管理成本。使用边缘计算可以显著降低云上的存储成本，因为我们并未将所有内容存储在云上。由于数量相对较少，这也有助于有效地管理数据。只有需要更深入分析的汇总数据才会发送到云端，随后会对其进行分析和推断。

7.1.3　物联网边缘计算框架的概念及意义

边缘计算能够在靠近物或者数据源头的网络边缘侧，融合网络、计算、存储、应用核心能力的分布式开放平台或架构，就近提供边缘智能服务。边缘计算框架需要满足行业数字化在敏捷连接、实时业务、数据优化、应用智能、安全与隐私保护等方面的关键需求。边缘计算框架的设计多种多样。根据设计目标和应用场景，一般可以分为面向物联网的边缘计算、面向边缘云服务的边缘计算、面向云边融合的边缘计算三类。

（1）面向物联网的边缘计算致力于解决在开发和部署物联网应用的过程中存在的问题，包括设备接入方式多样等。如边缘计算架构以面向工业物联网边缘计算的标准化互操作性为特点。

（2）面向边缘云服务的边缘计算框架主要着眼于优化或重建网络边缘的基础设施以实现在网路边缘构建数据中心，通常见于网络运营商的网络边缘，代表性的有开放网络基金会的 CORD。

（3）云计算服务提供商是边缘计算的重要推动者，基于"云边融合"理念，致力于将云服务能力拓展到网络边缘，典型的包括 AWS 的 Green Grass 等。

一般而言，在面向物联网的边缘计算中，边缘计算框架主要发挥如下价值：

（1）建立物理世界和数字世界的联接与互动，通过在数字世界建立起对多样协议、海量设备和跨系统的物理资产的实时映射，了解事物或系统的状态、应对变化。

（2）以模型驱动的智能分布式架构与平台，在网络边缘侧的智能分布式架构与平台上，通过知识模型驱动智能化能力，实现物的自主化和物物协作。

（3）提供开发、部署、运行的端到端服务框架，开发服务框架包括方案的开发、集成、验证和发布，部署运行框架主要包括方案的业务编排、应用部署和应用市场。两者紧密协同，无缝运作。

（4）边缘计算与云计算的能力协同，边缘侧需要支持多种网络接口、协议、业务实时处理与确定性时延、数据处理与分析、分布式智能、安全与隐私保护。云端难以满足上述需求，需要边缘计算与云计算在网络、业务、应用和智能方面进行协同。

7.1.4　物联网边缘计算框架的目标定位

边缘计算框架是实现不同计算框架兼容的软件框架，实现软件功能在不同硬件平台上动态迁移及可靠运行，兼容多种编程语言、利于多类型设备接入与消息转发，与常用的 40 多种工业现场总线协议与标准兼容、实现互联互通互操作，采用面向服务的微服务架构、便于边缘应用功能的即时变更与随需迭代。边缘计算框架与云端管理套件配合使用。通过在云端进行设备监控与管理、策略规则制定、函数编写、系统管理、应用管理，满足各种泛在电力物联网的计算场景。

边缘计算框架主要由后台守护程序和若干功能模块构成，融合面向物联网的边缘计算框架与面向云边融合的边缘计算平台，设计实现自主边缘计算框架，基于容器的 APP 执行环境，屏蔽底层系统的差异，简化打包与部署的流程；解决物联网设备的互操作问题与业务协议多样问题，各组件实现数据业务 APP 数据缓存与上送、命令控制转发与执行和复杂业务流程；基于函数计算思路，实现轻量化边缘计算。

边缘计算框架适用于泛在电力物联网各种典型应用场景，其目标定位如下。

（1）数据缓存与共享：业务 APP 采集的数据在边缘物联代理上可进行缓存并提供接口调用、数据库查询、数据推送等多种 APP 间数据共享的机制。

（2）消息转发与代理：业务 APP 采集的数据由边缘计算框架统一负责转

发到云端，边缘物联代理作为云端代理接收云端的设备控制命令和业务命令，并将消息路由到设备后台引擎或 APP。

（3）设备管理与监视：物联网平台与边缘物联代理交互，下发的设备控制命令、应用管理命令应由边缘计算框架执行，设备的工控信息也需由边缘计算框架上报到云端。

（4）业务开发与部署：边缘计算框架应提供 APP 开发的统一 SDK 和开发工具链，SDK 中已经实现了数据缓存、应用管理、北向数据导出等多个框架特有的功能，开发人员只需要关注业务实现逻辑，提供的开发工具链包含调试、打包、上线等功能，实现开发的云边融合。

（5）边缘计算能力支持：业务 APP 支持数据采集、设备控制等功能，边缘计算框架应同时具备边缘计算的支撑能力，包含边缘计算 APP 管理、物模型管理、函数计算、流计算、批量计算等多种计算模式。

（6）云边协同能力支持：边缘物联代理与物联网平台交互，结合边缘物联代理的规则引擎、函数计算域流处理等机制，实现了涵盖资源协同、数据协同、智能协同、应用管理协同、业务管理协同、服务协同的云边协同体系。

7.1.5　物联网边缘计算框架介绍

边缘物联代理等边缘设备的百万级规模，面临现场巡检、调试、升级成本高难度大等一系列问题，具有标准化远程维护的迫切需求，涵盖硬件、操作系统、应用的远程维护。边缘计算框架定位于统一实现各专业应用远程安装、配置、升级、监控，统一对操作系统进行状态监视、在线升级，以及远程对硬件各功能模块的工况监测、配置管理等功能。采用安全操作系统或者经安全加固的操作系统，以满足电力系统相应的本体安全防护要求。在远程维护、在线升级等多个远程交互功能设计与实现方面，采用软硬件机制保障其安全可信，如以物理不可克隆功能（Physical Unclonable Function，PUF）、可信赖平台模块（Trusted Platform Module，TPM）安全芯片提供可信硬件基础，以应用隔离、可信度量、远程证明等技术提供系统安全可信，以资源隔离、国密 VPN 和强制访问控制保障其接入可信等，同时支持固件、系统以及应用的可信远程升级。边缘计算框架实现软件功能在不同硬件平台上动态迁移及可靠运行，兼容多种编程语言、用于多类型设备接入与消息转发，提供常用的工业现场总线协议与标准兼容、实现互联互通互操作，同时，采用面向服务的微服务架构，便于边缘应用功能的即时变更与随需迭代。边缘计算框架如图 7-1 所示。

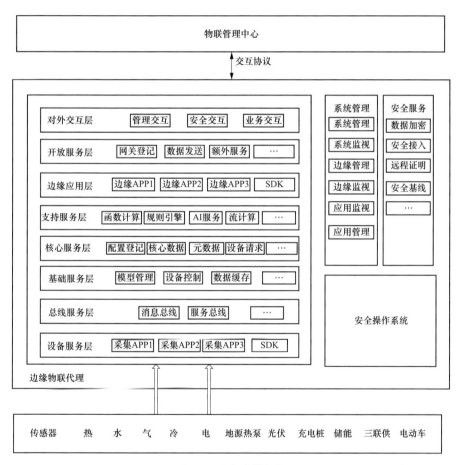

图7-1　边缘计算框架

边缘计算框架主要实现如下功能：设备服务层是与电力终端设备交互的边缘连接器，支持完全基于 SDK、基于边缘计算框架部分微服务接口，以及完全不基于 SDK 等三种应用开发模式。其中，边缘计算框架提供了面向 C、Go、Java 以及 Python 的 SDK 开发包，便于开发者快速、便捷地创建新的采集应用，相应的采集应用通过本地业务接入协议与设备、传感器进行通信，可以为一个或多个设备提供服务。采集 APP 表示 Modbus、104 等具体的采集协议应用。

总线服务层包含以下核心组件：① 服务总线，为边缘计算框架各微服务提供服务发布、配置的服务；② 消息总线，提供边缘计算框架各微服务进行标准化交互的通道。

基础服务层主要实现如下核心组件：① 数据缓存，对南向对象收集的数据进行持久性存储和相关管理的服务；② 设备控制，实现从北侧到南向的控制请求的服务；③ 模型管理，连接到边缘计算框架的对象元数据的存储和关联管理的服务。

核心服务层主要实现如下核心组件：① 配置登记，为其他边缘计算架构内微服务提供关于边缘计算框架内相关服务的信息，包括微服务配置属性；② 核心数据，持久性存储库和从南侧对象收集的数据的相关管理服务；③ 元数据，提供配置新设备并将它们与其拥有的设备服务配对的功能；④ 设备请求，处理北向应用发往南向设备的请求；当然该服务还会处理框架内其他微服务发往南向设备的请求，如本地的分析服务。

支持服务层包含广泛的微服务，可提供边缘分析和智能，包括规则引擎、函数计算、流计算以及 AI 服务等各种微服务。

边缘应用层基于 SDK，为第三方提供便捷的边缘应用开发的能力。

开放服务层主要实现以下核心组件：① 网关登记，北向应用可以在网关注册，并获取其感兴趣的南向设备的数据；② 数据发送，通知数据何时被发往何地；③ 额外服务，通知数据传输格式；④ 对外交互层按照统一的交互协议，实现了物联网平台与边缘物联代理在管理、业务以及安全等方面的交互。

另外，边缘计算框架在核心功能之外还提供对外的管理及服务接口：

① 系统管理接口，系统管理服务用于为物联网平台提供监视、管理边缘物联代理的操作系统、边缘计算框架本身以及应用的能力；② 安全服务接口，用于为 SD-Edge 本身以及应用提供安全服务，涵盖安全接入、数据加密、远程证明以及安全基线等模块。

以下对边缘计算框架中的设备服务层、总线服务层、基础服务层、核心服务层、支持服务层、边缘应用层、开放服务层、对外交互层进行详述。

7.1.5.1　设备服务层

设备服务层中运行的采集 APP 是与电力终端设备或物联网对象交互的边缘侧服务，通过实现特定的业务接入协议与设备交互，包括但不限于采集设备数据、获取设备事件和控制设备。采集应用可以一次为一个或多个电力终端设备提供服务。采集应用管理的电力终端设备可以是单个非智能物理设备，也可以是另一个网关或智能设备，通信协议可以是 104 等复杂电力协议，也可以是 MQTT、CoAP 等轻量智能协议。采集应用以微服务形式在边缘计算框架上运行，通过本地协议与设备、传感器、执行器和其他电力终端设备进行通信。采集应用将 IoT 对象生成和传递的数据转换为通用边缘计算框架数据结构，并将转换后的数据发送到基础服务层的数据缓存和边缘计算框架其他层中的微服务，如图 7-2 所示。

边缘计算框架提供设备服务层微服务开发工具包（SDK），简化采集应用中与边缘计算框架其他组件的交互过程、简化应用微服务接口的开发过程。SDK 支持 Golang、C、Java 和 Python 版本。由于 SDK 中将大量框架支撑组件的通信、数据交互、接口等封装在 SDK 的库文件中，开发人员只需要关注交互协议、业务数据转换、数据与命令处理等业务相关逻辑，可以更轻松地创建新的采集应用。边缘计算框架的设备服务层应用启动后将应用信息发送到模型管理组件中保存，采集应用的所有事件（包含自动发送的事件、数据采集事件、设备控制事件等）都将发送到数据缓存中。设备控制组件下发对设备的命令到采集应用，采集应用则返回命令处理的回复。设备服务层的采集应用基于

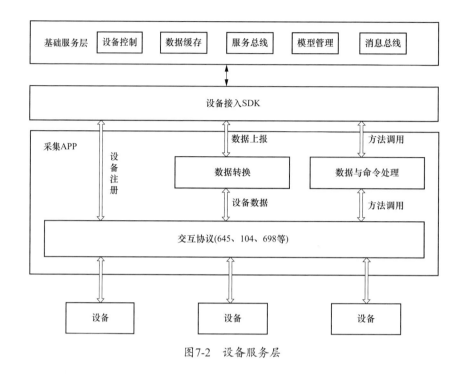

图7-2 设备服务层

预定义的物模型、程序配置文件、远程更新的配置等信息访问终端设备、采集数据。因此采集应用采集的业务数据与物模型满足一定的映射关系，并可通过边缘框架上的其他应用转换为符合云端要求的数据。为了降低开发难度，提高代码复用率，边缘计算框架提供了针对104、698、Modbus等的专用协议，MQTT等智能协议的开发模板供开发人员复用和参考。基于模板化SDK，仅需要对模型文件进行配置，对代码做有限度修改，即可完成业务应用的开发。

7.1.5.2 总线服务层

边缘计算框架的总线服务层包含消息总线、服务总线等重要组件，该层组件作为边缘计算框架基础服务的一部分，是必不可少的支撑组件。

边缘计算框架的服务总线提供面向接口代理的高可用远程过程调用（Remote Procedure Cal，RPC）、服务自动注册与发现、高度可扩展能力等功能。边缘计算框架的服务总线承担服务注册与发现、服务检索和状态检查等功能。边缘计算框架中的各组件都是以微服务形式运行的，所有的采集应用、边缘计算应用也是以微服务形式运行，因此服务总线同时也对框架上的所有组件和业务应用的运行状态进行监视，如图 7-3 所示。

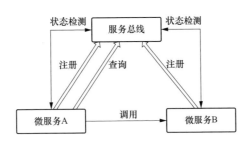

图7-3　边缘计算框架的服务总线主要功能流程图

消息总线作为一种跨进程的通信机制，用于在消息上下游之间传递消息。消息总线从消息的生产者处获取消息，并根据既定的路由规则把消息发送给处理消息的消费者，消息的生产者只需要依赖消息总线，逻辑上和物理上都不用依赖其他服务，消息消费者也不依赖其他服务即可收到消息并进行处理。边缘计算框架提供基础的消息总线，帮助框架中的所有组件发送、缓存、分发、路由、接收消息，如图 7-4 所示。

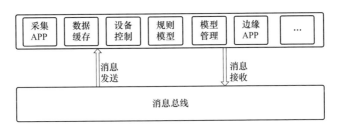

图7-4　边缘计算框架消息总线

7.1.5.3　基础服务层

边缘计算框架的基础服务层包含数据缓存、设备命令、模型管理等重要组件，该层的组件作为边缘计算框架的基础服务，是边缘计算框架必不可少的支撑组件。

模型管理微服务负责维护电力终端设备、采集应用以及各组件之间的如何通信的元数据。具体而言，模型管理微服务管理所有连接到边缘计算框架并由其控制的设备和传感器的信息，包含其设备的属性描述、事件描述、指令服务描述和定义，同时包含在该框架内运行应用的实例化信息。通过模型管理微服务可以实现对物模型的管理、更新和调阅。因此其他微服务组件在召测数据时，首先通过模型微服务获取调用的服务接口，采集应用返回的业务数据也是基于模型管理微服务中的模型进行规范化。采集应用具备的能力也由模型微服务统一维护。

设备控制微服务组件代表边缘计算框架对电力物联终端设备和传感器发出控制命令或操作。这种控制操作可能来自框架的其他微服务，如边缘计算应用或规则引擎，也可能来自物联网平台的远程控制命令或系统管理组件。

设备控制微服务以通用的标准化方式调用采集应用的接口，以简化与设备的通信。设备命令通过 GET 命令请求来自设备或传感器数据，通过 PUT 命令，控制设备动作或设置设备的状态。设备控制微服务从模型管理微服务处获得有关设备和传感器信息。设备控制微服务始终通过采集 APP 将命令和操作发送到设备和传感器。设备控制微服务不会直接与设备或传感器通信。因此，设备控制微服务是从边缘计算框架北向（例如规则引擎和对外交互层）到特定设备以及相关设备服务端的命令或动作请求的转换器。这种设计屏蔽了其他所有的系统调用对设备的不必要的交互。模型管理组件和边缘计算框架设备控制组件获取设备可用命令流程如图 7-5 和图 7-6 所示。

数据缓存微服务为电力终端设备和传感器收集的数据提供集中式持久化工具。采集应用通过调用数据缓存服务将设备和传感器数据缓存在边缘物联代理中，缓存的业务数据最终会通过对外交互层发送到物联网平台或其他外部模块。数据缓存作为边缘计算框架内部唯一数据缓存模块，框架内部的其他组件可通过仅访问数据缓存微服务获取与边缘物联代理相连的电力物联终端的数据。数据缓存在数据处于边缘时为设备和传感器收集的数据提供一定程度的安全性和保护。数据缓存使用 REST API 将数据缓存和移出本地存储。通过对

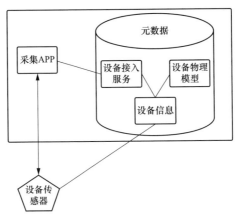

图7-5　模型管理组件

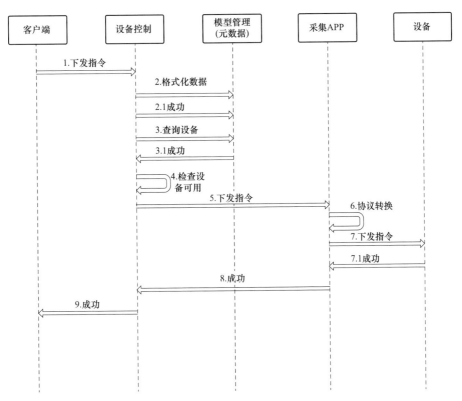

图7-6　边缘计算框架设备控制组件获取设备可用命令流程

数据缓存服务进行扩展，可以支持 MQTT、AMQP 等形式访问缓存数据。数据缓存默认通过 ZeroMQ 等方式将数据转发到对外交互层，流程图如图 7-7

所示。

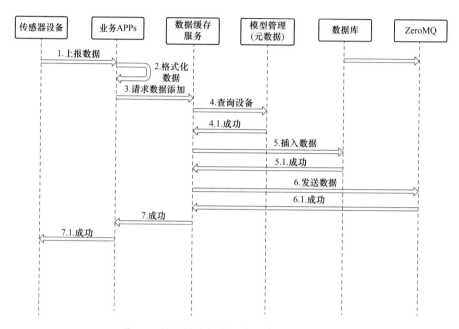

图7-7 数据缓存组件保存业务数据流程图

7.1.5.4 核心服务层

核心服务层介于北向与南向之间，这里所谓的北向即是数据被收集、存储、聚合、分析和转化为信息，以及与云通信的网络部分。而物理领域内的所有物联网对象，以及与这些设备、传感器、执行器和其他物联网对象直接通信的网络边缘，及从中收集的数据，统称为"南向"。核心服务层非常简单，但却是边缘计算框架内非常重要的一环。

7.1.5.5 支持服务层

支持服务层包含了一组高级微服务，为边缘计算框架提供灵活强大的边缘分析能力和智能分析能力。

消息路由即通过路由规则动态规划、远程配置等方式修改消息的传输路径，使消息按照过滤条件，从消息源路由到目标节点。通过消息路由，可实现对数据路由的灵活控制、提高数据安全性和消息处理能力。边缘计算框架提供灵活的消息路由，采集应用的业务数据进入数据缓存后，数据可通过消息路由组件将数据转发到函数计算模块进行轻量化数据处理，也可将数据路由到流计算模块，以流的形式对数据进行处理，或者数据直接通过对外交互层转发到物联网平台。通过消息路由实现数据到函数、数据到流计算和数据到物联网平台，处理过程如图 7-8 所示。

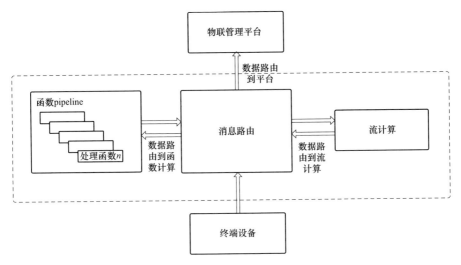

图7-8　边缘计算框架基于消息路由的边缘数据处理

　　函数计算提供基于消息路由接入数据，随后提供弹性、扩展性好、响应快的轻量计算能力，函数通过一个或多个具体的实例执行，每个实例都是一个独立的进程。所有函数实例由函数计算编排控制器负责管理生命周期，计算功能如图 7-9 所示。

　　函数计算运行时，模块支持不同脚本运行环境，第三方开发人员可通过编写自己的函数来处理消息，进行消息的过滤、转换和转发等。在边缘物联代理的函数计算运行的支持下，开发人员甚至不需要提供运行环境，仅提供代码和配置文件，即可实现消息的处理。

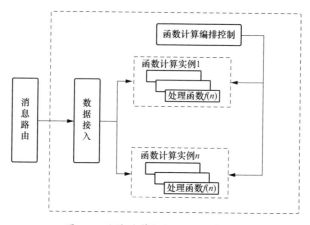

图7-9　边缘计算框架函数计算功能

在传统的数据处理流程中，总是先收集数据，然后将数据缓存起来。在需要使用时，再通过访问数据存储对数据进行转换和处理。边缘计算框架中提供了流式计算的微服务。当一条业务数据被采集应用收集并转发到数据缓存时，立刻通过网络传输到流计算组件中，并根据配置规则，将数据发送到下一个节点继续处理。物联网平台创建流数据分析任务，并将该任务下发到边缘计算框架。支持有状态计算，即流计算组件可维护数据在时序上的聚类和聚合，可基于数据的时标语义对数据进行流处理，提高计算的精确度，并容忍不同业务数据到达无序和延迟。支持基于窗口函数对多个采集应用数据源进行建模分析。基于复杂事件处理库，可实现快速检测数据流中的复杂事件模式，处理功能如图 7-10 所示。

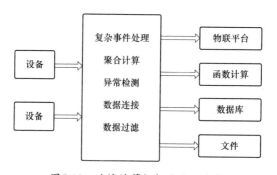

图7-10　边缘计算框架流处理功能

AI 服务是指在靠近物或者数据源头的网络边缘侧，就近提供边缘智能服务，基于物联网场景，满足行业数字化在敏捷连接、实时业务、数据优化、应用智能等方面的关键需求。边缘计算框架的 AI 服务将运行在边缘计算框架侧，与云端的 AI 服务融合，实现智能协同。云端结合边缘侧的数据不断改进算法，边缘侧根据云端模型对数据持续、实时分析。基于 AI 服务的智能协同如图 7-11 所示。

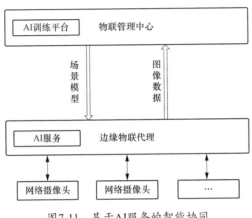

图7-11　基于AI服务的智能协同

7.1.5.6　边缘应用层

边缘计算模式是将部分计算任务下推到边缘侧执行，以减少无用数据传输。边缘应用层提供 SDK 开发应用，结合边缘计算框架的规则引擎、函数计算等技术，提供边缘计算的能力。在边缘计算框架支持的典型边缘计算场景中，营销应用从设备中获取数据，边缘计算框架的内部组件将数据以主题形式发布，任何订阅该类主题的内部组件和业务程序都将得到消息。边缘计算框架的规则引擎作为关键数据服务，有权限订阅所有采集的主题信息，根据上层业务需求自行配置规则。规则文件中描述感兴趣的事件、触发动作的条件和触发的动作。边缘计算框架的边缘 APP 示意图如图 7-12 所示。

边缘计算能力是边缘计算框架的重要特性，数据采集、业务控制等与设备紧耦合的业务逻辑可封装在设备应用中，除非设备故障，否则这类应用可以长

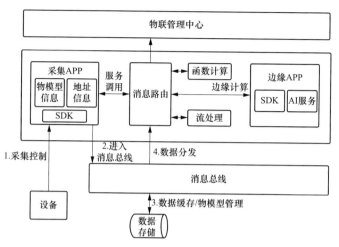

图7-12　边缘计算框架的边缘APP

期运行几乎不需要更新。这些设备类应用采集的数据则可以在边缘计算框架中基于规则引擎，在不同边缘计算应用中共享并灵活构造高级业务应用。这样可以将数据采集与业务应用完全解耦，边缘计算应用可以随时更新，满足业务需求，但数据采集与设备控制并不会中断。

7.1.5.7　开放服务层

在必要情况下，边缘计算架构需要可以独立于其他系统运行。边缘计算架构所依存的网关可能会在独立非联网环境下部署，同时监管一组传感器或设备。当网关在不联网环境下运行时，其监管的传感器及设备是不受外界环境监管或控制的。因此边缘计算架构在不连接北向应用的情况下，是可以长时间独立运行的。不过边缘计算架构收集的数据总归还是需要定期或不定期地传输给北向应用（云端系统）。开放服务层就是为实现这个目的而存在的。

7.1.5.8　对外交互层

边缘计算框架具有灵活的边缘计算支撑能力，但必须与云端配合才能实现云边协同。基于统一的交互协议可消除物联网互联互通的差异，作为边缘物联代理与云端交互的标准，规范云边交互的传输层协议技术、应用层协议和业务的消息类别、消息格式、消息语义、请求和响应时序关系等内容。

7.1.5.9 物联网边缘计算架构系统管理

系统管理模块提供对系统监视、系统管理、边缘监视、边缘管理以及应用监视和管理等功能。

系统监视是指对物联代理设备的支撑软硬件配置、系统运行（CPU、内存、网络、存储）状态、系统下联拓扑进行监视，应用监视上送的数据将关联到物联网平台相应的主题。其中，设备监视不包括子设备的状态。

系统管理是指对物联代理进行操作系统升级等管理操作，设备管理不能破坏系统内已经运行的业务应用。

边缘监视是指对边缘计算框架的所有组件进行监视，包括对边缘计算框架组件（如规则引擎、消息总线、设备控制等）的运行状态、占用系统资源（CPU、内存、磁盘等）的监视，当边缘计算框架组件运行出现故障或遇到安全事件时可及时上报。

边缘管理是当物联网平台下发远程配置的命令给边缘计算框架组件，边缘计算框架组件订阅控制指令并执行对设备的远程配置或升级等功能。

应用监视是指对边缘物联代理应用的运行状态、占用系统资源、日志信息、配置信息等进行监视，应用监视上送的数据将关联到物联网平台相应的主题。

应用管理是指物联网平台通过远程调用的方式向边缘计算框架进行应用下发、应用控制（安装、升级、启用、停止、删除）、更新规则引擎等操作。

7.1.5.10 泛在电力物联网边缘架构安全服务

开放的软件生态环境以及互联网技术引入到电力生产系统中，将给现有封闭的嵌入式系统带来安全隐患。大规模的开放软件生态环境可能含有安全漏洞、未知后门；便捷高效的以太网接入方式也给黑客提供了便捷的攻击路径。但是泛在电力物联网的网络安全问题不能直接照搬 IT 领域的安全解决方案，需要考虑到现有嵌入式系统的实时性、确定性要求；同时频繁升级、打补丁会影响系统可用性，因此同样不适用于嵌入式系统，需要引入安全可信的主动防御方法。遵循泛在电力物联网总体防护要求，按照"可信互联、精准防护、安全交互、智能防御"的防护策略，边缘计算框架基于硬件及操作系统层面的安全机制和服务，向下主要实现终端的安全认证、安全监测、策略下发，向上通过信息网络安全接入网关接入物联网平台，利用安全芯片、操作系统加固、可信计算等措施强化本体安全防护，强化数据在本地存储及传输安全，主要包括APP加固及安全验证、终端远程升级安全、数字证书和密钥管理、安全接入等模块。其中，"可信"是边缘计算框架的一个重要特性。

以安全升级为例，边缘计算框架基于TPM可信芯片，通过远程采集边缘物联代理的设备状态，实现物联网平台对该设备是否处于可信状态的远程证明功能，可有效支撑固件、操作系统、应用远程的安全升级难题的解决。

7.1.6 物联网边缘计算架构的环境构建

边缘计算框架环境构建包含下载编译开发环境、基于SDK开发采集程序、使用跨平台开发工具链进行开发工作、基于容器构建编译环境和制作运行镜像、基于虚拟设备的调试等功能。边缘计算框架支持三种应用开发模式：基于边缘计算框架的SDK进行应用开发；不基于边缘计算框架的SDK，但基于边缘计算框架的数据缓存、消息总线、服务总线等微服务的RESTful API进行应用开发；完全不基于边缘计算框架的SDK及微服务进行开发，应用APP自行处理所有的设备发现、数据存储、消息转发、平台对接等一系列工作。边缘计算框架目前支持ARM 32/64、X86、PowerPC、MIPS等CPU架构。操作系统支持Ubuntu、RHEL、CentOS和瑞盾四级安全操作系统（电力专用最高等级安全操作系统），后续将逐步支持部分物联网操作系统。Docker最低支持Docker-1.13版本，某些高级开发功能需17.06及以后的版本，后续将逐步支持LXC、LXD等其他容器技术。

7.1.6.1 跨平台开发

基于SDK开发采集应用可以简化大量的开发细节，开发人员可专注编写业务逻辑，无需关注数据缓存、程序自动发现、程序管理等与业务无关的交互。SDK 基于边缘计算框架实现上述逻辑。

为了有效管理应用所占的系统资源，应用均是以容器的方式运行在边缘计算框架上，针对应用镜像的构建，边缘计算框架提供了工具和基础镜像，基于瑞盾操作系统的最小化基础镜像包含了二进制程序运行的必要环境。用户可基于已提供的镜像添加程序，修改必要的配置，添加依赖，生成业务应用镜像。同时，为简化程序编译环境的构建，边缘计算框架提供了基于 Docker 的代码编译镜像，该镜像包含了必要的编译工具、主要开发依赖包，业务程序可直接在 Docker 镜像中编译，开发人员也可基于该编译镜像和 Docker file 等配置文件，自动化完成编译程序打包镜像。基于 Docker 的编译工具使用了 Docker 的高级功能，该功能只在 1.17.06 及以后的版本中支持。

由于边缘计算框架可运行在嵌入式设备和异构的 CPU 设备上，因此跨平台的开发环境的构建变得尤为重要。为保证应用开发不依赖具体硬件环境，可在 X86_64 架构的 Linux 系统上使用虚拟机、QEMU 模拟器等构建边缘计算框架应用的开发环境。开发人员可下载指定架构的编译器，安装边缘计算框架工具集中的模拟器。在此环境下运行 Docker 容器的编译镜像，模拟器可根据文件类型识别底层 Docker 镜像支持的 CPU 架构，并模拟对应的指令集，从而实现在 X86_64 环境下编译运行其他的 CPU 架构的程序。

7.1.6.2　框架测试

边缘计算框架提供了基于虚拟设备的程序调试工具，模拟不同类型的设备生成采集数据、发送到数据缓存并通过消息路由转发，也可模拟设备接收控制命令并给出相应的响应。虚拟设备依赖于边缘计算框架的其他功能组件，在虚拟设备初始化时，会与其他组件交互并识别匹配对应的物模型和配置文件，因此虚拟设备不仅能够在代码开发过程中测试业务逻辑是否正确，还能够检查物模型、应用配置参数等设置是否合理。同时，基于虚拟设备，开发人员可以通过设置其不同参数的调用接口频率、自动事件等辅助功能，验证其是否可行。

7.2 物联网云边协同接口

7.2.1 物联网云计算与边缘计算的融合

物联网已经发展很多年了，物联网是由各种不同物理设备连接起来的网络，这些设备，比如手机、汽车、楼宇、温度计等，是日常生活中具有可连接介质的物品。而随着越来越多的物品具有了这种介质，这些物品都成为可连接设备，因此，物联网发展的结果是万物互联。万物互联必然会产生大量的数据，这些数据有些会在本地设备上处理，有些会被发送到数据中心进行统一处理，而目前大型数据中心都部署了云，因此，物联网产生的很多数据也就在云端被处理。数据在云端被统一处理、统一管理是一种集中化的处理和管理方式，这样的话，终端设备更像是显示设备，通过网络获取处理结果，然后显示给用户。但是云端和本地终端的网络传输可能会有延迟，稍微严重时，会带来体验上的问题，并且随着万物互联后数据量的暴增，数据中心的计算压力也会越来越大，同时需要进行网络传输的数据量也越来越大。

目前来看，物联网和云计算的融合会遇到两个问题：①计算集中化带来的数据中心计算压力的问题；②数据量暴增带来的网络传输量增加和网络延迟的问题。而边缘计算的出现，则可以在一定程度上解决这两个问题。

边缘计算会将数据存储到离使用它的场景比较近的地方，某种程度上类似于 CDN，也可以看做是分布式的云计算。数据被分布存储到各种设备上以后，计算也转移到这些设备或者比较近的位置上，因此，边缘系统充分利用了物联设备的计算力，又因为数据离设备比较近，在大大释放数据中心计算压力的同时，减少了从数据中心获取数据到本地设备的延迟时间，提升了用户体验感。这样来看的话，边缘计算系统又类似于云计算，只不过它被部署到了这世界的各个角落，看起来又像是混合云中的私有云部分。边缘计算所处理的数据，也和其他数据一样重要，因此，边缘计算系统同样需要高可用性、扩展性、可弹性伸缩和安全性，而且系统需要有自治愈能力，不需要经常人为地去处理故障，就像我们的家用路由器一样，配置一次后，偶尔有问题重启就解决了。一般来说，我们可能会把任务的编排、指令的分发功能放到云计算平台，而边缘计算节点主要用来执行任务，并把任务的执行结果反馈到云端，这样边缘计算就和云计算融合起来了。

一般来说，物联网和边缘计算的融合，是因为物联网催生大量的数据，而这些数据的处理和传输会遇到一些问题，边缘计算致力于解决这些问题，于是边缘计算就和物联网技术融合起来。我们上面又谈到了，边缘计算和云计算也是融合在一起的，因此我们可以得出这样的结论，就是物联网、边缘计算、云计算这三种技术，在不断地融合发展，最后达到的结果大概是：万物互联，就近计算和集中管理。物联网、边缘计算、云计算属于基础设施部分，而由这些基础技术发展衍生出来的应用形态，将是非常具有想象空间的，也是非常值得期待的。

7.2.2　物联网云边协同接口

物联网云边协同接口主要包括边缘实例管理、边缘实例网关管理、边缘实例驱动管理、边缘实例设备管理、边缘实例部署单管理的接口。接口的标准化是一项十分重要的工作，标准化的工作应该按照国际标准规范进行。

目前，低压配电台区设备种类繁多、通信接口各异，不能有效地接入电力物联网中，进而形成各个孤立单元，使电网企业无法感知低压配电台区的工作状态及运行情况。智联单元作为独立的单元应用在低压配电设备中，为低压配电台区设备接入泛在电力物联网提供统一接口。在设计接口时候，需充分考虑低压配电设备通信协议的现状，结合电网企业对电力设备地址 IP 化的要求、各种电力通信技术的特点、先进的系统部署与软件升级方案、"国网芯"战略，深入研究 IPv6 通信协议、高速载波通信技术、微功率无线技术，研发可应用于无功补偿设备、三相不平衡设备、智能断路器等电力设备的泛在电力物联网智联单元，旨在解决当前低压电力设备通信协议不一致，许多设备未实现有效互联，电力设备分散未有统一的 IP 地址等问题。在智联单元的研制与应用模块，需要实现低压设备的入网，达到有效互联、全面感知。电力物联网终端集遥测、遥信、遥控、保护和通信等功能于一体，采用插卡式或独立安装式结构设计，提供通信通道、拓展采集范围，增加采集要素，与传统配电终端、智能开关设备等配套使用或独立安装使用，对电力设备进行统一监控与管理。

物联网云边协同接口中与实例管理相关的接口如表 7-1 所示。

表 7-1　　　　　物联网云边协同接口中与实例管理相关的接口

API	描述
Create Edge Instance	创建边缘实例
Delete Edge Instance	删除边缘实例
Get Edge Instance	获取边缘实例详情
Query Edge Instance	查询当前账号下的所有边缘实例
Update Edge Instance	更新边缘实例

物联网云边协同接口中与实例网关管理相关的接口如表 7-2 所示。

表 7-2　　　　　物联网云边协同接口中与实例网关管理相关的接口

API	描述
Bind Gateway To Edge Instance	分配网关到边缘实例中
Query Edge Instance Gateway	查询边缘实例中的网关

物联网云边协同接口中与实例驱动管理相关的接口如表 7-3 所示。

表 7-3　　　　　物联网云边协同接口中与实例驱动管理相关的接口

API	描述
Bind Driver To Edge Instance	分配驱动到边缘实例中
Batch Get Edge Instance Driver Configs	批量获取边缘实例的驱动配置
Clear Edge Instance Driver Configs	清空边缘实例的驱动配置
Query Edge Instance Driver	查询边缘实例的驱动列表
Set Edge Instance Driver Configs	配置边缘实例驱动
Unbind Driver From Edge Instance	从边缘实例中移除驱动

物联网云边协同接口中与实例设备管理相关的接口如表 7-4 所示。

表 7-4　　　　　　物联网云边协同接口中与实例设备管理相关的接口

API	描述
Batch Bind Device To Edge Instance With Driver	批量分配设备到边缘实例中，并为设备设置驱动
Batch Unbind Device From Edge Instance	批量移除边缘实例中的设备
Query Edge Instance Device	查询边缘实例中的设备列表
Batch Get Device Driver	批量获取边缘实例设备的驱动
Query Device By Driver	通过驱动查询边缘实例中的设备列表
Batch Set Edge Instance Device Config	批量配置边缘实例中的设备
Batch Clear Edge Instance Device Config	批量清空边缘实例中设备的配置
Batch Get Edge Instance Device Config	批量获取边缘实例中设备的配置

物联网云边协同接口中与实例部署相关的接口如表 7-5 所示。

表 7-5　　　　　　物联网云边协同接口中与实例部署相关的接口

API	描述
Create Edge Instance Deployment	创建边缘实例部署单
Close Edge Instance Deployment	关闭边缘实例部署单
Get Edge Instance Deployment	获取边缘实例部署单详情
Query Edge Instance Historic Deployment	查询边缘实例历史部署单记录

电力物联网覆盖电力系统各环节，需要一张网络接入多类终端，实现"全景监测"；随着终端多元化能源服务、智能终端、移动应用的发展，平台连接设备量巨大，云网端之间的连接将跨越有线网络、电力无线专网、无线公网等多种网络。为支撑构建端到端解决方案，需要通过平台揠供统一的设备管理、连接管理。

电力物联网向规模化应用发展，为解决碎片化、重复化问题，需要提供共性技术平台。基于统一的技术路线，以微服务形式提供通用功能和接口，提升开发效率，支持不同业务应用的开发和实施；提供开放的外部接口，实现跨行业、跨领域互通，推动大规模应用发展，促进业务模式创新，持续演进满足新需求。连接管理提供安全可靠的设备连接通信能力，实现电力生产现场、运行、控制数据的全面在线采集。支持无线、有线等多种网络连接方式的设备接入，实现各种类型终端设备的快速统一接入、动态管理及维护，支撑海量设备多协议适配。

7.3 物联网云边协同应用

能源服务始于20世纪，经传统能源和分布式能源阶段，发展到现在的综合能源阶段。随着智能化技术的不断进步，更便利的能源服务模式开始出现。能源互联网可以理解为一种运用电子信息技术同能源各场景深度融合的体系，通过将大量的分布式能源装置和节点互联，形成能源信息数据的对等交换和共享网络。近年来，国内外专家学者纷纷关注能源互联网技术的研究，但目前对能源互联网的探索还处于初级阶段，如何使传统能源产业转型升级为智能化的能源互联网，使人们的生活更便利，将是未来研究的热点。

大部分的能源行业，例如电力、石油等，都具有终端设备多、信息量巨大的特点。在传统体系中，大量的抄表员需要定期对数据进行收集和检查设备安全，这种方式成本高、效率低下。在传统能源行业转向能源互联网智能化升级的过程中，单纯使用云计算，将大量终端信息传输至云端会产生巨大的网络宽带负担和云端计算压力，不能有效地提升行业效率、节省资源。同时，多数处于的偏远地区和极端环境的终端设备没有很好的网络条件来进行数据的传输工作。

在能源互联网中，使用云边协同，在加入边缘节点后，通过各种终端设备可实现对关键设备自动化数据收集和实时安全监控，并能够对采集到的数据进行实时处理，在本地进行优化控制、故障自动处理等操作，把经过加工的高价值数据与云端进行交互，云端进行全网的安全和风险分析，进行大数据和人工智能的模式识别、节能和策略改进等操作。同时，如果遇到网络覆盖不到的地区，可以先在边缘侧进行数据处理，在有网络的情况下将数据上传到云端，云端进行数据存储和分析。一方面极大地节省了网络带宽资源，另一方面也为云端后续进一步大数据分析、数据挖掘提供了数据预加工服务，为云端规避了多种采集设备带来的多源异构数据问题。

7.3.1 浪潮云的智慧能源管理解决方案

在传统能源产业向能源互联网升级的过程中，利用云计算和边缘计算两方的优势，可以加速升级过程。以石油行业为例，在油气开采、运输、储存等各个关键环节，均会产生大量的生产数据。在传统模式下，需要大量的人力通过人工抄表的方式定期对数据进行收集，并且对设备进行监控检查，以预防安全事故的发生。抄表员定期将收集的数据进行上报，再由数据员对数据进行人工的录入和分析，但人工成本非常高，而且数据分析效率低、时延大，并且不能实时掌握各关键设备的状态，无法提前预见安全事件防范事故。而边缘计算节点的加入，则可以通过温度、湿度、压力传感器芯片以及具备联网功能的摄像头等设备，实现对油气开采关键环节关键设备的实时自动化数据收集和安全监控，将实时采集的原始数据首先汇集至边缘计算节点中进行初步计算分析，对特定设备的健康状况进行监测并进行相关的控制。

浪潮云的智慧能源管理解决方案，通过智能物联网网关连接终端感知层的水表、电表、燃气表、热能表等设备，在边缘侧实时采集设备数据，对数据进行处理，可以实现对终端设备的能耗管理、安全预警、无功补偿等操作，并可以进行断点续传；同时将分析后的数据上传到云端，云端对数据进行表码分析、用量分析、需量分析等大数据处理，同时存储大量数据，用户可以随时查询历史记录。

能耗管理系统采用分层分布式系统体系结构，对电力、燃气、水、热等各分类能耗数据进行采集、处理，并分析能耗状况，实现节能应用。通过能源计划、能源监控、能源统计、能源消费分析、重点能耗设备管理、能源计量设备管理等多种手段，使企业管理者对企业的能源成本比重、发展趋势有准确的掌握。让电力、燃气、热力等看不见不能摸的用能信息可视化，并与生产运营相结合，形成单位制品能耗、日均网损、平均（水电气热）价格等指标，协助管理者精准掌控企业状况，客观科学分析，为企业精细化管理提供新的数据化纬度。

采用技术路线为采集终端采集仪表水、电、气、热等智能仪表数据，并将数据通过 GPRS 或以太网的形式传输、存储至浪潮云工业互联网平台，进行相关的分析处理，用户只需打开相应系统的的应用软件，即可通过手机 APP、电脑客户端完成对用能数据的随时调取、监控、分析、管理等需求。让用能信息变得简单、直观，让决策者、管理者掌控企业电气运检、售电信息、用电安全预警信息。方案技术架构如图 7-13 所示。

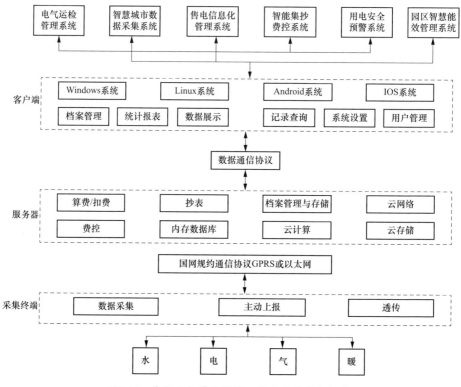

图7-13 浪潮云智慧能源管理解决方案技术架构

7.3.2 腾讯云能源物联解决方案

腾讯物联网通信（IoT Hub）保证海量设备接入，使用完备的加密协议，保证可靠、高并发的数据通信。云端数据库（MySQL）为用户提供高性能、高可用、高安全防护、可扩展的低压配电监测数据存储服务。腾讯云服务器CVM帮助用户快速部署可扩展、故障自修复的低压配电监测应用程序。云端SDK支持低压配电监测应用程序快速、稳定调用已有设备数据。腾讯云商业智能（Business Intelligence）分析服务为用户提供负荷、线损等低压侧数据的多维分析和报表展现。通过智能AI算法和边缘计算，优化三相不平衡和无功补偿的优化策略，提高供电效率，保证经济运行。方案技术架构如图7-14所示。

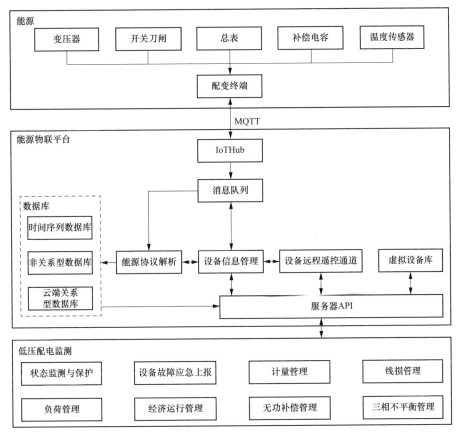

图7-14　腾讯云能源物联解决方案技术架构

7.3.3 华为技术有限公司电力物联网解决方案

输电线路设备点多面广，而且大部分位于丘陵山间，传统人工巡视需要跋山涉水，工作强度大，且存在登高、野外作业等多项风险。普遍缺乏有效的视频边端智能识别功能，还是需要将视频和图片全部回传后台之后用人工进行分析，造成整个系统边端通信及供电资源紧张、人工分析量大，无法大规模推广。业界传统的输电视频监控和图像抓拍方案效果不佳，表现在：

（1）信息回传难：采集图像回传消耗大量流量，设备无法长期开启，视频图像需要降低清晰度。

（2）监控效率低、效果差：回传数据依赖人力排查，存在漏看误判，拍照间隔长，时效性不高等问题。

（3）功耗与可靠性问题：塔杆供电依赖太阳能，设备运行功耗高，长期阴雨天气导致供电不足，设备掉线率高。

华为输电物联网解决方案在边缘侧部署输电视频监控终端，集成 Atlas 200 AI 加速模块，运行 AI 推理算法进行就地图像视频分析，及时上传告警。主站部署训练和推理系统，持续优化算法模型，结合管理软件实现模型远程下发部署，快速升级系统功能。

（1）前端嵌入式 AI 推理：提升时效性和准确率，降低回传流量，最优化系统成本。

（2）极致低功耗：模块支持多级能效管理，良好适配供电系统，保障整体装置长期稳定工作。

（3）云边协同：云端部署深度学习系统，持续训练优化算法模型，支持边缘端远程模型下发与规模部署。

输电领域智能巡检系统是将华为昇腾人工智能处理器部署在输电杆塔和无人机的在线监测摄像头里，用来对输电线路 5 大典型隐患场景、7 大本体缺陷进行识别，用视频在线监测去替代传统高强度、高风险的人工现场巡视值守。

现在，通过"以系统智能分析为主、人工判断为辅"的崭新模式，原来需要20天才能完成的现场巡视工作，输电监控指挥中心现在仅需2小时就可完成，巡检效率足足提高了80倍。

华为自主研发的鲲鹏处理器给电力物联网解决方案提供了一个新的选择，其技术和性能已经达到基本的要求。目前正在研究和验证向鲲鹏处理器的业务迁移，最终希望实现电力互联网数据中心（Internet Data Center，IDC）软硬件资源全栈国产化。在人工智能方面，借助华为昇腾AI处理器与电网业务的自研算法，通过边端数据本地实时处理，实现输变电领域的智能巡检，如对电力线路外部施工隐患的现场识别预警、无人机拍摄线路缺陷图像的就地识别等，实现智慧运维。

同时，华为5G技术也带来了超宽带管道电力业务的创新应用。5G速度快、大带宽、低延时的特性主要应用在视频巡检及监控业务，可以实现作业现场超高清视频的回传和实时视频巡检。另外，应用在调度领域，如5G差动保护、相量测量装置（Phasor Measurement Unit，PMU）等，可提升电网实时控制能力。通过人工智能、物联网、5G先进技术的使用实现了：

（1）实时预警，准确上报：实现输电线路情况的实时监控与分析，实时上报告警，减少人工监视的漏报与误报。

（2）效率大幅提升：系统部署后，运维班组远程即可浏览线路情况，利用人工智能实现图像的智能识别，大幅降低了人力投入，线路运维工作效率提升显著。

（3）系统成本节省：前端就地分析大幅降低了对于公网流量、云端存储与计算资源的占用，整体系统成本降低30%以上。

物联网平台技术
在能源互联网中的应用

物联网在能源互联
网中的典型应用

8.1　物联网平台技术典型应用概述

面向能源互联网应用的物联网架构主要分为感知层、网络层、平台层、应用层。感知层主要通过各类传感器、射频识别等技术手段实现对能源系统相关信息的采集；网络层依托电力信息通信网、4G/5G 公共运营商网络等，传输感知层的各类能源信息；平台层主要实现超大规模终端统一物联管理，提升数据高效处理和云雾协同能力，实现数据融合共享，统一存储、处理并提供服务；应用层主要采用智能计算、模式识别等技术实现能源信息的综合分析和处理，以及智能化的决策、控制和服务。

本章主要介绍物联网在电力系统中的输电、变电、配电、用电各个环节的典型应用，及能源其他行业中的综合能源服务的典型应用等。物联网以其独特的优势，能在多种场合满足能源互联网中信息获取的实时性、准确性、全面性、共享性等需求，有助于对能源生产全过程进行全方位的监控。利用物联网技术可以提高能源行业设备的感知能力，实现联合处理、状态监测、数据传输、综合分析等功能，改善现有能源基础设施的利用效率，有效提供能源互联网的智慧化管理水平。

8.2　输电线路无人机智慧巡检

8.2.1　业务概述

能源行业，尤其是电力行业，输电运检专业在山区进行线路、杆塔巡视时受自然环境影响较大，巡视效率低。随着智慧物联管理平台、数据中台、云平台的运用，借助龙巢、无人机、输电线路图像抓拍机、可穿戴设备及各类传感器等边端设备的感知能力，可以实现输电专业智慧巡检，减少输电运检人员工作量，提高工作效率。

结合部分地区输电线路数量多、山区环境复杂等特点，由无人机和输电线路图像抓拍机将其所采集的线路运行工况图片传输至龙巢，利用龙巢的边缘计算能力对图像进行分析识别，分析识别结果和现场多种传感器、可穿戴设备所采集的实时结构化数据统一传送至物联管理平台，利用物联管理平台、企业数据中台和云平台所组成的"三台"对数据进行深入分析运算，再将计算结果所指引的任务指令通过物联管理平台传送至现场边端设备及运维人员，实现输电专业智慧巡检，大幅提高工作效率。

通过物联管理平台的深入应用，大量边端设备实现了统一平台的接入，大幅提高输电设备、输电通道的感知能力；将物联管理平台与企业数据中台和云平台紧密结合，充分挖掘云平台的计算能力，将计算结果由物联管理平台推送至现场边端设备或运维人员，形成闭环管控的智慧巡检，提高输电运检专业工作效率。

8.2.2　技术架构

输电专业智慧巡检场景应用遵循国家电网有限公司智慧物联体系"云—管—边—端"整体架构进行设计，由互联网大区物联管理平台实现龙巢、无人机、输电线路图像抓拍机、可穿戴设备及各类传感器的统一接入和管控，依托龙巢的边缘计算能力，对无人机巡检作业时所采集的图像以及输电线路图像抓拍机定时采集的图像进行分析识别，识别结果和现场各类传感器、可穿戴设备所采集的实时结构化数据均传送至互联网大区物联管理平台。

互联网大区物联管理平台通过安全隔离装置，将数据传输至内网数据中台，电力生产管理系统（Power Production Management System，PMS）等设备管理系统对设备运行数据进行接入和调用，实现闭环管控；并利用部署在内网云平台上的输电设备故障识别系统，实现多维度感知和数据汇总分析。

数据分析结果如显示设备异常或缺陷，依据异常或缺陷类型将信息发送至运维人员手持终端设备，同时通过互联网大区物联管理平台，发送异常或缺陷信息，调用无人机、输电线路图像抓拍机对判断为异常或缺陷的设备进行精准拍摄，图像、视频数据传输至龙巢，由龙巢发送至运维人员手持终端，为运维人员准确定位故障点、精准判断故障类型以及快速响应提供支撑。

8.2.3 实现功能

（1）输电线路定期自主巡查。制定输电线路图像抓拍机的图像定时采集机制和无人机自主巡检、拍摄机制，将上述设备采集的图像信息传输至附近龙巢，依托龙巢的边缘计算能力，对图像进行初步分析识别。如发现异常，依据异常分类，报送相关信息至物联管理平台；如无异常，则报送巡视记录。

（2）内网业务系统对现场巡检数据的接入与调用。输电运检专业对线路、杆塔的巡视记录，目前以人工录入 PMS 等生产管理系统为主要方式，时效性差，且存在人为失误造成数据录入错误的情况。输电专业智慧巡检场景的建设与应用，将现场边端设备的感知数据和边缘计算的结果通过互联网大区物联管理平台接入内网数据中台，使得现有的包括 PMS 在内的生产管理系统可以直接接入和调用上述数据，完成了数据的自动上传，实现了闭环管控。

（3）基于云平台的异常缺陷分析。龙巢的边缘计算结果与边端设备所采集的感知数据传入互联网大区物联管理平台后，通过安全隔离装置，将数据传输至内网数据中台，利用部署在内网云平台上的输电设备故障识别系统，对边缘计算结果为异常的设备，融合多维度感知数据开展汇总分析，精确判断异常、缺陷情况。

（4）通过物联管理平台调用边端设备精准捕捉疑似缺陷异常信息。基于云平台的数据分析结果，设备疑似异常或缺陷的，依据疑似异常或缺陷类型将信息发送至运维人员手持终端设备，同时通过互联网大区物联管理平台，发送疑似异常或缺陷信息至龙巢，调用相关无人机、输电线路图像抓拍机对疑似异常或缺陷的设备进行精准拍摄，图像、视频数据传输至龙巢，由龙巢通过发送至运维人员手持终端，为运维人员准确定位故障点、精准判断故障类型以及快速响应提供支撑。

8.2.4　应用效果

（1）基于边缘计算实现设备定期自主巡查。依托龙巢的边缘计算能力，对输电线路图像抓拍机定时采集的图像和无人机自主巡检、拍摄的图像进行分析识别。如发现异常，依据异常分类，报送相关信息至物联管理平台；如无异常，仅报送巡视记录。

（2）现场巡检数据对内网业务系统实现自动实时接入。边端设备的感知数据和边缘计算结果，利用互联网大区物联管理平台经过安全隔离装置接入内网数据中台，通过对数据的接入与调用，使得现场巡检数据对内网业务系统做到自动实时接入，实现了闭环管控。

（3）通过互联网大区物联管理平台的双向交互功能，调用边端设备精准捕捉疑似缺陷异常信息。基于云平台的数据分析结果，利用互联网大区物联管理平台的双向交互功能，发送疑似异常或缺陷信息至龙巢，调用相关无人机、输电线路图像抓拍机对疑似异常或缺陷的设备进行精准拍摄，图像、视频数据传输至龙巢，由龙巢发送至运维人员手持终端。

输电专业智慧巡检场景应用，将互联网大区物联管理平台与龙巢相结合，实现了示范性和经济性双重效益。

（1）示范性效益。龙巢与互联网大区物联管理平台的联通，实现了设备定期自主巡查，巡查数据对内网业务系统自动实时接入，解决了人工录入时效差且易造成数据偏差的问题；利用云端的计算能力，融合多维度感知数据并展汇总分析，精确判断异常、缺陷情况；利用物联管理平台的双向交互功能，调用相关无人机、输电线路图像抓拍机对疑似异常或缺陷的设备进行精准拍摄，图像、视频通过龙巢发送至运维人员手持终端，实现准确定位故障点、精准判断故障类型。

上述功能的实现，为自然环境与供电公司在输电专业智慧巡检场景形成了

"可复制、可借鉴、可推广"的互联网大区物联管理平台应用示范，全面提升输电运检管理规范化、智能化、精益化水平，助力"数字新基建"建设，构建发展新格局。

（2）经济性效益。输电专业智慧巡检场景的建设与应用，减少了工作人员将巡检记录录入系统的工作，同时通过边缘计算实现自主巡查、云平台精准计算、物联管理平台调用边端设备拍摄图像的赋能，助力抢修人员快速响应，准确定位故障点、精准判断故障类型，及时消除异常、缺陷，保障电力设备安全稳定运行。预计可以每年减少约 100 人·次的现场巡检次数，极大减少配电室环境维护人力资源，节约运维成本约 50 万元。

8.3 输电电缆故障快速定位与智能抢修

8.3.1 业务概述

采用各类传感器，对高压电缆本体、中间接头、电缆隧道的环境量、物理量、状态量、电气量、行为量进行实时采集，并与运检专业数据融合分析，实现电缆设备状态及隧道环境的深度感知、风险预警和全景展示，主动触发多参量和多设备间的联合分析并推送预警信息，完成各业务系统、个人移动终端、APP、智能巡检机器人的信息共享，有效提升高压电缆状态感知的及时性、主动性和准确性，为缺陷、隐患的及时发现、处置提供保障。

8.3.2 技术架构

线路及电缆廊道电缆上部署的分布式故障监测装置实时感知架空线路运行参数，通过无线或有线方式上送边缘物联代理，经边缘计算后上送物联管理平台。技术架构如图 8-1 所示。

通信原则基于国家电网有限公司设备部《输变电设备物联网建设方案》设计，各地应结合现场实际情况灵活选择。

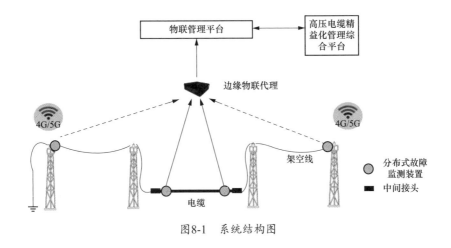

图8-1 系统结构图

（1）电池供电、自取能的微功率传感器通过《输变电设备物联网微功率无线网通信协议》接入汇聚节点或边缘物联代理；局部放电、泄漏电流等采样频率低、单次采集功耗较大的低功耗传感器通过《输变电设备物联网节点设备无线组网协议》接入边缘物理代理，或经汇聚节点组网后与边缘物联代理连接。

（2）有线传感器通过有线方式直接接入边缘物联代理，或有线接入汇聚节点后经无线传感网接入边缘物联代理。

（3）汇聚节点间、汇聚节点与边缘物联代理采用《输变电设备物联网节点设备无线组网协议》组网。

（4）边缘物联代理北向应支持无线接入点名称（Access Point Name，APN）、电力专网及光纤通信方式，并采用《物联管理平台技术和功能规范 第4部分：边缘物联代理与物联管理平台交互协议规范》与物联管理平台进行数据交互。

8.3.2.1 架空线路组网方式

在架空输电线路物联组网方面，各类采集终端、汇聚节点和边缘物联代理，根据实际情况可分为无线组网和有线组网两种组网方式，详见图8-2和图8-3，可根据现场实际情况灵活选择通信方式。

（1）无线组网方式。无线组网方式可分为单点组网方式和多跳组网方式。

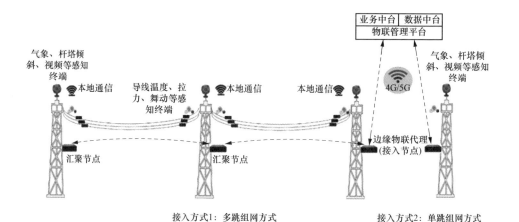

接入方式1：多跳组网方式   接入方式2：单跳组网方式

图8-2　架空线路数据传输方式（无线组网）

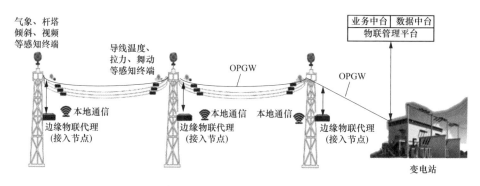

图8-3　架空线路数据传输方式（有线组网）

1）单点组网方式：适用于 APN、电力专网信号稳定覆盖区域，通过部署于杆塔的边缘物联代理汇聚其覆盖范围内杆塔及线路上采集终端数据。

2）多跳组网方式：为了增加网络的覆盖范围，实现一定范围内数据可靠的传输。在 APN、无线专网信号未覆盖或不稳定区域，将部分汇聚节点作为中继节点，通过标准传感网协议进行组网，将数据传输至相应边缘物联代理。采用多跳组网方式时，应统筹考虑选择的组网技术及通信协议、传输距离与功耗间的关系及地形等因素，合理设置多跳组网的级数，确保数据可靠传输。图 8-2 为架空线路数据传输方式（无线组网）。

（2）有线组网方式。对于 110kV 及以上输电线路，配置 OPGW 光纤且备用光纤芯数冗余的情况，可采用有线通信方式。对于大面积无线覆盖盲区的输电线路，建议优先采用有线组网方式，通过边缘物联代理对采集终端数据进行汇聚并进行边缘计算后采用 OPGW 将数据传输至就近变电站，然后上送物联管理平台。图 8-3 为架空线路数据传输方式（有线组网）。

8.3.2.2　隧道高压电缆组网方式

（1）当隧道内覆盖无线信号，各类采集（控制）终端通过无线或有线方式接入边缘物联代理或就近的汇聚节点，采用无线方式时，根据传感器类型选用《输变电设备物联网微功率无线网通信协议》或《输变电设备物联网节点设备无线组网协议》要求；汇聚节点通过有线或无线自组网方式接入边缘物联代理，采用无线方式时应满足《输变电设备物联网节点设备无线组网协议》要求；边缘物联代理通过无线 APN、电力专网等无线信号将数据接入物联管理平台。

（2）当隧道内安装有线通信系统，应根据各类采集（控制）终端采用的通信方式合理设置汇聚节点，并通过有线方式传输至边缘物联代理。

8.3.3　实现功能及成效

针对 110（66）kV 及以上混合线路的电缆段、线路段两侧和电缆线路部署分布式故障监测装置，实时监测线路故障电流及波形，实现故障点地理位置快速定位；基于故障时电缆本体状态、通道环境信息，融合雷击定位、缺陷隐患、通道三维模型等多源系统数据，实现故障点精确定位与故障原因分析，并提供后续处理方案和决策建议；运维人员迅速启动故障应急抢修预案，应用电缆故障快速恢复技术，通过单兵装备实现应急指挥中心与抢修现场的实时交互与远程指挥。

8.4　智能变电站

8.4.1　业务概述

变电站是电网的重要组成部分，其内部设备多、种类杂、管理难度大。通过变电智慧物联体系建设，采用各种先进采集终端，将变电站设备设施的状态汇集起来，进行统一管理、分析与决策，提升变电站运行状态的感知水平和运维效率，保障操作安全、人身安全及设备安全，实现"全面监控、数据融通、智能运检、精益管理、本质安全"的变电物联网建设目标。

按照变电站业务提升的需求，变电站通过物联网平台建设实现变电设备智能巡检、作业智能管控、设备缺陷主动预警、设备故障智能决策等功能。采用各类传感器感知直流换流站各种主辅设备运行状态以及站区环境，采用视频监控和巡检机器人采集站内设备及人员图像等信息，采用作业机器人开展实施现场作业，实现自动巡视、自主作业、图像智能分析、设备故障智能预警与决策。

智能变电站场景设计以支撑智能运检为目标，其场景特点是在一个固定的空间运用多种物联网技术进行状态探知、数据分析与人员行为管控，总体思路是在站端部署边缘物联代理，接入站内各类采集终端，通过标准的物联管理协议接入物联管理平台，实现智能运检的各类业务功能。

8.4.2 技术架构

变电站智慧物联体系部署架构自下而上分为感知层、平台层和应用层；自左而右横跨生产控制大区、信息管理大区、互联网大区。每层主要部署内容如下。

（1）感知层。感知层主要由视频监控、巡检机器人、移动作业终端、无线传感器、汇聚节点、边缘物联代理和安全接入网关等构成。

视频监控、巡检机器人（经安全接入网关）采集的视频图像类数据接入在线智能巡视边缘物联代理，进行图像识别、分析判断等边缘计算，分析结果上传至物联管理平台。同时实时视频流分别接入统一视频监视平台和在线智能巡视集中监控系统。

以状态感知功能为主的非涉控无线传感器可直接接入或经过汇聚节点接入

无线传感边缘物联代理；其他涉控无线传感器感知数据需经安全接入网关接入无线传感边缘物联代理，无线传感边缘物联代理对传感器数据进行边缘计算，并将处理后结果上传至物联管理平台。

移动作业终端分为涉密移动作业终端和非涉密移动作业终端，其中涉密移动作业终端经安全接入平台接入内网统一移动门户；非涉密移动作业终端直接接入外网统一移动门户。

（2）平台层。平台层由物联管理平台、企业中台、人工智能平台、统一视频监控平台、统一移动门户等构成，实现感知数据的汇聚、大数据分析、人工智能训练、移动作业终端安全接入等功能。

（3）应用层。应用层部署变电专业内网微应用和移动微应用，主要基于感知层上传的各类感知数据进行高级分析应用；其中变电移动微应用分为涉密类和非涉密类，涉密类部署在信息管理大区，非涉密类部署在互联网大区。

8.5　配电台区户表实时数据感知

8.5.1　业务概述

针对配电台区物联终端接入和业务应用，以业务应用和落地运营为首要出发点，了解业务应用需求，讨论业务难点。其中基层计量部门和供电服务指挥中心有以下业务难点：① 基层业务部门缺少直接监测的手段和设备，尤其是现场感知设备，很难及时掌握设备运行状况，发现设备异常和故障，无法为业务提升和客户主动服务提供支撑；② 目前的业务系统很难获得实时数据，例如用电信息采集系统前台只能获取 $T+1$ 的历史数据，基本只能用于专业部门的"事后分析"。

为解决以上需求和难点，可以在边缘侧采用物联单元接入和应用，利用边缘处理单元实现实时数据上传至数据中台，并组织开发相应业务场景应用，重点为地市供电服务指挥中心和计量中心开展"事前预警"和"事中管控"提供实时数据支撑。

8.5.2 技术架构

按照国网智慧物联体系总体架构，结合业务实际情况和数据需求，完成本应用场景的架构设计。边缘处理单元先与台区集中器交互，采集到子设备（户表）相关数据后，复用现有用电信息采集 4G APN 接入地市公司计量网关机，网关机使用 MQTT 协议将数据上传至管理信息大区物联管理平台。物联管理平台通过 Kafka 中间件将数据传输到数据中台，基于数据中台 BI 组件快速搭建应用功能。边端设备接入后数据传输示意图见图 8-4。

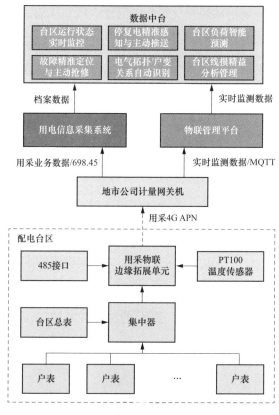

图8-4　边端设备接入后数据传输示意图

应用功能所使用的数据主要包括设备实时运行数据、历史运行数据和设备

230

档案数据。设备实时运行数据通过安装在现场的边缘处理单元采集上传，主要包括户表的电压、电流、功率、电表示数、停上电事件及对应的设备属性等，数据经物联管理平台传输至数据中台。历史运行数据和设备档案数据来自营销业务应用系统、用电信息采集系统、PMS 等，主要用于支撑业务应用。所需数据均已统一接入数据中台，可直接从中台获取。

8.5.3 实现功能

完成由边缘处理单元到数据中台的全链路数据贯通，完成边缘处理单元 MQTT 协议转换、设备 ID 自动配置 APP 开发，支撑各地市公司边缘处理单元批量高效接入。

基于边缘处理单元在本区域的广泛应用，规划设计开发 6 项场景应用框架。利用上传到物联管理平台的电压、电流、功率、电表示数、停上电事件等实时数据，完成台区运行状态实时监控、台区负荷智能预测等 6 个应用场景的设计方案，业务场景同步落地应用，有效支撑供电服务指挥中心和计量中心基层业务。

8.5.3.1 台区运行状态实时监控

通过部署具备边缘计算功能的边缘处理单元等装置，智能感知和识别台区运行工况，上传必要数据到平台主站。通过相互协同处理数据，结合大数据技术实现对配电台区运行状态精准监控。

根据实时上传的停上电事件判断台区实时停电状况；若截至当前日 60 天内累计停电不少于 3 次，则判断为频繁停电；当一次停电时长超过 10h 和 24h 时分别判定为长时停电和超长时间停电。利用停电结果形成停电时长清单，并按一次停电时长降序排列，可以触发相应场景价值：①对 8h 左右的停电时长，主动预警，减少投诉风险；②对 16h 左右的停电时长，派发长时停电内部处理工单，减少国网客服中心工单量。

图 8-5 为台区停电实时监控图。

图8-5 台区停电实时监控图

8.5.3.2 停复电精准感知与主动推送

利用台区感知单元的停复电监测及主动告警，自动识别停电影响范围及重要敏感用户，并将精准研判结果上报主站来分析制定解决方案并提供处理服务。

利用停电结果形成停电事件清单，并按累计停电次数降序排列，可以触发相应场景价值：对达到两次停电的台区进行预警，对已达到3次及以上停电的台区，生成并派发工单，要求运维单位核查停电原因，制定设备管控措施，减少停电事件。

8.5.3.3 台区负荷智能预测

利用台区融合终端存储的配电台区全链路监测节点的历史运行数据，建立典型日负荷曲线的预测模型，基于历史数据的聚类结果及待预测日的温度、湿度、气压、风速等相关参数，对台区负荷情况进行预测，得出待预测日负荷曲线预测结果。

例如，国网唐山供电公司对配网设备重过载进行研判后，生成工单反映给运维单位和调控单位，加强设备运维管理，合理调整运行方式，减少设备异常，有效减少业务工单量和客户投诉，保障电网健康运行。同时将设备运行状况报送配网规划部门，在制定配网规划和大修技改项目计划时统筹考虑。

图 8-6 为当前时点后的负荷预测图。

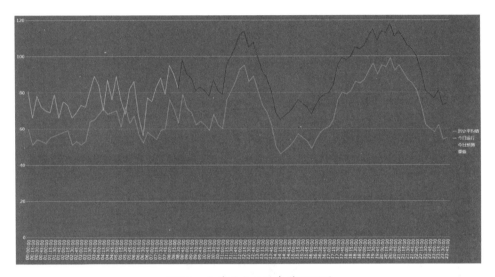

图8-6 当前时点后的负荷预测图

8.5.3.4 故障精准定位与主动抢修

发挥台区融合终端就地化边缘计算能力和处置优势，结合配电台区电气拓扑/户变关系自动识别功能和地理信息，支撑故障停电精准分析，实现故障点和停电地理分布的即时展示。

具体来说，系统将以上信息即时推送到供电服务指挥中心，支撑其业务跟进，如第一时间形成停电影响用户清单，通过短信主动告知用户；综合研判配电线路停电范围，辅助确定故障点，第一时间派发主动抢修工单，提升故障抢修效率；及时将停电信息录入国网客服中心南中心业务系统，减少工单的派发，减轻配抢人员的劳动强度。

8.5.3.5　电气拓扑/户变关系自动识别

通过配电台区线路关键节点监测单元以及末端用户智能电能表，实现各类节点拓扑信息动态获取，结合 PMS、主站侧拓扑信息进行自动校核，实现台区变压器—用户关系的主动发现。

具体来说，当台区发生停电时，其所带的用户也应该同时上报停电信息，因此可以通过台区和用户的停电信息获取正确的户变关系，从而可以对业务系统档案数据中的户变关系的准确性进行验证，及时发现与实际的户变（线变）关系不一致的用户，为业务单位治理营配贯通的数据质量问题提供帮助。如 A 台区下 B 客户，A 停电但实际 B 带电，则证明 B 不属于 A。

图 8-7 为户变关系识别验证图。

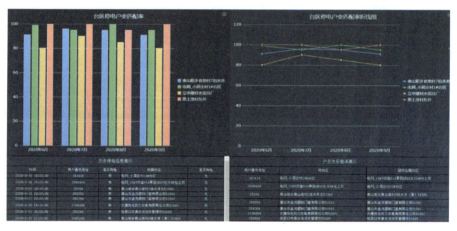

图8-7　户变关系识别验证图

8.5.3.6　台区线损精益分析管理

通过配电台区感知层各类智能感知单元的有效覆盖，就地化获取低压台区电量冻结数据，利用边缘计算技术，结合台区动态电气拓扑关系，对低压台区线损进行准确计算分析。

通过对台区线损的实时监测，可以及时发现高损台区和疑似违约用电用户，可以重点对以上用户的用电行为加强现场检查，降低台区线损率。图 8-8

为台区实时线损监测图。

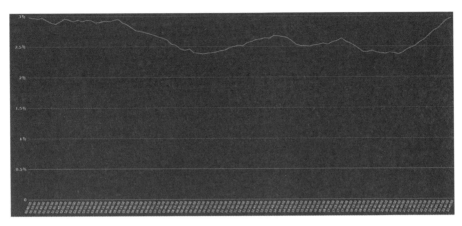

图8-8　台区实时线损监测图

8.5.4　应用效果

（1）电网公司在推进智慧物联体系建设的过程中，完成终端接入、边侧APP开发、云端应用搭建工作，形成成熟解决方案。在试点取得突破后，将实施过程形成项目指导手册，迅速复制推广到其他业务单位实施应用。目前多家公司在前期试点经验的基础上，均顺利完成了链路贯通、终端接入和稳定在线。

（2）攻克多项技术难题。完成边缘处理单元数据经物联管理平台与数据中台贯通，实现数据中台实时获取终端数据，并利用数据中台商业智能组件快速搭建应用功能，向公司范围内基层业务人员开放，为其他应用场景建设提供可行、快速的解决方案和成功案例。

设计各类终端设备接入物联管理平台的编码规则，并通过开发脚本程序实现批量接入平台系统且互不重码，显著减少现场安装阶段工作量。

实现设备数据实时（运行数据每15min、用户停上电事件即时）上传至业务应用，基层供电服务指挥中心就可以实时掌握台区和用户停电信息，及时判断故障范围，主动抢修，为提升故障抢修效率、缩短停电时间提供有力的帮助。

将实时停电信息及时录入国网客服中心业务系统，有效减少工单派发，大大减少供电服务指挥中心的工作量，对降低客户投诉和提升用户满意度有明显的促进作用。

能更加全面掌握设备的运行状况，重点对低电压和重过载的台区加强针对性的巡视和运维，保障设备的健康状况，减少停电次数，保障配网的安全稳定运行，为用户提供持续、可靠、优质的电能。

8.6 居民智慧家庭用能服务

8.6.1 业务概述

开展家庭负荷辨识、柔性负荷优化调节技术、家电数据接入技术研究，为居民用户提供精确到设备的用电信息查询、家电运行管理、家庭能效分析、节能策略建议和家电智能托管服务，为家电厂商提供营销策略推广、家电运行评估、市场份额统计、潜力市场发掘及统一售后管理等服务，实现对居民负荷灵活、柔性、高效调节，提高配网设备利用率及供电可靠性。

8.6.2 技术架构

充分利用非侵入负荷辨识、高频采集、高速传输等技术，深度挖掘有价值数据，构建以信息流为贯穿核心，融通公司、政府、第三方云平台的家庭用能数据网络，利用智能家居互动控制、需求响应控制等应用，产生自上而下的智能家电启停、负荷柔性调节控制流，形成内外资源有机结合的业务流。居民智慧家庭用能服务架构图如图 8-9 所示。

（1）应用层。居民用户通过居民家庭智慧用能服务应用，实现用能信息查询、家电远程控制、参与需求响应、家电一键报修等智慧用能服务。家电厂商通过居民家庭智慧用能服务应用获取家电运行状态、质量情况、市场份额等商业信息。电网公司通过居民家庭智慧用能服务应用获取居民家庭精细化用能情况，分析居民侧可调负荷数据，实现居民侧需求响应，平抑电网峰谷差。

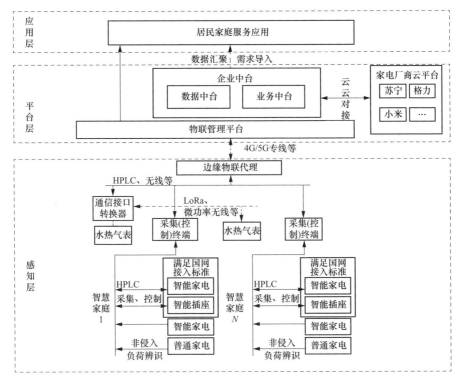

图8-9 居民智慧家庭用能服务架构图

（2）平台层。由物联管理平台、企业中台组成，实现设备接入、管理、控制，负责物联感知终端的实时感知、实时控制、汇聚分发。物联管理平台为应用层提供基础数据。通过云云对接方式为第三方厂家提供服务。

（3）感知层。将内外置随器计量家电、多表合一通信转换器视为与采集（控制）终端等同的末端设备，直接与台区智能终端（边缘物联代理）进行通信，完成数据采集与命令下发。不满足国网物联接入标准的家电（功耗超过300W）通过采集（控制）终端中配置的非侵入负荷辨识模块感知线路上电流等数据，分析各设备启动电流、工作电流、开启关闭时间、电器类型等数据。

8.6.3 实现功能

8.6.3.1 采集感知

（1）用能监测。覆盖居民水、热、电、气能源信息采集及监测。

（2）家电感知。运用内置式随器计量、外置式随器计量、负荷辨识、云云对接等手段感知家庭用电信息。

8.6.3.2 用能分析

（1）用能详单。提供"移动话单式"电费清单，含自有绿色能源占比、阶梯/峰谷电量、家电能耗细节等。

（2）账单对比。展示家庭用能变化情况。

8.6.3.3 互动服务

（1）节能降费。结合家电运行情况，通过建立模型、分析计算，生成用户家电节能优化运行策略建议；结合现货实时或准实时价格、峰谷电价、阶梯气/电价及用能情况对比，推荐峰谷电优化使用建议和用气/用电比例优化使用建议。

（2）互动控制与用能模式设置。实现用户与电网双向互动，并提供多样化家庭智能用能模式设置，包括离家模式、娱乐模式、休息模式等。

（3）智能托管。为用户提供节能优化、智慧保修等业务的托管服务。

（4）电网互动。作为负荷聚合商，推动居民参与需求响应、辅助服务等电网互动，节约电网增容成本，服务公司提质增效。

8.6.3.4 增值服务

（1）数据增值。进行居民用户画像与设备运行分析，开展智能家电精准营销推广服务。通过大数据分析，形成有价值的数据分析报告，向家电企业、地产开发商、政府机构等企事业单位，提供有价值的数据服务。

（2）容量超限预警。监测家庭电器总体运行情况，评估用电容量超限事件，并支持容量超限预警提示，为租房双方、独居老人等需求群体提供预警服务。

（3）危险事件预警。评估用电设备异常启停、过载、短路、漏电、过流、过压、欠压、温度、浪涌打火、缺相/三相不平衡报警/缺地线等事件，监测和预判电器性火灾事件发生，为居民家庭、租房双方、独居老人等需求群体提供预警服务。

（4）故障一键报修。聚集官方及非官方维修队信息，根据用户反馈的用能设备故障报修需求，链接相应维修服务渠道。

8.6.4 应用效果

利用现代化通信技术实现供电公司与家庭用户的双向互动，最大限度满足用户的用电需求，提供优质供电服务，不断提高客户满意度，增加用户黏性，促进电力销售，扩大电力消费占终端能源消费的比重。

通过居民智慧家庭用能服务建设，提高电力设备自动化水平，实现电能信息远程采集和管理，鼓励用户科学合理用电，降低居民用户综合能耗；为电网削峰填谷提供基础数据，提高资产利用率，减少供电公司运行成本和管理成本。

充分利用各种智能化手段及设备，基于能源大数据分析和深度应用，扩展增值服务，增加公司非主营业务收入，实现供电公司与用户的"双赢"。

根据国家发展低碳经济的目标，通过居民智慧家庭用能服务的建设向社会公众展示新型用能服务理念，提高能源利用效率，使社会各界对智能电网具有真实的感性体验，传递节能生活理念，普及节能知识，有利于提高公众的环保意识，并有效刺激新能源产业链的发展和壮大，最终实现社会、政府、电力企业、开发商和用户的共赢。

8.7　基于物联网的智能共享电源

8.7.1　场景概述

自 2018 年以来，基于物联网的基础设施应用如雨后春笋般遍地而起，贴近群众日常生活、与民众生活关联紧密的应用往往更加容易得到推广和使用。

电动自行车作为日常通行的交通工具，因其使用成本低、使用方便等优点有着庞大的用户群体。但电动自行车的安全充电问题却是一直困扰着政府和相关管理部门的难题。因电动自行车充电引起的火灾比比皆是，据消防部门进行的电动车充电引发火灾的实验，在楼道内充电的电动自行车着火 3min 后，楼道温度即可达到 600℃，且伴随大量有毒浓烟释放。因此公安机关严禁在封闭空间内对家用电动自行车及电池充电。

为了解决相应电动自行车充电不安全问题，政府机关一直致力于引导建设安全充电设施，随之而来的基于社区面向电动自行车充电解决方案层出不穷，但在使用过程中都不尽如人意。如投币式、IC 卡刷卡式电动自行车充电系统，对使用者不便之处极多，硬币兑换、投币机械故障、充电插座不安全、刷卡故障无法提供依据、充值不便等问题始终困扰使用者。而且，投资者、平台管理者对使用者存在的大负载充电、设备损毁等问题无法追偿，管理效率低下等问题严重影响电动自行车充电系统的推广和使用，大部分已投资充电单元使用不过一年左右就会出现各种问题。

面对上述实际应用问题，针对电动自行车充电市场的问题，结合物联网本身万物互联、大数量终端接入、覆盖范围大的特点，采用物联网与互联网技术结合的电动自行车充电解决方案是"智慧广电"的实际应用场景解决方案，是目前技术含量较高，营运较为便利，用户大数据最易获得的解决方案，也是智慧城市的基本解决方案。基于物联网的电动自行车充电管理系统的基本系统架构包括：集成物联网模组的智能充电终端、物联网运管平台、运营管理互联网云平台、手机 APP，整合为一体的智能充电整体解决方案；可以为电动自行车、电动汽车、手机、手提电脑、平板等设备提供充电、供电服务。系统架构如图 8-10 所示。

8.7.2 智能充电终端及系统

智能充电终端主要由供电模块、控制模块组成、物联网模组。供电模块，

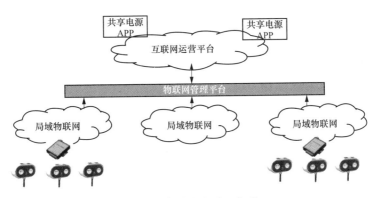

图8-10 智能充电系统架构

经过比对后采用国际 86 型 5 孔插座为供电硬件，用于面向用户提供 16A/10A/2A 的供电连接；控制模块，采用自主研发的控制电路模块，进行用户端供电管理、测量、监测、数据采集等；物联网模组，提供智能充电终端设备与物联网运管平台间的通信。

其中，通信层使用 NB-IoT 或 LoRa 通信模组，可实现基本通信能力提供，服务带宽均在 200k 左右，但从区域内建站成本看，LoRa 的局域范围内单终端成本更为低廉。智能充电终端系统架构如图 8-11 所示。

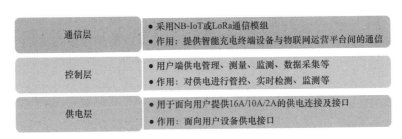

图8-11 智能充电终端系统架构

8.7.3 物联网运管平台

物联网管理平台主要对智能充电终端进行运营管理，利用相应网络管理软件，对物联网所辖智能终端进行管理、监测并积累数据，形成对终端的数据采集及报表。该系统平台为相对独立的广域物联网平台，在核心节点处与互联网运营管理平台互通；通过互联网运管平台的信息指令转化为物联网网管指令，对智能终端进行管控。

8.7.4　互联网运营管理平台

互联网运营管理平台是基于物联网管理的平台，对用户使用智能充电终端而提供的供电服务的综合管理平台。集成有用户信息管理、结算管理等多个模块，提供基于互联网运营管理。

8.7.5　手机 APP

用户端手机 APP 是用户订购、结算、数据收集介质。其主要模块有用户登录、设备使用记录、基于 GIS 地图的供电设备位置服务等多个模块组成。用户扫码智能供电终端上的二维码，发起订购指令，通过互联网传递至物联网管理平台后提供相应服务。

8.8　电动汽车及分布式能源服务

8.8.1　业务概述

随着电动汽车（Electric Vehicle，EV）的快速发展和分布式能源的大规模接入，电动汽车接入电网的充电行为具有较大的不确定性，电动汽车充电无序化、高渗透率，给电网运行负荷造成巨大影响；分布式新能源大规模发展和接入带来电网消纳和调控能力不足，亟须解决分布式能源的全额消纳问题。因此，各种客户侧的各类用能负荷、分布式能源和用户储能等源、荷、储、充等业务应用相互交融、关联制约，需要构建电动汽车与分布式能源信息物理系统（Cyber-Physical System，CPS），从整体上综合考虑台区侧各类能源和负荷的特点，对台区各能源设施、用能设备和电动汽车进行实时状态感知、协同优化控制，实现规模化电动汽车有序充电和分布式能源全额消纳，满足台区侧"源网荷储"协同服务的需求。

8.8.2 技术架构

以边缘物联代理为核心，统一调配台区内新能源和负荷分配，实现电动汽车、分布式光伏、用户侧储能等设备的接入、感知、通信、控制和以台区为单位的"源网荷储"智能协调控制。在满足电动汽车充电需求的前提下，运用实际有效的经济或技术措施引导、控制电动汽车在某些特定时段进行充电，对电网负荷曲线进行削峰填谷，促进清洁能源消纳，降低大量电动汽车集群充电时对配电变压器、配电网的负荷冲击影响，延缓配电网建设投资，保证电动汽车与电网的协调互动发展。电动汽车及分布式能源服务系统架构图如图8-12所示。

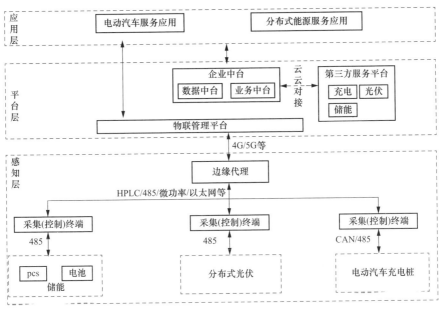

图8-12　电动汽车及分布式能源服务系统架构图

（1）应用层。应用层主要是生态圈的构建，生态业务流程的实现，通过实现电动汽车及分布式新能源设备的感知、控制、服务，构建电动汽车服务和分布式光伏服务生态圈，满足电动汽车用户的充电需要，启动智能有序充电规模化推广，促进分布式新能源的就近全额消纳。

（2）平台层。由物联管理平台、企业中台组成，实现设备接入、管理、控制，负责物联感知终端的实时感知、实时控制、汇聚分发。物联管理平台为应用层提供基础数据。通过云云对接方式为第三方厂家提供服务。

（3）感知层。通过采集（控制）终端及台区智能终端（边缘物联代理）等感知设备实现向平台传输充电电流、电压、功率，车辆剩余充电容量，台区用电负荷，分布式能源发电量和储能电量等信息。实时上传功率、电流、电压、负荷、发电量和储能电量等数据；平台发令后，反馈充电桩响应结果；向平台反馈车辆剩余充电电量。分布式能源的设备的运行及发电数据信息，通过采集（控制）终端及边缘物联代理汇总上传到物联管理平台，形成设备采集监测的信息流，支持数据中台及业务中台的业务需要；同时根据业务流程的需要形成下行的信息流。

8.8.3 实现功能

有序充电采用"线上线下结合（O2O）"的模式，建立"系统主站 + 物联网设备"的总体架构。通过对原有能源控制器（边缘物联代理）功能的继承和兼容方面适应性改造，采集（控制）终端基于新一代智能电能表，实现电网设备数据的感知、采集和控制；边缘物联代理作为台区智能管理单元，实现台区负荷数据收集和台区内客户侧设备的智能控制；系统主站负责设备数据的采集、资产的管理与维护、运行运营管理、电网与用户需求的平衡，实现全网负荷调度，为客户提供优质充电服务。

8.8.3.1 数据增值

（1）能效分析。提供能耗重点分析、能效排名等辅助服务，有效促进居民用户的节能意识；提供电动汽车电耗分析，避免无端浪费；提醒峰谷电量和阶梯电量状态，有效降低用户电费，实现全社会节能减排。

（2）业务增值。当达到一定用户规模之后，将逐步开展大数据分析功能，形成有价值的数据分析报告。然后，向电动汽车企业、地产开发商、政府机构等企事业单位，提供有价值的数据服务，由此产生增值收益。

8.8.3.2 决策响应

提供居民能源消费习惯变化趋势，为制定能源政策和价格提供依据；提供各品牌电动汽车的占有率数据，为电动汽车企业制定发展策略提供依据。监测负荷的实时运行状态，考虑调控目标需求、控制策略、调控时间、调控信誉等因素，以最优互补、可靠性为目标，满足总调控目标，进行充电决策优化与响应。

8.8.3.3 负荷预测

根据居民区电动汽车充电特性、分布式能源接入负荷等情况，根据能源供给和消费数据，通过聚类典型日负荷（工作日、休息日、节假日）模型预测充电负荷，进行供需智能预测。

8.8.3.4 负荷调节

（1）策略优化。实时研判台区负荷及新能源变化趋势，实时优化充电策略，实现电动汽车有序充放电和新能源就地消纳。

（2）削峰填谷。利用储能设备的充放电特性减小负荷波动对电网的冲击，起到"削峰填谷"的作用；同时通过对分布式清洁能源发电系统、储能设备、电动汽车的协同控制，实现清洁能源的最大化利用。

8.8.3.5 充放电管理

（1）有序充电。构建有序充电管控功能，实现有序充电需求管理、充电计划管理、策略管理、有序充电效益分析等功能。结合台区负荷情况，基于分时电价及运行指标信息实现对用户充电需求的统筹编排，生成充电计划，并将充电策略及档案信息下发到边缘物联代理，完成本地控制。

（2）车网智慧互动。实现电网与电动汽车之间能量的双向流动，电动汽车用户既是能量消耗者，也是能量供应者。电动汽车入网（Vehicle to Grid，V2G）技术可提供调峰、调频、电压控制。增加对间歇性可再生能源的消纳，维持电力系统安全稳定运行。

（3）共享充电桩/车位管理。将公共和个人的充电桩/车位资源转变为网络化的动态数字资源，所有者可以根据充电桩/车位的闲置情况发布供给信息，需求者可以根据需求时间、位置等查询闲置充电桩/车位信息资源，实现充电桩/车位共享，充分提升充电桩/车位资源利用率，满足用户绿色出行需要。

8.8.4 应用效果

建设智慧充电应用，通过对用户充电行为、用能行为的灵活引导与主动调控，对电动汽车的充电过程实施有序控制，使得用电总负荷的峰谷差可以降低2~3倍，很大程度上减轻了电力系统的负荷压力，在变压器不扩容的情况下，大大提高了变压器吸纳EV充电负荷的能力，提高了电网运行的经济效益。以电代油，降低用户出行成本。用户参与绿电交易，降低用能成本。

通过建设智慧充电试点工程，承接客户侧储能、分布式光伏等自主交易服务，促进分布式新能源的就近消纳，为用户提供便捷的用能服务，提高平台的社会影响力，彰显公司的社会责任，实现系统建设价值的最大化；可丰富电动汽车的充电方式、节省使用费用、提升用户体验，满足人民美好生活需要。节能减排，优化能源消耗结构。

8.9 工业企业及园区用能服务

8.9.1 业务概述

针对工业企业及园区能耗高、节能压力大、用能信息采集不全、各能源子系统相互独立、缺乏与电网互动等问题，研究应用工业企业能源循环梯次利用及园区多能互补协调优化等技术，通过部署企业用能设备采集（控制）终端，应用"大云物移智链"等信息通信技术，实现工业企业及园区内能源系统的设备状态全息感知、"风光冷热电储"多能协调控制、多能互补及能源梯次利用，提升工业企业及园区供能系统效率，降低企业用能成本，促进终端负荷与电网供应能力协同平衡。

8.9.2 技术架构

通过建立以电力系统为核心枢纽的多种能源物理互联网络，在感知层通过采集（控制）终端实时监测各用能系统设备，将采集数据上送至边缘物联代理，统一将数据发送给平台层。平台层通过对感知数据的汇聚处理，实现和应用层用能服务的业务交互。工业企业及园区用能服务系统管理架构图如图 8-13 所示。

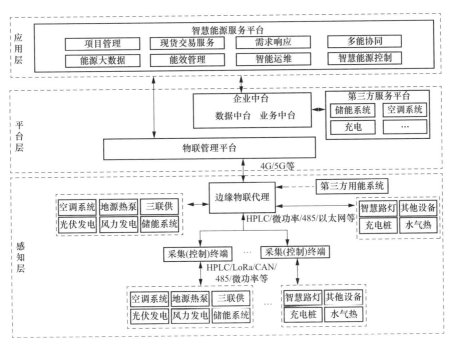

图8-13　工业企业及园区用能服务系统管理架构图

（1）应用层。工业企业及园区用能服务应用通过与平台层企业中台进行交互，依托物联管理平台，实现园区能源及负荷的在线监测、分析与挖掘，实现设备智慧运维、能源优化控制、参与需求响应、市场信息获取、智慧能效分析等服务。通过获知企业及园区精细化用能情况，掌握各园区可调负荷情况，实现园区侧需求响应，平抑电网峰谷差。

（2）平台层。依托客户侧智慧物联体系的物联管理平台、数据中台、业务中台，支撑应用层能源控制微应用，实现上层应用对感知层数据的共享，并为应用层提供可定制化的数据分析服务。

（3）感知层。通过部署企业用能设备采集（控制）终端，对工业企业及园区内各个能源系统能源信息全息感知，为平台层及应用层提供数据支撑。

边缘物联代理与第三方用能系统之间采用安全与隔离措施，使用终端设备证书的签名验签方式，进行终端身份鉴别和访问控制，阻止非法终端接入，安全防护措施具体内容详见物联管理平台安全防护方案。

8.9.3 实现功能

8.9.3.1 能源运行监测

（1）实时能源监测。实时监测、展示园区冷、热、电、热水、气等多种能源系统及其用能信息，包括用能负荷情况、系统运行状态、工艺过程和关键的设备运行参数、各种能源介质的运行状况，能源系统如：光伏发电系统、风力发电系统；蓄热式电锅炉系统；地源热泵系统、常规制冷机组系统以及太阳能热水等。

展示园区能源使用情况，包括园区节能减排指标、园区系统运行指标、能源系统节能减排指标、能源系统故障率等。

（2）设备运维管理。对能源系统下属设备进行实时监测，随时掌握设备运行状态、运行参数、设备运行指标、故障状态、检维修状态，同时可通过资产管理，了解设备的相关资产信息等。

（3）故障报警。通过实时报警提醒、线上故障源的快速定位，辅助检维修人员快速定位故障源，有效降低设备机组故障恢复时间，有助于园区随时把握能源故障状态信息。

8.9.3.2 用能分析

（1）能效分析。对园区各能源系统的用能情况、设备能效水平进行统计分析，通过同环比、行业内对标等方式，实现园区各用能单元的能效水平分析。

（2）用能分析。对园区各用能系统的电能质量进行分析；对能源利用能力、能源供需形势、运维状况进行统计分析。

（3）能源成本分析。根据园区各系统能耗及系统运行情况，获取现货实时或准实时价格，对能源使用成本进行统计分析，生成能源成本使用分析报告，以反映整个园区的用能成本情况。

8.9.3.3 能源调控

（1）负荷预测。通过统计园区的历史信息（包括历史负荷数据、光照度、天气预报信息、设备信息）得到样本信息，再将样本信息作为负荷算法模型的输入参数进行运算，最终得到各类能源的负荷预测信息。

（2）多能优化调度。通过分析园区负荷预测信息，制定多能优化调度方案及相应的能源配比计划，并根据配比计划对运行成本、节能减排量、偏差率进行分析，通过各能源的用能均衡调度，实现多能互补和协同供应，降低能耗，实现能源的梯次利用。

8.9.3.4 资产管理

对园区的能源设备进行全生命周期的管理，包括能源系统的巡检、保养、故障维修等管理服务，为园区实现设备检维修信息化管理提供信息支撑。

8.9.3.5 能源交易

（1）需求响应。主动感知不同时段用电需求，在电价升高或电力系统可靠性受威胁时，基于当地政府需求响应政策，制定用电负荷的优化配比与调度策略，通过直接经济补偿或分时电价等激励模式引导工业企业用户自主改变用电行为，减少或者转移电网高峰时段的用电需求。

（2）辅助服务交易。根据园区的能源消费习惯及变化趋势，制定能源交易模型。通过结算管理、电价预测、交易市场风险评估分析、效益分析等绿色能源辅助交易策略，引导园区能源的经济合理利用。

（3）虚拟电厂。接受虚拟电厂系统控制，实现 P2P 电力现货交易，从电力市场中获取最大的经济收益。

8.9.4 应用效果

园区能源网络通过光伏发电、风力发电等发电系统，地源热泵、太阳能空调、太阳能热水等冷热系储能系统，最大限度接纳风、光、地热等各种类型清洁能源，以及市电、市政供热等系统的接入，实现了冷、热、电等复合系统的有机融合与协调工作。园区内冷、热、电等能源形式通过电能的耦合作用，组成了以电能为中心的园区能源互联网，实现用户的用能需求与能源生产需求的高度匹配，实现园区范围内电、冷、热多种能源的综合优化调度和控制，实现园区多能互补及能源梯次利用，降低企业用能成本，提高了能源利用效率及经济性。

园区构建以电为中心的能源生产、互联的消费方式，优化能源结构，提高清洁能源比重，推进产业升级，发展低碳经济，努力建设资源节约型、环境友好型社会。通过园区多能源互联实践，开展跨区域、大范围能源的互联，以电能替代燃煤、燃油，实现清洁能源的集约化开发和能源的可持续利用，保证了园区可再生能源发电的大规模接入，促进清洁能源在用户侧发展，提高电能在终端能源消费中的比重，实现能源的可持续利用。以灵活应对客户多样化用电需求，实现园区新能源高效、稳定、高品质供应，推动新能源技术的发展。

参 考 文 献

［1］ AutoID Labs homepage. http: //www. autoidlabs.ors/.

［2］ International Telecommunication Union,Internet Reports 2005: The Internet ofthings ［R］. Geneva: ITU,2005.

［3］ ITU. T. Recommendation Y. 2002. Overview of ubiqui— tous networking and of its support in NGN ［S］. Geneva: ITU,2010.

［4］ A. Al-Fuqaha, M. Guizani, M. Mohammadi, M. Aledhari, M. Ayyash. Internet of Things: A survey on enabling technologies, protocols, and applications. IEEE Commun. Surveys Tuts., vol. 17, no. 4, 4th Quart., 2015, 2347–2376.

［5］ A. P. Athreya and P. Tague. Network self-organization in the Internetof Things," in Proc. IEEE Int. Conf. Sens. Commun. Netw. (SECON), Jun. 2013, 25–33.

［6］ L. Atzori, A. Iera, G. Morabito. The Internet of Things: A survey. Comput. Netw., vol. 54, no. 15, Oct. 2010, 2787–2805.

［7］ L. Atzori, A. Iera, G. Morabito, M. Nitti. The social Internet of Things (SIoT)—When social networks meet the Internet of Things: Concept, architecture and network characterization. Comput. Netw., vol. 56, no. 16, Nov. 2012, 3594–3608.

［8］ S. Azadegan, W. Yu, H. Liu, A. Sistani, S. Acharya. Novel antiforensics approaches for smart phones. in Proc. 45th Hawaii Int. Conf.Syst. Sci. (HICSS), 2012, 5424–5431.

［9］ P. Baronti et al.. Wireless sensor networks: A survey on the state ofthe art and the 802.15.4 and ZigBee standards. Comput. Commun., vol. 30, no. 7, May 2007, 1655–1695.

［10］ M. V. Bharathi, R. C. Tanguturi, C. Jayakumar, K. Selvamani. Node capture attack in wireless sensor network: A survey. in Proc. IEEE Int. Conf. Comput. Intell. Comput. Res. (ICCIC), Coimbatore, India, Dec. 2012, 1–3.

［11］ F. Bonomı, R. A. Milito, J. Zhu, S. Addepalli. Fog computing and its role in the Internet of Things. in Proc. 1st Edition MCC Workshop Mobile Cloud Comput., Helsinki, Finland, Aug. 2012, 13–16

［12］ C. Bormann, A. P. Castellani, Z. Shelby. CoAP: An application protocol for billions of tiny Internet nodes. IEEE Internet Comput., vol. 16, no. 2, Mar./Apr. 2012, 62–67.

［13］ A. Botta, W. de Donato, V. Persico, A. Pescapé. On the integration of cloud computing and Internet of Things. in Proc. Int. Conf.Future Internet Things Cloud (FiCloud), Barcelona, Spain, Aug. 2014, 23–30.

［14］ N. Bressan et al.. The deployment of a smart monitoring system using wireless sensor and actuator networks. in Proc. 1st IEEE Int. Conf. Smart Grid Commun. (SmartGridComm),

Gaithersburg, MD, USA, Oct. 2010, 49–54.

[15] Z. Cai, Z. He, X. Guan, Y. Li. Collective data-sanitization for preventing sensitive information inference attacks in social networks. IEEE Trans. Depend. Secure Comput., to be published, doi: 10.1109/TDSC.2016.

[16] A. Cammarano, C. Petrioli, D. Spenza. Pro-energy: A novel energy prediction model for solar and wind energy-harvesting wireless sensor networks. in Proc. IEEE 9th Int. Conf. Mobile Ad-Hoc Sensor Syst. (MASS), Las Vegas, NV, USA, Oct. 2012, 75–83.

[17] S. Capkun, L. Buttyan, J.-P. Hubaux. Self-organized public key management for mobile ad hoc networks. IEEE Trans. Mobile Compute., vol. 2, no. 1, Jan./Mar. 2003, 52–64.

[18] A. A. Cardenas, S. Amin, S. Sastry. Secure control: Towards survivable cyber-physical systems. in Proc. 28th Int. Conf. Distrib. Comput. Syst. Workshops, Beijing, China, Jun. 2008, 495–500.

[19] P. Casari et al.. The "wireless sensor networks for city-wide ambient intelligence (WISE-WAI)" project. Sensors, vol. 9, no. 6, May 2009, 4056–4082.

[20] M. A. Chaqfeh, N. Mohamed. Challenges in middleware solutions for the Internet of Things. in Proc. Int. Conf. Collaboration Technol. Syst. (CTS), Denver, CO, USA, May 2012, 21–26.

[21] U. K. Chaurasia, V. Singh. MAODV: Modified wormhole detection AODV protocol. in Proc. 6th Int. Conf. Contemp. Comput. (IC3), Noida, India, Aug. 2013, 239–243.

[22] F. Chen, T. Xiang, X. Fu, W. Yu. User differentiated verifiable file search on the cloud. IEEE Trans. Services Comput., to be published, doi: 10.1109/TSC.2016.2589245.

[23] I.-R. Chen, J. Guo, F. Bao. Trust management for service composition in SOA-based IoT systems. in Proc. IEEE Wireless Commun. Netw. Conf. (WCNC), Istanbul, Turkey, Apr. 2014, 3444–3449.

[24] Z. Chen et al.. A cloud computing based network monitoring and threat detection system for critical infrastructures. Big Data Res., vol. 3, Apr. 2016, 10–23.

[25] NIST & The Smart Grid. Accessed on Sep. 21, 2016. [OL]. Available: http: //www.nist. gov/smartgrid/nistandsmartgrid.cfm.

[26] Fosstrak: Open Source RFID Software Platform. [OL]. Available: https: //fosstrak. github.io/.

[27] Google Self-Driving Car. [OL]. Available: http: //www.google.com/selfdrivingcar/how/.

[28] IEEE Standard for Local and Metropolitan Area Networks: Overview and Architecture, IEEE Standard 802-2001, Feb. 2002, 1–48.

[29] S. H. Ahmed, G. Kim, D. Kim. Cyber physical system: Architecture, applications and research challenges. in Proc. IFIP Wireless Days (WD), Valencia, Spain, Nov. 2013, 1–5.

[30] I. F. Akyildiz, W. Su, Y. Sankarasubramaniam, E. Cayirci, A survey on sensor networks. IEEE Commun. Mag., vol. 40, no. 8, Aug. 2002, 102–114.

[31] W. Yu, G. Xu, Z. Chen, P. Moulema. Cyber crime scene investigations (C2SI) through cloud computing. in Proc. IEEE Conf. Commun.Netw. Security (CNS), Washington, DC, USA, 2013, 26–31.

[32] W. Yu, D. Xuan, B. Graham, S. Santhanam, R. Bettati, W. Zhao. An integrated middleware-based solution for supporting secured dynamic-coalition applications in heterogeneous environments. in Proc. IEEE Workshop Inf. Assurance Security, West Point, NY, USA, 2002, 259–264.

[33] W. Yu, N. Zhang, X. Fu, W. Zhao. Self-disciplinary worms and countermeasures: Modeling and analysis. IEEE Trans. Parallel Distrib. Syst., vol. 21, no. 10, Oct. 2010, 1501–1514.

[34] A. Zanella, N. Bui, A. Castellani, L. Vangelista, M. Zorzi. Internet of Things for smart cities. IEEE Internet Things J., vol. 1, no. 1, Feb. 2014, 22–32.

[35] A. Zaslavsky, C. Perera, and D. Georgakopoulos. Sensing as a service and big data. in Proc. Int. Conf. Adv. Cloud Comput. (ACC), Charlotte,NC, USA, Jul. 2012.

[36] J. Zhang, D. Gu, Z. Guo, L. Zhang. Differential power crypt analysis attacks against present implementation. in Proc. 3rd Int. Conf. Adv.Comput. Theory Eng. (ICACTE), vol. 6. Chengdu, China, Aug. 2010, V6-61–V6-65.

[37] K. Zhang, X. Liang, R. Lu, X. Shen. Sybil attacks and their defenses in the Internet of Things. IEEE Internet Things J., vol. 1, no. 5, Oct. 2014, 372–383.

[38] L. Zhang, Z. Cai, X. Wang. Fakemask: A novel privacy preserving approach for smartphones. IEEE Trans. Netw. Service Manag., vol. 13, no. 2, Jun. 2016, 335–348.

[39] X. Zhang, X. Yang, J. Lin, G. Xu, W. Yu. Towards efficient and secured real-time pricing in the smart grid. in Proc. IEEE Glob. Commun. Conf. (GLOBECOM), San Diego, CA, USA, Dec. 2015, 1–6.

[40] X. Zhang, X. Yang, J. Lin, G. Xu, W. Yu. On data integrity attacks against real-time pricing in energy-based cyber-physical systems. IEEE Trans. Parallel Distrib. Syst., vol. 28, no. 1, Jan. 2017, 170–187.

[41] K. Zhao, L. Ge. A survey on the Internet of Things security. in Proc. 9th Int. Conf. Comput. Intell. Security (CIS), Dec. 2013, 663–667.

[42] N. Zhao, F. R. Yu, M. Li, V. C. M. Leung. Anti-eavesdropping schemes for interference alignment (IA)-based wireless networks. IEEE Trans. Wireless Commun., vol. 15, no. 8, Aug. 2016, 5719–5732.

[43] K. Zheng, F. Hu, W. Wang, W. Xiang, M. Dohler. Radio resource allocation in LTE-advanced cellular networks with m2m communications. IEEE Commun. Mag., vol. 50, no.

7, Jul. 2012, 184–192.

［44］ X. Zheng, Z. Cai, J. Li, H. Gao. Location-privacy-aware review publication mechanism for local business service systems. in Proc. 36th Annu. IEEE Int. Conf. Comput. Commun. (INFOCOM),Atlanta, GA, USA, 2017, 1–9.

［45］ H. Zhou. The Internet of Things in the Cloud: A Middleware Perspective, 1st ed. Boca Raton, FL, USA: CRC Press, Oct. 2012.

［46］ K. R¨omer, O. Kasten, F. Mattern. Middleware challenges for wireless sensor networks. ACM Mobile Computing and Communications Review (MC2R), October 2002, 6(4): 59–61.

［47］ Kirsten Terfloth and Jochen Schiller, Driving Forces behind Middleware Concepts for Wireless Sensor Networks.

［48］ Amy Murphy et al., Milan: Middleware Linking Applications and Networks, January 7, 2003.

［49］ 唐文彦. 传感器［M］. 北京：机械工业出版社，2011.

［50］ 董新平. 物联网产业成长研究［D］. 武汉：华中师范大学，2012.

［51］ 王汝言，刘宇哲，张普宁，亢旭源，等. 面向物联网搜索的云边协同实体搜索方法［J/OL］. 计算机工程：1-9［2019-11-02］. http：//kns.cnki.net/kcms/detail/31.1289.TP. 20190927.0847.002.html.

［52］ 魏震波，刘梁豪，关翔友. 计及社交网络关系的社区型能源互联网运营模拟分析［J］. 电力建设，2019，40（10）：36–44.

［53］ 胡井冈. 综合智慧能源管理系统架构分析与研究［J］. 资源节约与环保，2019（09）：136.

［54］ 曹洋. 智能电网与泛在电力物联网的边界互联信息安全防护［A］. 中国电机工程学会电力信息化专业委员会. 生态互联 数字电力——2019 电力行业信息化年会论文集［C］. 中国电机工程学会电力信息化专业委员会：人民邮电出版社电信科学编辑部，2019：5.

［55］ 刘志伟，林蕾，曹凯，陈猛. 综合能源服务研究现状与发展趋势［J］. 科技创新与应用，2019（24）：90–91.

［56］ 袁智勇，赵懿祺，郭祚刚，马溪原，等. 面向能源互联网的综合能源系统规划研究综述［J］. 南方电网技术，2019，13（07）：1–9.

［57］ 谈竹奎，程乐峰，史守圆，王文睿，等. 能源互联网接入设备关键技术探讨［J］. 电力系统保护与控制，2019，47（14）：140–152.

［58］ 施灵卫，刘桂英. 多 LAN 端口能量路由器切换控制策略研究［J］. 电力科学与技术学报，2019，34（02）：84–90.

［59］ 高勇，吴艾婷，刘斌，向治华，等. 能源互联网需求侧集成能源管理技术研究［J］. 新型工业化，2019，9（06）：27–33.

［60］ Elgar Fleisch. What is the internet of things? An economic perspective. Economics, Management, and Financial Markets, 2010, Volume 5, Number 2, 125–157.

［61］ 黄迪. 物联网的应用和发展研究 ［D］. 北京：北京邮电大学，2011.

［62］ 郑欣. 物联网商业模式研究 ［D］. 北京：北京邮电大学，2011.

［63］ 黄云霞，董哲一，孟凡欣. 物联网发展中的安全风险及对策研究 ［J］. 信息安全与通信保密，2020（05）：78–84.

［64］ 杨庚，许建，陈伟，等. 物联网安全特征与关键技术 ［J］. 南京邮电大学学报（自然科学版），2010，30（4）：20–29.

［65］ 顾才涵，沈嘉奇. 基于物联网技术的广电集中电力监测系统 ［J］. 有线电视技术，2017，（4）：34–36.

［66］ 苑喆. 基于物联网的电动车充电应用 ［J］. 广播电视网络，2020（3）：85–87.

［67］ 丁敏喆. 基于微服务架构的物联网服务平台的设计与实现 ［D］. 西安：西北大学，2020.

［68］ 刘建明，李祥珍，等. 物联网与智能电网 ［M］. 北京：电子工业出版社，2012.